침묵하지 않는 하나님

농아 자녀를 둔 아빠 목사의 참회록

황의찬 지음

기독교문서선교회

기독교문서선교회(Christian Literature Center: 약칭 **CLC**)는 1941년 영국 콜체스터에서 켄 아담스에 의해 시작되었으며 국제 본부는 미국의 필라델피아에 있습니다.

국제 CLC는 59개 나라에서 180개의 본부를 두고, 약 650여 명의 선교사들이 이동도서차량 40대를 이용하여 문서 보급에 힘쓰고 있으며 이메일 주문을 통해 130여 국으로 책을 공급하고 있습니다.

한국 CLC는 청교도적 복음주의 신학과 신앙서적을 출판하는 문서선교 기관으로서, 한 영혼이라도 구원되길 소망하면서 주님이 오시는 그날까지 최선을 다할 것입니다.

God Is Not Silent
A Pastor Father's Confession for Deaf And Dumb Children

Written by
Hwang, Eui-Chan

Korean Edition
Copyright © 2017 by Christian Literature Center
Seoul, Korea

위로의 글

고명진 목사
수원중앙침례교회 담임

우리의 주님은 위로의 하나님이십니다!

사람의 겉모양만으로는 그 사람의 속내를 볼 수 없습니다.

이번에 『침묵하지 않는 하나님』을 펴내는 황의찬 목사님의 외양만을 본다면, 그의 삶 속에 이러한 고난이 스며있음을 누가 짐작이나 할 수 있겠습니까?

제가 오산에서 목회하고 있는 중에 김장환 목사님의 부름을 받고, 수원중앙침례교회를 담임하게 되었는데 그 당시 황의찬 목사님은 수원중앙침례교회 집사로서 홍보출판위원장으로 헌신하고 있었습니다. 직장생활을 하면서도 교회 신문을 매월 발간해내는, 신학대학원에 갓 입학한 늦깎이 신학도였습니다. 그렇게 황의찬 목사님과 처음 만났습니다.

황 목사님은 신학대학원을 마치면서 꽤 오랫동안 몸 담았던 직장을 그만두고, 사역의 길로 들어서는 길목에서 잠시 우리 교회의 협동전도사로 사역했습니다. 이때 우리 교회는 황 목사님이 이끄는 전주의 성경 공부 모임을 모태로 하는 개척교회를 지교회로 지원하기로 결정했습니다. 비로소 황 목사님이 본격적인 목회의 길로 접어들었습니다.

사회 생활을 한동안 하다가 늦게 신학을 하고 목회의 길로 접어든다는 것이 얼마나 힘들고 어려운 일인지 익히 알고 있었지만, 문서선교 사역에서 보여 준 황 목사님의 열정과 탁월한 문재(文才)를 보았기에 주저하지 않고 지교회로 개척하도록 도왔습니다. 그리고 언젠가는 하나님께서 꼭 쓰셔야 할 곳에서 들어 쓰시리라 믿었습니다.

기대했던 대로 황 목사님은 반백(半白)의 머리에도 쉼 없이 신학에 정진하더니 신학박사 학위를 취득하고 학위 논문을 책으로 출간한데 이어 『침묵하지 않는 하나님』을 펴냅니다. 이 책의 초고를 저에게 보내면서, 추천사를 부탁하기에 읽어보는 동안 주님 안에서, 글쓴이와 함께 가슴으로 눈물을 흘렸습니다.

저자는 이 책을 끝내 발간할 것인지 멈추어야 할지에 대하여 상당히 망설이고 있음을 내비치기도 했는데, 감히 옆에서 어떻게 조언해야 할지 가늠하기 어려웠습니다. 그러나 황 목사님은 자기 고난의 질고에 직면하여 나약한 모습으로 거기에 함몰되지 않고, 하나님을 붙들고 오로지 하나님과만 승부함으로써 역경을 헤쳐 나오고 있음을 보여 줍니다.

실존의 참담함을 세상과 비교하지 않고, 오직 하나님께 부르짖어 돌파구를 보여 달라는 적극적인 신앙의 태도는 때로 과하게 보일 수도 있을 겁니다.

그러나 농아[1] 자녀 둘을 키우고 그중 하나를 먼저 보내면서 하나님의 답변을 들어야겠다는 저자의 신앙 앞에 우리가 할 수 있는 것은 무엇일까요?

---

1 농아(聾啞)는 청각장애로 인해 말을 배우지 못해서 된 언어장애인을 의미한다. 비슷한 용어로서 농인(聾人)은 청각장애인을 의미한다. 이 책에서는 농아오 농인을 혼용한다.

이 책을 보면, 황 목사님에게 필요한 것은 오직 하나님의 위로뿐인 듯합니다. 고난 앞에서 저자는 그렇게 신앙하고 있음을 보여 줍니다.

그러나 우리 이웃들도 감히 위로할 수 있지 않을까요?

그리고 고난당하는 이들은 이웃으로부터도 위로를 받아야 하지 않을까요?

그래서 추천의 글이 아닌 '위로의 글'로 책머리 한 자락에 자리 잡고 싶어졌습니다.

이웃의 위로가 저자에게 위로가 아니 된다면, 우리가 하나님의 위로를 전하는 통로라도 될 수 있을 겁니다. 저자에게 하나님의 위로를 전하고 싶습니다!

2017년 5월 8일

추천의 글 1

정승태 박사
침례신학대학교 목회신학대학원장

사람은 누구나 예외 없이 고통과 맞닥뜨린다. 하지만 고통이 자신의 선택이나 의지와 무관하게 일어나는 경우라면, 그 고통은 감내하기가 쉽지 않다. 여기, 저자 황의찬 목사의 『침묵하지 않는 하나님』은 그러한 고통을 담고 있다.

저자는 이 책을 통하여 가슴 아리고 고통스러운 삶의 이야기를 들려 준다. 평범하지 않은 저자의 이야기는 너무 짠하다. 장밋빛 인생을 기대하고 시작한 결혼 생활에서 두 남매의 출생이 그의 삶의 궤도를 수정하면서 벌어지는 힘들고 고단한 여정을 드라마처럼 보여 준다. 그의 두 아이들이 모두 청각장애아이기 때문이다. 저자 부부의 양가 가족력에는 청각장애를 가진 사람이 전혀 없었기 때문에 그들은 수긍할 수 없는 현실을 마주하여 살아가야 하고, 피할 수 없었다.

종종 무자비하고 가차 없으며 통제 불가능한 일들이 인생에 닥치는 경우가 있다. 이 책 『침묵하지 않는 하나님』이 그것을 보여 준다. 마치 거대한 홍수로 인해 댐이 무너진 것처럼 두 번에 걸쳐 그의 삶에 일어난 사건들을 통해 이 책은 청각장애를 가진 보람이와 은종이의 부모로서 감당해야 하는 애환을 생생하게 그려준다.

청각장애아의 부모로서 살아간다는 것은 무엇일까?

생계를 위해 직장에 얽매여 뛰어다니면서 자녀들과 함께 하지 못하고 살았던 저자는 자신의 삶을 헤집어보면서 후회감이 진하게 묻은 순간들을 진솔하게 전달한다.

잘 듣지를 못하니 얼마나 세상이 원망스럽고 힘들었을까.

이런 아이의 입장에서 되뇌는 날이면 견딜 수 없이 밀려오는 슬픔은 얼마나 크고 힘들었을까.

더욱이 그의 삶을 송두리째 흔들어버린 또 한 사건은 젊은 은종이가 생을 마감했다는 소식이다.

『침묵하지 않는 하나님』은 우리에게 일어난 슬픈 일들도 중요하지만 그보다 훨씬 더 중요한 사실은 어떻게 고난을 받아들이고 하나님의 은총으로 살아가야 하는지를 보여 준다. 그러한 일이 가능한 것은 저자의 변화에서 기인한다. 힘들겠지만, 고통이란 언제나 하나님의 은총의 과정을 담담히 용인하는 일련의 태도이다. 이 책은 우리가 읽어야 할 중요한 삶의 이야기이자 하나님의 이야기이다.

이 책은 두 가지 점에서 도움을 준다.

하나는, 신앙에 도움을 준다. 사실 고통이 문제가 아니라 고통의 의미를 이해하지 못하는 것이 문제인데, 이 책을 읽으면서 나는 우리가 당하는 슬픔을 헤아려 볼 수 있었고, 그 슬픔을 당하는 이웃에 공감할 수 있었다. 실제로 나는 이 책을 읽으면서 너무 많이 공감했음을 고백하지 않을 수 없다. 이 책은 우리 주변에는 우리가 이해할 수 없는 고통을 경험하고 삶을 살아가는 사람이 얼마나 많은지를 일깨워 주었고, 그러한 일을 당한 가족들을 새롭게 응시할 수 있는 마음을 주었다.

또 하나는, 신학적 문제에 도움을 준다. 사변적이고 추상적인 신학의 담론은 공허한 언어의 향연으로 끝나는 경우가 허다하다. 이는 현실적이지 않기 때문이다. 하지만 신학이 우리의 구체적인 삶의 현장에서 일어난 일을 통해 반추된다면, 신학은 진정한 의미를 제공할 수 있다.

이런 점에서 강의실에서 악과 고통을 주제로 강의하는 나에게는 이 책이야말로 고루한 신학의 담론을 버리고 삶의 구체적인 실례를 보여 주는 살아있는 강의라고 확신한다. 진작 이러한 책이 출간되었어야 했다. 늦은 감이 없지 않지만 나는 이 책이 출판된 것에 감사한다. 모쪼록 독자들이 이 책을 통해 고통과 더불어 살아가는 것을 배우면서, 침묵하지 않는 선하신 하나님을 체험했으면 한다.

2017년 5월 17일

추천의 글 2

김옥기 박사
나사렛대학교 재활자립학과 교수

"왜 나에게 장애 자녀를 허락하셨는가?"

부모라면 누구나 자기 자녀가 의학적으로 장애판정을 받으면 이렇게 실존적으로 질문하면서 대응하게 마련이다. 저자도 이를 고민하다가 『침묵하지 않는 하나님』이라는 자서전적 신앙고백에서 두 청각장애 자녀를 양육하면서 믿음으로 장애를 이해하게 된 것을 말한다. 특히 은종이와의 별리를 통해 아버지로서 갖게 된 참회의 심정과 다시 새롭게 갖게 된 소망은 추천하는 필자의 마음을 감동시켰다.

흔히 학문적인 연구를 통해 보면 기독교 신앙이 부모로 하여금 장애를 이해하도록 돕고 자녀의 장애를 하나님의 섭리로 이해하게 된다고도 하고, 또 더러는 양육의 과정에서 자녀의 장애는 부모로서의 정체성과 소명을 새롭게 얻어가게 만든다고도 한다. 결국 궁극적으로는 경건한 성품을 갖게 되는 변화가 이루어진다고 한다. 하지만 이와 같은 과정이 이를 겪는 본인들에게 단순하거나 쉬운 일은 절대로 아니다.

저자는 청각장애 자녀를 키우면서 겪은 시련과 고난을 생생히 전달하면서 하나님은 인간의 고난과 고통의 문제에 침묵하지 않으시고 분명한 메시지를 주신다고 말한다. 특히 자녀의 장애에 대한 경험과 고난을 통해 역사하시는 하나님의 섭리가 있다는 것을 분명히 말해 주고 있다.

은종이가 떠난 것은 목회자이기도 한 저자의 인생 전체를 해석해 주는 사건이 되었다. 저자는 은종이가 아니었으면 듣지 못했을 하나님의 음성, 이 세상에서 외면당하거나 무시 받았을 지도 모를 하나님의 음성을 담대하게 전하면서 예레미야 선지자를 떠올린다.

저자 자신이 살고 있고 자신이 사역하고 있는 목회의 현장인 이 땅에서 하나님 나라, 은종이가 있을 하나님 나라의 가치와 질서를 향해 달려가는 일은 곧 '덜 귀히 여기는 지체'(고전 12:23)의 요긴함이 인정되고 건청인과 청각장애인이 벽을 허물고 어우러지는 하나님 나라의 질서로 들어가고자 하는 강렬한 소망의 실현이 아닐까 싶다.

끝으로 은종이를 통해 새롭게 얻어진 황의찬 목사님의 소명이 동일한 형편에 처한 장애 가족을 비롯한 모든 이들에게 예수 그리스도의 복음으로 위로하며 돕는 역동적인 사역으로 나타나기를 기도한다. 귀한 삶과 신앙의 고백을 들려주시고 하나님의 마음으로 초대해 주신 황의찬 목사님께 다시금 진심으로 감사드린다.

2017년 6월 5일

저자 서문

황의찬 목사
전주온고을교회 담임

  누구나 자기 가슴속에 있는 것을 꺼내 세상에 내보이는 일은 쉽지 않다. 더욱이 그것이 평범하지 않은 고통일 때는 더욱 그렇다. 그래서 안으로 삭히면서 살아간다. 살아가는 일에 고난 없는 길이 어디 있으랴마는 장애인을 자녀로 둔 부모로서의 고통은 감히 발설하기가 두렵다.

  이 책은 청각장애 딸과 청각장애 아들을 둔 아빠의 속내를 어렵게 꺼내어 엮은 책이다. 그 아빠는 쉰에 이르도록 직장 생활을 하다가 늦깎이 목사가 되어 지금은 목회를 하고 있다. 목회를 시작한 지 4년여 만에 스물여섯 살 둘째 아들이 스스로 하늘나라로 갔다.

  아들을 떠나보내고 신학에 정진하여 신학박사 학위를 취득하고 학위 논문을 책으로 펴내게 되었다. 그 소식을 들은 농아교회 목사님 한 분이 농아 자녀를 키운 경험을 책으로 내볼 것을 권유해 왔다. 처음에는 펄쩍 뛰었다. 뒤돌아서서 지나간 고통을 되새김하는 어리석음에 빠지지 않으려는 것이었다. 그러나 그때 한 사람이 떠올랐다. 구약성경의 스물네 번째 책 예레미야서의 주인공 예레미야 선지자이다.

하나님은 예레미야를 선지자로 불러서 그가 선포해야 할 말씀을 주셨다. 예레미야는 그 말씀을 선포해야 한다. 그런데 예레미야가 선포해야 하는 하나님의 말씀인즉, 자기 조국 유다는 바벨론 제국에 망하고 포로로 끌려가야 한다는 것이다.

그것이 하나님의 뜻이다!

그러니 바벨론 제국에 대항하여 싸울 생각하지 말고 항복하고 포로로 끌려가라는 것이었다.

누군들 이러한 메시지를 전하고 싶을까?

예레미야도 그 말 전하기를 꺼렸다. 어쩌다 용기를 내어 나가서 외치면 대번에 매국노로 매도되어 감옥에 갇히고 온 백성의 조소를 받아야 했다. 어떤 무리들은 예레미야를 물이 마른 우물에 처넣기도 했다. 그때마다 예레미야는 내가 다시는 이 말을 전하지 않겠다고 다짐한다. 그러나 그럴수록 예레미야의 가슴은 불붙듯 했다. 그래서 외친다. 결국 예레미야의 조국 유다는 바벨론 제국에 망하고 백성들은 바벨론 제국의 수도 바빌론에 포로로 끌려간다.

농아 자녀 둘을 키우다가 그중 하나를 앞세웠다.

어찌 그 경험을 내놓겠는가?

그러나 책을 쓰라는 목사님의 권유를 들은 이후 다른 일은 할 수가 없었다. 누군가가 아픈 경험을 내놓아 공유함으로써 비슷한 처지에 있는 이들에게 위로가 되며, 장애인 자녀를 키우는 일에 시행착오도 줄일 수 있고, 또 한편으로는 세상을 살아감이 무엇인지 차분하게 생각하는 기회도 만들어 줄 수 있다.

그리고 목사로서 하나님께 의지하면서 견딘 신앙의 간증은 하나님을 알거나 모르거나 간에 이 땅에서 고난당하는 이들에게 한줄기 빛이 되리라는 확신도 없지 않다. 특히 가족 중에 장애를 가진 이가 있을 때 읽고 지표로 삼을 수 있는 책이 된다면 고통스런 작업을 감당하는 것도 목사의 사명 중 하나일 것이라는 믿음이 바탕이 되기도 했다.

이 책을 쓰기 위해서는 몇 가지 사전 작업이 필요했다. 책의 내용은 저자의 주관적 경험에 기초하지만 책에서 거론되는 인물들은 저자와 가족들과 이웃이다. 그들의 인격과 사생활은 보호되어야 한다. 그리고 책의 속성상 세상에 던져지는 순간 독자의 속성에 따라 각양의 해석이 가능해진다. 그래서 이 책을 쓰는 저자와 가족의 이름을 실명이 아닌 이 책을 위해 지어진 이름으로 써야 할 필요가 있다고 생각하여 등장인물과 저자의 이름은 새로 지은 이름으로 했음을 밝힌다.

1인칭 주인공으로 등장하는 저자의 이름은 예레미야에서 따왔다. 예레미야의 맨 뒷 글자 '야'는 하나님을 뜻하므로 끝 자를 '하'로 하고, 마침 한국 성씨 중에 '예'가 있으므로 '레'를 탈락시키고 '예민하'로 지었다. 이 이름으로 글을 써가는 내내 그만두고 싶을 때마다 예레미야를 떠올리며 용기를 냈다. 그리고 농아인 자녀 둘을 키우면서도 농아의 특성을 알지 못하고 숱한 시행착오를 겪은 죄책감에서 '참회록'으로 썼다. 당연히 그래야 한다고 생각한다.

농인들의 사고 체계는 건청인[1]들의 그것과 분명히 다름이 있다. 그럼에도 건청인들은 자기들이 만든 상식과 소통 원칙을 농인들에게 강요하는 오류를 범한다. 어떤 면에서 이것은 폭력이다.

---

1 청력의 소실이 거의 없는 사람을 일컫는다.

하나님은 왜 농인들을 이 땅에 보내실까?

건청인들로 하여금 농인들의 나라를 바라보라는 것일 터이다.

분명히 말하건대 건청인들이 만든 세상의 규칙은 농인들이 만든 그들만의 세상 규칙에 비하여 하나님으로부터의 거리가 훨씬 멀다. 농인들의 나라가 하나님의 나라에 더 가깝다.

건청인들은 자기네가 역사의 주역이라고 생각하며 이끌어 가는 그들 나라의 원칙이 농인의 나라 원칙에 비해 훨씬 더 변질되어 있음을 수긍하지 않는다. 나라에는 건청인들의 나라가 있고, 농인의 나라가 있고, 아들 은종이가 가 있는 하나님의 나라가 있다.

우리는 궁극적으로 어떤 나라를 지향해야 하는가?

이 책이 고난을 안고 살아가는 사람들에게 그들이 바라보고 나아가야 할 바 푯대를 가리키는 작은 이정표가 된다면 더 바랄 나위가 없겠다. 그리고 이 책을 세상에 내놓은 후 저자와 책에 등장하는 인물들이 소망의 빛 가운데 있기를 간절히 소망한다. 독자들에게도 그러한 사랑이 있기를 기도한다.

하나님은 침묵하지 않으신다!

2017년 여름

차례

위로의 글 / 고명진 목사(수원중앙침례교회 담임) _ 004
추천의 글 1 / 정승태 박사(침례신학대학교 목회신학대학원장) _ 007
추천의 글 2 / 김옥기 박사(나사렛대학교 재활자립학과 교수) _ 010
저자 서문 _ 012

제1부
시집 간 보람이

사위 자동차를 타고 주차하다 생긴 일 _ 022
딸 시집보내고 처음 딸네 집에 왔는데 _ 028
손녀딸을 보려고 봄부터 소쩍새가 _ 030
또 한 차례의 마찰이 더 기다리고 있었다 _ 034
아빠를 향한 딸의 원망은 하나 둘이 아닌가 보다 _ 036
결혼식 날의 가슴 졸임 _ 037
그들만의 세상 _ 040
손녀의 피리와 하모니카 _ 044

제2부
서울의 구화학교에 가기까지

보람이와 은종이의 청각장애 진단 _ 049
파묘의 추억 _ 052
성냥갑만한 보청기를 허리춤에 단 아이들 _ 056
서울에서의 신앙 생활 _ 062

아빠 노릇하기 _ 064
보람이의 소질과 고마우신 선생님 _ 068
IMF와 이사 _ 070
사격부에 든 은종이 _ 071
기절 게임 _ 073
청각장애와 핸드폰 _ 074
집 나가니까 돈 줴! _ 076
실업계 고등학교를 졸업하고 _ 081
은종이의 고교시절 _ 083

제3부 아빠의 변신

청각장애아 부모로서의 갈등 속에서 _ 087
인터넷 서핑과 설교 모니터링 _ 090
신앙의 재점검 _ 094
처남의 한마디, "성경통독!" 그리고 신학 입문 _ 097
직장, 신학대학원, 보람이 그리고 은종이와 더불어 _ 100
은종이와 자동차 _ 102
은종이의 첫 사회 경험 _ 104
목회자의 길로 들어서다 _ 106
목회자의 딜레마 _ 109

제4부 은종이 취업

대학 졸업 후 보람이와 은종이는 _ 113
은종이의 퇴직 사유 _ 114
아빠 회사에 취업한 은종이 _ 118

은종이의 여자 친구 _ 120
아빠는 이제 내 아빠 아니에요 _ 123
은종이의 가출 _ 127
고통에 동참해 주지 않는 자는 _ 131
은종이의 재취업 _ 133

제5부
내가 만나는 세상 사람들의 나라

예민하 씨 목사 되면 나도 예수 믿을게 _ 137
내가 새롭게 낀 안경은 _ 140
박 집사님과 이 집사님 _ 142
현대인과 직장 _ 144
퇴직 공로 연수 여행에서 돌아와 _ 146
우발적으로 목사가 되지는 않았다 _ 149
내가 걸었던 그 길 _ 152

제6부
은종아 아빠가 미안해

장례식장을 옮겨라! _ 155
사장님! 은종이가 ㅇㅇ한 것 같아요 _ 157
아빠의 눈물 콧물을 받쳐주는 보람이 _ 160
이게 누구의 장례식이냐? _ 163
지난 스물여섯 해를 돌아보아라 _ 167
무슨 일 있었어요? _ 169
은종이의 최후선택이다 너는 부끄러워하지 말거라! _ 175

자식을 먼저 보내고도 잠이 왔다 _ 178
네가 목회를 하고 안 하고는 내가 결정한다 _ 181
됐어요? 이제 가도 돼요? _ 188
전혀 새로운 세상 _ 193

제7부
고난을 기쁘게 여기라

네가 이래도 고난을 기쁘게 여길 수 있겠느냐? _ 197
나도 아버지입니다! _ 200
네가 사랑을 아느냐? _ 202
소나기라면 좋겠다 쏟아지는 눈이라면 좋겠다 _ 203
예수 믿었는데, 왜 이런 일이 _ 205
삶도 인생도 내 것이 아니었네요? _ 207
은종아, 아빠가 미안해 _ 209
용서 _ 211
나는 틀리고 은종이가 옳았다! _ 213
육신 이후를 알아가다 _ 215
"아빠는 이제 내 아빠 아니에요!"의 진실 _ 217
슬픔을 조절하는 스위치 _ 220
꽃 _ 223
은종이가 아빠보다 먼저 알게 된 것 _ 224
은종이에게 아무 일도 일어나지 않았다 _ 226
하나님 말씀보다 은종이의 말을 _ 227
박사과정 계절학기 게스트 룸에서 _ 228
들리지 않는 고통, 못 듣는 고통 _ 237
은종이가 내려놓은 것 _ 239

제8부 날이 날들에게

목양실 _ 241
은종이의 최종 선택 _ 244
보람이가 신학을 시작하다 _ 247
청각장애 학생 도우미 _ 251
설교냐 광고냐, 이것이 문제다! _ 256
하나님! 왜 하필 나입니까? _ 262
사람은 질문하는 동물입니다 _ 263
내가 누려도 되는 슬픔 _ 265
내가 몰랐던 하나님! _ 267
하나님도 _ 269
내 가슴과 색깔이 같아야 위로가 된다 _ 272
우리 가족이 믿는 신앙의 정식 _ 275
손주를 위한 기도 _ 278
유미의 첫돌 맞이 선물 _ 280

에필로그 _ 283

제1부

/

시집 간 보람이

사위 자동차를 타고 주차하다 생긴 일

낮에는 괜찮았는데 어두워지면서 바람이 거칠어지고 빗발이 들었다. 서둘러 딸네 집 현관 출입구에 들어서서 엘리베이터 단추를 누르고, 잠깐을 못 참고 핸드폰을 꺼내보니 그 사이에 딸애가 보낸 문자가 있었다.

> 아빠 집에 가시는 길에 마트클럽 가셔서 우유 1000ml 2팩 한 묶음 사다 주세요!

친정아버지가 자기 집에 와서 며칠 체류하는 중에 잠깐 외출했을 때 보낸 문자이니 당연히 "집에 가시는 길에"가 아니라 "집에 오시는 길에"라고 해야 맞지만 보람이에게 꼼꼼한 국어 맞춤법은 별로 중요하지 않다. 나는 딸아이의 이런 문자에 익숙해져야 하지만 늘 아쉬움을 가진다.

이것을 왜 가르치지 못했을까?
열려진 엘리베이터 문 안으로 들어설까 말까 망설였다.
되짚어 가서 우유를 사와야 할까?
아니면 아직은 이른 저녁이니 잠시 집에서 유미의 재롱을 좀 보다가 다녀올까?

유미가 내 품에 착 안기는 감촉이 더 나를 잡아당겼다. 엘리베이터에서 나와 초인종 누를 것도 없이 비밀번호를 누르고 집안에 들어서니 유미가 까르르 하면서 집안 공기를 훈훈하게 덮히고 있었다. 사위도 퇴근해서 집에 있었다.

사위를 바라보며 오른손을 마치 호텔 벨보이가 수건을 걸치고 손님과 눈을 맞추는 듯한 폼으로 서로 눈을 맞췄다. 이런 때는 오른손을 어느 정도로 흔들어야 하는지 늘 애매하고 어색했다.

'오늘 하루도 밖에 나가 일하느라고 수고 많았네!

그래 오늘은 무슨 일이 있었는가?

장가들어 아내와 딸을 거느리느라고 고생이 많지?'

이런 따스한 장인의 마음을 짧은 순간에 교환하기에는 부족하다. 그저 퇴근한 사위와 장인이 데면데면하지 않고 인사를 했다는 것에 만족해야 했다.

잠시 같이 앉아서 TV를 보는데, 사위는 핸드폰으로 누군가와 문자를 주고받으면서 바라보곤 한다. 옆에 앉은 아내에게 물었다.

"리모컨 어디 있지?"

"사위 옆에 있네요!"

리모컨을 가져다가 내가 보고 싶은 방송으로 채널을 돌리려다가 그만둔다.

"장인은 왜 옆 사람에게 묻지도 않고 채널을 바꾸시지?"

사위가 보람이에게 했다는 말이 떠올랐기 때문이다.

어색한 분위기는 좀처럼 익숙해지지 않는다. 차라리 우유를 사러 갔다오는 편이 낫겠다 싶었다.

"우리 우유나 사러 갔다 오자!"

아내에게 말하면서 일어서는데, 보람이가 거든다.

"오빠가 지금 밖에 바람이 많이 분다고 내일 가라 하는데!"

보람이는 아빠 엄마가 우유 사러 가려는 것을 보면서 남편과 수어[1]로 의견을 주고 받았던가 보다.

"괜찮아! 차타고 갔다 올 건데 뭐!"

사위와 보람이에게 말하고 아내와 집을 나섰다.

사위의 자동차는 낡은 벤 형 스타일이다. 승용차에만 익숙한 터라 운전할 때마다 여간 신경이 쓰이는 것이 아니지만, 아쉬운 대로 타고 다닌다. 집에서 멀지 않은 곳에 제법 큰 마트가 있다. 거기서 보람이가 원하는 우유가 어느 제품인지 문자를 다시 확인하면서 골랐다. 이것저것 더 살 것이 많았지만 절제했다. 사 가지고 가봐야 딸아이로부터 그리 좋은 소리를 듣지 못하기 때문이다. 보람이는 친정 부모의 호의보다는 자신이 선호하는 것을 우선 적용한다.

바람도 꽤 불었고, 자동차 헤드라이트는 웬지 시원치 않았다. 집에 도착하여 사위가 애용하는 주차 터에 차를 세우는데 다른 차들도 빼곡하여 주차가 원만하지 못하다. 몇 차례 후진 전진을 거듭하다가 갑자기 "쾅!"하는 소리에 아내가 화들짝 놀란다!

"아이고~ 여보!!"

나는 순간적으로 '그곳을 들이받고 말았구나!' 하는 직감이 왔다. 빌라 건물의 각 지게 튀어나온 부분을 비키지 못하고 들이받은 것이다. 내려

---

[1] 통상적으로 수화로 사용하고 있으나 2015년 국회에서 수어법이 통과함에 따라 이 책에는 수어로 표기한다.

서 보니 견적이 꽤 나올 것 같다. 그 자리에서 사위에게 문자를 보냈다.

김 서방 여기 주차장인데 내려와 봐라! 뒤를 부딪쳤다!

이내 답이 왔다.

네.

곧바로 사위가 내려왔다.
잠시 난감한 표정을 짓더니 씩 웃어 보인다. 뭐라고 말하는데 발음을 정확하게 알아들을 수는 없다.
'괜찮습니다. 이까짓 거 뭘요! 오래 탄 차인데요!'
이런 마음이려니 지레 짐작하고, 웃으면서 대답했다.
"수리비는 줄게!"
사위는 내 말을 어떻게 알아들었는지도 모르겠다.
"거봐요! 오빠가 내일 가라고 했잖아요!"
"그러게 말이다!"
아내와 사위와 함께 집에 들어서니 딸이 한마디 한다.
그날은 각각의 방에서 잠이 들었다. 다음 날 오전 열 시쯤 사위로부터 문자가 왔다.

공업사에 사진 찍어 보냈는데 대략 65만원 나왔네요 ㅠㅠ 판금수리 하고 도색하구 범버 교체해야 된대요.

범버 제외하면 더 쌀거예요.

얼른 상황 분별을 해야 했다.
'장인이 주차시키다가 낸 접촉 사고에 사위가 이렇게 해야 하나?'
이런 생각은 얼른 접어야 한다. 사실 따지고 보면 잘못은 사위가 아니라 내가 했다. 그럼에도 윗사람이라는 자리가 먼저 떠오른다. 이러한 내 생각은 사위와 딸의 사고방식과 늘 어긋나기 일쑤였다. 순간적으로 머리를 정리하면서 문자를 찍었다.

김 서방! 이 차를 앞으로 얼마나 더 탈건지 생각해 보고, 3년 이상 탈 거면 수리하고, 그렇지 않고 3년 이내에 다른 차로 바꾸어야 한다면 그냥 타는 것이 낫지 않을까? 일단 장인이 65만원은 송금해 줄 테니, 3년 이내에 바꿔야 한다면, 수리하지 말고 그냥 타는 것을 생각해 보거라!

답이 왔다.

그냥 탈거예요 나중에 현장용 차량으로 쓸 거예요! 폐차할 때까지요.

잠시 후 하나 더 온다.

돈 더 벌어서 보람이 운전할 수 있는 차 하나 더 구입할 생각이 있어요.

나도 곧장 답신을 보냈다.

> 그렇게 하렴, 일단 장인이 계좌로 송금해 줄게.

이 문자 찍힌 시간이 오전 10시 19분이다.

사위가 문자를 읽긴 했는데, 아무런 답이 없다. 송금해 주겠다고 말은 하면서 속으로는 괜찮다고 아니라고 놔두라는 문자를 기다리는 내 속셈이 너무 익숙해져 있었다. 그러나 기대했던 사위의 문자는 오지 않는다. 딸아이에게 간략하게 설명해 주고 내가 물었다.

> 어떤 계좌로 보낼까?

보람이는 자기 계좌로 보내라고 한다.

딸아이 계좌번호는 내 핸드폰에 두 개가 저장되어 있다. 어느 은행으로 보낼 건지 물어서 신속하게 계좌이체 처리하고 사위에게 바로 문자를 보냈다.

> 장인이 보람이 계좌로 65만원 입금 했다잉.

잠시 후 답이 왔다.

> 네.

아내와 함께 문자를 보면서 씩 웃었다. 로마에 가서는 로마법을 따르고 사위네 집에 와서는 사위와 딸의 규칙을 준수해야 한다.

딸 시집보내고 처음 딸네 집에 왔는데

3년 전 딸아이 결혼시키고 나서 처음 딸네 집에 방문했을 때이다. 아침에 화장실에서 세수를 하고 무심코 젖은 수건을 들고 나와 우리 내외가 묵는 방 책상 앞에 있는 의자 등받이에 걸어두었다.
"이거 누가 여기다 걸어두었어?"
"아빠가!"
청소하러 들어 온 보람이가 나에게 묻더니 버럭 화를 낸다.
젖은 수건을 여기에 두면 어떻게 하냐는 것이다. 보람이는 얼굴 닦는 수건 따로 있고, 발 닦는 수건도 따로 있으며, 사용한 후에는 주방 뒤 다용도실 빨래 걸이에 걸어야 한다는 규칙을 자세하게 설명해 준다.
잠시 황당하다 못해 묘한 기분이 되었다. 결혼한 지 얼마 되지 않아 보람이는 자기 집의 규칙을 대단히 엄격하게 만들어서 지키고 있었던가 보다. 내가 화장실에 들어갔다 나오면 보람이가 이내 들어가서 확인을 해 보고 아빠에게 말한다.
"바닥에 물기를 저렇게 흘려두면 어떻게 해요?
저렇게 하면 '제제'가 화장실을 들락거리면서 물기를 다 묻혀 들여요!"
'제제'는 사위가 결혼 전부터 키우던 애완견 푸들이다.
제제는 훈련이 제법 잘된 강아지다. "들어가!"라고 하면 쪼르르 자기 집으로 쏙 들어가고, 열려진 화장실 안으로 들어가서 대소변을 본다. 신통방통하다. 누구나 그렇듯 나는 화장실에 갔다나오면 습관적으로 화장실 문을 꼭꼭 닫는다.

"아빠가 화장실 문을 그렇게 닫아 놓으면 제제가 어디 가서 오줌을 싸요?"

보람이가 친정아버지에게 하는 지청구는 계속된다.

'이 녀석이 결혼하기 전 아빠 슬하에서 아빠가 정한 규칙을 지키는 일에 물려버렸었나?'

'왜 이렇게 제 집이라고 요란하게 하지?'

이런 생각에 은근히 화가 나기도 했다.

딸네 화장실 규칙은 이뿐이 아니었다. 얼굴 수건 발수건을 칸칸이 구별해 두었는데, 나는 그것을 알지 못했다. 아내가 몇 번 가르쳐 줬지만 나는 학습이 되지 않았다. 그때마다 나는 딸아이의 호된 가르침을 감내하지 않으면 안 되었다.

딸아이네 화장실에는 평생에 처음 보는 물건이 하나 있었다. 마치 건축현장에서 미장이들이나 쓰는 물건과도 비슷한데, 바닥이나 벽면을 매끈하게 고르기에 딱 알맞은 물건이다. T자 형으로 되어 있어서 손잡이를 잡고 칼 같은 프라스틱 면으로 벽면을 문질러 반듯하게 고르기에 딱 알맞아 보였다.

이것은 어디에 쓰는 물건일꼬?

애완견 제제가 화장실 바닥에 볼일을 보고나면 가장 먼저 발견한 사람이 대변은 화장지로 집어서 변기에 넣고 물을 내리고, 오줌 싼 곳에는 샤워기로 강하게 씻어내려 하수구로 흘려내려야 한다. 그리고 나서 바닥의 물기를 T자형 '그것'으로 훑어내려야 한다. 생전에 처음 해 보는 일이었다. 바닥 타일에 밀착시켜서 물기를 쓸어내리면 이내 고실고실해진다. 거기에 제제가 필요하면 또 볼일을 본다.

세면기에 손만 씻어도 바닥으로 물 몇 방울이 튄다. 이 집에 있는 모든 사람은 그것을 말끔하게 닦은 다음에 화장실을 나와야 하며 화장실 문은 꼭 열어두어야 한다.

　제제를 위해!

　이순에 접어들며 생전 해 보지 않았던 규칙을 지키자니 여간 힘든 게 아니었다. 이런 일로 한 번 불만을 터뜨렸다.

　"보람아 아빠가 딸네 집에 왔는데 꼭 이렇게 해야 돼?"

　"아빠 집에서는 아빠가 정한 규칙을 지켜야 하지만, 저희 집에 와서는 저희의 규칙을 따라야 하잖아요!"

　야무지게 말한다.

　틀린 말은 아니다. 옳은 말이기는 한데, 나 참!

손녀딸을 보려고 봄부터 소쩍새가

　보람이가 임신하고 출산 날짜에 맞춰서 아빠 엄마가 3개월을 함께 지내기로 가까스로 합의가 되었다. 임신 초기에 친정부모와 합의할 때, 딸은 사위와 충분히 협의를 거쳤다고 했다. 그래서 마침 목회 시작한 지 칠 년을 넘긴 터라 안식년을 가질 권리를 손녀 출생에 맞추기로 했다. 개척교회라서 일 년을 꽉 차게 안식년을 가지는 것은 아무래도 무리일 것 같아서 삼 개월로 정했다. 그런데 출산에 임박하여 딸의 문자가 왔다.

오빠가 석 달은 너무 길다고 하니 한 달만 하면 어때요?

난감해졌다.

이쪽에서는 석 달을 완벽하게 준비했는데, 내 대신 와 있을 목사님도 석 달을 체류하는 것으로 되어 있었는데 갑자기 난감해졌다. 우리 부부는 딸을 다시 설득해야 했다. 설득하는 일에는 고도의 기술이 필요하다.

'너희 부부가 모두 청각장애를 가졌으니 가능하면 긴 기간 동안 장인장모가 함께 있어주는 것이 아기에게 좋다. 그러니 남편을 잘 설득해 보아라! 생각 같아서는 석 달이 아니라 일 년이라도 함께 있어주고 싶다.'

이렇게 말해야 하는데, '너희가 청각장애이니'라는 말을 어떻게 전해야 할까?

'농인은 자녀도 못 키워?'

자칫 이런 반발이 튀어나오면 그때는 일을 그르칠 수 있다. 한 달조차도 취소될지 모른다.

목사로서 탈무드의 이야기 하나를 차근차근 전달했다.

어느 유태인이 아기를 낳았대, 석 달 동안 집에서 아기를 키운 후에 랍비를 찾아가 물었다는구나.
"어린 아이 교육은 어떻게 해야 합니까?"
"태어난 지 얼마나 되었소?"
"석 달 지났습니다."
"이미 늦었습니다. 데리고 돌아가세요!"
아기는 태어난 지 석 달이 가장 중요하다는 뜻이다. 마침 장인이 목사이고 하니 석 달을 함께 지내도록 하자고 잘 말해 보거라!

이렇게 공을 들인 끝에 사위가 가까스로 다시 허락했다는 통보가 왔다.

출산기일이 임박하여 아내가 나보다 일주일쯤 먼저 딸네로 갔다. 그 사이 손녀가 태어났다.

나는 집안을 정리하고 뒤따라가야 했다. 석 달 동안 와 있을 목사님이 사택을 쓰기에 불편함이 없도록 해야 했으니, 냉장고 안에 있는 음식물도 다 싸가지고 갈 수밖에 없었다. 안식월 동안 와 있을 목사님이 우리가 먹던 음식을 먹을 수는 없는 노릇이었다. 냉장고를 말끔하게 비우는 일을 시작했는데, 하루 온종일 걸렸다. 냉장고 안에 그렇게 많은 물건이 들어간다니!

봉지마다 담아서 아이스박스에도 넣고 깨지지 않도록 종이에 싸서 승용차에 실으니 바라만 봐도 장관이다. 김, 깨소금, 기름, 마요네스 먹던 것, 소금, 고추장 된장, 김치 깍두기, 여기에 소소한 것들, 게다가 보람이가 시집가기 전에 쓰던 책상을 해체하여 자동차에 실었더니 운전석만 빼꼼하고 차 안 천장까지 가득 찼다.

그래도 기분은 좋았다. 이런 것을 다 가지고 가서 석 달 동안 딸네 집에서 갓 태어난 손녀와 함께 지낼 수 있다니, 이 얼마나 큰 축복인가?

하나님께 감사하고 또 감사했다.

'룰루랄라'

콧노래를 흥얼거리며 딸네로 갔다. 딸네 집에 차를 세워두고 택시로 병원으로 갔다. 아이는 태어나자마자 양수를 말끔히 처리하지 못해 호흡 곤란이 와서 종합병원에 입원해 있었다. 산부인과를 들러 종합병원에 손녀를 보러갔다.

첫 손녀를 안는 기분이라니!

일주일쯤 있던 병원에서 퇴원하고는 보람이와 아기는 산후조리원에 며칠 있게 되었다. 그동안 자동차 안에 있는 물건 중에 급한 것만 냉장고에 넣어두고 지낼 수밖에 없었는데, 드디어 갓난아이를 안고 장인, 장모, 사위, 딸이 집에 입성하는 날이다. 4층인 딸네 집 요람에 아기를 눕히고 나서 사위와 장인, 장모가 자동차에 있는 짐을 올리기 시작했다. 엘리베이터가 부지런히 오르락내리락 하고 짐들을 딸네 집 문 앞으로 계속 올리는데, 드디어 한바탕 터지고 말았다.

"장인 장모 짐이 왜 이렇게 많아?"

사위가 보기에도 이해하기 어려웠던지, 제 아내에게 한마디 한 모양이었다. 게다가 보람이도 아무래도 지나치다 싶었나보다.

"아빠 엄마 지금 이게 뭐하는 거야?"

언성이 높아지기 시작한다.

아마도 신혼인 딸 내외에게 자기들만이 구축한 가정이라는 울타리에 친정 부모가 침입자로 비쳐졌는지도 모를 일이었다. 어쨌든 우리 부부 생각은 전혀 빗나가고 말았다.

'와 횡재했다!'

이럴 줄 알았다.

친정 부모가 가져온 온갖 고명과 반찬과 쌀과 된장이며 고추장을 보고, 좋아할 줄 알았더니 정반대의 반응이 나온 것이다. 우리 부부는 마주 보면서 허탈한 웃음을 웃었다.

몸 푼 지 열흘 남짓 된 산모가 화를 내고 있으니 이를 어떻게 해야 할까?

그렇다고 되돌아 갈 곳도 없다. 교회에는 이미 석 달간 목회할 목사님 한 분이 와 계신다. 되돌아가 그분을 다시 가라고 할 수도 없다. 여기서 쫓겨나면 최소한 석 달, 우리 부부는 홈리스 족이 되어야 한다.

사위도 못마땅한 속내를 참고 있는 것 같았다. 사위는 우리 부부를 굉장히 어려워했다. 장인이 목사라서 더 어렵다고 딸로부터 몇 차례 전해 듣고 있던 터다. 사위는 장인 장모가 수어도 못하니 제 아내에게만 불편한 심기를 드러낸다. 그러면 딸은 우리 부부에게 제 남편의 입장에 서서 남편의 기분과 느낌까지 덧붙이면서 강하게 어필한다.

이런 때는 '남편에게 순종하라고 가르친 내가 잘못 된 건가?' 하는 의구심마저 불쑥불쑥 고개를 들곤 한다.

남편 편이 된 것은 좋은데, 그 편이 되어서 친정 부모에게 곧이곧대로 쏘아대니 받아낼 가슴이 어디 있을까?

하지만 갈 곳이 없다.

또 한 차례의 마찰이 더 기다리고 있었다

짐을 다 들여놓고 보니 우리 부부가 봐도 기가 막혔다. 어지간한 이삿짐이 옮겨진 것이다. 대충 정리를 하고 보니 밤이 이슥하다. 잠자리에 들 시간이다. 그런데 보람이가 아기를 데리고 침대에서 남편과 함께 자겠다고 한다. 유아용 침대를 이미 들여놓았기 때문에 당연히 거기에 재울 줄 알았는데, 딸은 굳이 침대에서 아이와 함께 자겠다고 한다.

이런 때는 어떻게 하는 것이 옳을까?

나는 더럭 겁이 났다. 딸네 부부는 듣지 못한다. 그래서 우리가 거실에서 자기로 했지만 아무래도 불안하다. 나는 따로 유아용 침대에 재우자고 설득하면서 사위에게 의중을 물으니 사위가 장인의 뜻에 동조해 준다. 천군만마를 얻었다. 보람이를 설득하는데 좀처럼 받아들일 기미를 보이지 않는다. 나는 너무 걱정이 되어서 내 주장을 포기할 수가 없었다.

'유아용 침대에 재우자!'

장인, 장모, 사위까지 셋이 지지했다.

'한 침대에서 같이 자겠다.'

딸 한 사람, 소수 의견이다.

이 대립에서 누가 이겨야 하는가?

다수결로 해야 할까?

다툼 중에 핸드폰으로 검색해 봤다.

신생아가 부모와 함께 침대에서 함께 자는 것이 좋은가?

아니면 따로 재우는 것이 좋은가?

몇 가지 전문가의 견해를 보니 뚜렷하게 결론 낸 것이 없다. 양측의 주장이 팽팽했다.

그러나 부모가 농인이라면 달리 생각해야 맞다는 것이 내 주장이었다. 사위의 지원을 얻어 결국은 따로 재우기로 했다. 그러나 이때의 내 주장은 옳지 못했었다고 나는 고백하지 않을 수 없다. 손녀의 돌이 될 무렵이었던가, 보람이가 아빠에게 원망 섞인 말을 한다.

"나는 아기를 낳으면 내 품에 안고 자는 것이 소월이었단 말이야!"

"그랬어? 아빠가 몰랐다! 미안해!"

나는 그제서야 깨달았다.

'아, 이 녀석이 그런 고운 포부를 품고 있었는데, 애비인 내가 몰라주었구나!'

늘 나는 자신에게 질문한다.

'네가 알고 있는 지식을 언제까지 주장할 건데?'

아빠를 향한 딸의 원망은 하나 둘이 아닌가 보다

보람이가 결혼할 때였다. 웨딩 촬영을 하기 위하여 사위의 어머님과 우리 부부, 예비 신랑 신부가 모두 웨딩포토샵에 갔다. 거기서 신부가 입고 촬영할 웨딩드레스를 고르는데 시어머니가 두세 개, 내가 한두 개, 아내가 한두 개를 고르고 나니 사진관에서 제공하는 일곱 벌이 꽉 차버렸다. 정작 신랑 신부는 고르기도 전에 선택이 끝나고 말았다. 어른들은 당사자 의견은 감안하지도 않고 신이 나서 각자가 고른 드레스에 흡족해 했다.

보통의 결혼식이라면 신랑 신부 둘만이 웨딩포토샵을 방문하고 둘이서 다 결정했겠지만, 조금 특별하다보니 양가 부모들이 모두 동반하게 되고, 나이 많고 어른이라고 해서 주인공은 생각지도 않고 신혼부부의 꿈이 아닌 늙은이들의 꿈으로 드레스를 선택하고 말았다. 이것도 나중에 웨딩 사진첩을 보면서 보람이로부터 원망을 듣고서야 깨달은 사실이다.

결혼식 날 입을 웨딩드레스를 선택할 때도 이와 비슷한 일이 벌어진 것은 어쩌면 이미 짐작할 수 있는 일이었다. 결혼식장은 신부 쪽에서 선정하고 신부의 자택이 있는 도시에서 하기로 양가 합의가 되었으니 드레스 선택을 위해서는 보람이와 우리 부부가 갔다. 나는 나도 모르게 거기서도 내 기준으로 드레스를 추천하고 있었다. 그랬더니 보람이가 한 마디 한다.

"항아리 스타일의 웨딩드레스를 입는 것이 나의 오랜 로망이었단 말이야!"

보람이에게 어려서부터 수어를 안 가르치고 입 모양을 보고 말하는 법을 가르쳐서 우리 부부와는 구화로 소통한다. 항아리 스타일의 웨딩드레스가 보람이의 로망이었다는 말을 들었을 때. 이건 나의 취향이 전혀 아닌데 하는 생각이 들었다. 나는 허리에서부터 풍성하게 벌어지는 드레스가 좋아보였다.

남자와 여자의 차이였을까?

아니면 아버지와 딸의 차이였을까?

다행히 내가 보람이의 의사를 존중하여 엉덩이 모양이 허벅지까지 드러난 다음에 무릎 위에서 퍼지는 항아리형 드레스로 결정이 되었다.

나는 어떤 결정이 되고나면 그 결정에 순복하는 편이다. 그리고 그 결정의 장점을 발견하려고 노력한다. 결혼식 날, 보람이가 항아리 스타일 웨딩드레스 입은 모습은 눈이 시리게 아름다웠다. 그리고 눈물이 났다. 너무 이뻤다. 참으로 고왔다. 보람이는 충분히 성숙한 새 신부였다.

내 딸, 잘 가거라!

결혼식 날의 가슴 졸임

아이들이 결혼할 무렵 나는 신학박사 학위 논문을 계획하고 있었다. 코스워크 3년을 다 이수하고 논문만을 남겨 둔 상태에서 지도교수를 선정하고 계약을 체결하고 막 논문을 시작하려는 때였는데, 보람이의 결혼이 결정되었다. 나는 미련 없이 논문 계획을 취소했다. 보람이의 결혼은 참으로 중차대한 일이었기 때문이다. 더욱이 사위 쪽이 아닌 우리 쪽에서 결혼식장을 잡았기 때문에 내가 할 일이 많았다. 날짜와 결혼식장이 결정되고 나서 나는 가장 먼저 아이들에게 물었다.

"너희 결혼식에 수어 통역사를 부를까?"

"불렀으면 좋겠어요!"

사위와 딸은 전혀 주저하지 않았다. 나도 이 아이들의 결혼식만이라도 당사자들에게 조금의 답답함도 없는 시간이 되어야 한다고 공감했다. 남들의 시선이 중요한 것이 아니었다. 결혼 주례도 내가 잘 알고 지내는 농아교회 목사님으로 결정이 되었다. 물론 아이들도 대찬성이었다. 수어 통역사를 세우고 하는 결혼식이지만, 수어에 능통한 목사님은 결혼식 진행을 수어를 사용하면서 하게 될 터였다. 특히 주례사를 할 때 신랑 신부는 따로 통역사를 바라보지 않아도 된다. 목사님이 말과 동시에 수어를 할 것이기 때문이다.

결혼식 순서지도 특별하게 만들어야 했다. 눈으로 보고 느끼는 순서가 되어야 하기 때문이다. 정성을 들여서 만들되 거기에는 축가의 가사도 들어가야 했다. 주례 목사의 주례사도 요약되어 들어갔다. 찬송가 가사가 들어가는 것도 당연하다. 그러다보니 소홀치 않은 예산을 써서 만들게 되었다. 결혼식을 치를 때까지 나는 논문을 쓰기보다 훨씬 더 분주할 뿐 아니라 논문 쓰는 것 이상으로 머리를 더 써서 준비해야만 했다.

이렇게 준비했지만 뜻하지 않았던 일이 발생함으로써 우리 부부를 긴장하게 했다. 신랑 측 가족들이 결혼식을 위해 신부 측이 정한 결혼식장 인근에서 적어도 하루를 머물러야 하는데, 이때 숙박비를 누가 내느냐를 놓고 결혼을 앞둔 신랑 신부 간에 다툼이 발생했다. 물론 이 다툼 발생의 세세한 내역은 당사자인 신랑 신부 두 사람만이 정확하게 알 것이다.

결혼 이틀을 앞둔 시점에서 멀리 있는 신랑과 보람이가 새벽녘에 이르기까지 문자와 화상통화로 논란을 벌이고 있었다. 나는 잠이 들어 있는데, 보람이가 와서 아빠를 깨우면서 재차 확인하는 것이 있었다.

"아빠! 오빠네 가족들이 여기 와서 머무는 호텔비용을 누가 내야 돼요?"
"김 서방은 뭐라고 해?"

나는 잠결에 신랑은 뭐라고 얘기하느냐고 물었다.

이 과정에서 우리 부녀간의 소통에 분명히 문제가 있었다. 솔직히 뭐가 어떻게 꼬였는지 알 길이 없었다. 새벽녘이지만 심각하다고 느껴 딸의 방으로 슬며시 들어가 봤다. 보람이는 예식장 부근의 호텔을 검색하여 그 결과를 예비 사위와 핸드폰으로 주고받고 있었다. 안도가 되면서도 한편으로는 이렇게 늦은 시간임에도 둘이서 의사소통하고 있는 모양을 이해하고 납득하기가 쉽지 않았다.

내가 보기에 그날 일은 예비 부부의 부부싸움도 아니고, 대화로 의견의 합치를 찾아가는 것도 아니고 묘했다. 심하게 대립하는 것처럼 보였는데, 잠시 후에는 함께 호텔을 검색하면서 숙박 조건 등을 따져보고 있었으니.

예비 부부의 이 일에 대해 정작 신경을 곤두세운 이들은 양가의 어른들이었다. 서로 조금씩 날카로워졌다. 내 쪽에서는 신랑 가족들의 숙박비까지 거들어야 하는가 하는 생각에 섭섭했고, 신랑 측 어른들은 신부가 밤새도록 신랑에게 맞서서 부부싸움을 했다고 여긴 듯 했다. 이로 인해 정작 결혼 당일에는 양측에 미묘한 감정의 난기류가 형성되었다. 박사 학위 논문을 뒤로 미루고 만전을 기한다고 했는데, 자칫 흠이 날 수도 있었다.

친척들과 하객들에게 눈치 채지 못하게 하려고 안간힘을 쓰다 보니 결혼식 행사가 어떻게 치러졌는지조차 모를 정도도 긴장 속에서 하루를 보냈다. 그러나 결혼식 이후 그날 일에 대해서 느끼는 문제의식은 당사자가 아닌 주위 가족들만의 것이었다.

    결혼식 도중은 물론 신혼여행을 출발할 때까지 신랑 신부 두 사람은 아무 걱정 없는 행복한 신랑 신부였다. 둘을 바라보고 있노라면, '서로 간의 공감대가 어쩜 그렇게 클 수가 있을까?'라고 의아스러울 만큼 찰떡부부이다.

그들만의 세상

    농인 자녀 둘을 수어를 전혀 쓰지 않고 입모양을 보고 말을 하는 구화인으로 키우면서 우리 부부는 두 남매 외의 다른 농인과 접할 기회가 많지 않았다. 아내는 아이들을 데리고 농아학교에 다니면서 또래 아이들과 그들의 어머니들과 많은 교류를 했지만, 직장 생활을 했던 나는 두 아이 말고 다른 농아 아이들과 접촉할 수 있는 기회가 거의 없었다. 기껏해야 아이들의 학교에서 재롱잔치나 운동회 때 초청되어 학부모로서 참가했던 몇 차례의 경험이 전부였다.

    농아학교의 권유에 따라 큰 딸아이가 초등학교 5학년으로, 둘째는 4학년으로 통합교육을 시작하면서부터는 아내도 특별한 일이 아니고는 농아를 접할 기회가 많지 않았다. 더욱이 구화가 아닌 수어를 쓰는 농인들은 만날 일이 없었다. 가끔 구화를 쓰는 농인들이나 그들의 부모와 교류가 있을 뿐이었다.

    그런데 딸아이가 스무 살 되던 해 갑자기 수어를 배우고 있다고 말했다. 왜 배우냐고 물었더니, 어느 날 기도하는 데 하나님께서 한 음성을 들려주셨다고 했다.

"네가 수어를 배워서 수어인들을 도와주어라!"

그래서 수어하는 친구들에게 다가가서 수어를 배운다고 했다. 한편 기특하기도 했지만 걱정도 많았다. 그동안 구화인으로 키우면서 수어를 배우지도, 사용하지도 못하도록 해 왔기 때문이다.

유치부 과정과 초등학교 저학년 과정을 특수학교에서 배우면서 구화를 잘 하려면 수어를 익혀서는 안 된다는 말을 누차 들었다. 농인들이 수어를 배우기 시작하면 수어가 그들에게 편하기 때문에 구화 배울 생각을 안 한다는 것이었다. 얼른 생각하기에도 그 말이 옳게 여겨졌기 때문에 수어 쓰는 아이들 근처에도 가지 말라 하고, 열심히 구화를 하도록 가르쳤다.

농인으로서 구화를 배운다는 것은 참으로 어려운 과정이다. 병원에서 아이들이 농인 판정을 받은 이후 언어치료센터를 찾아갔을 때, 거기서 맨 처음 아이들에게 가르치는 것은 책상 위에 빈 요쿠르트 병을 놓고 입으로 불어서 움직이게 하는 것이었다. 소리를 낸다는 것은 아마도 입에서 공기를 내뱉는 것이라서 그런 것 같았다. 소리를 듣지 못하는 농인은 소리를 낼 줄 모른다. 소리를 낼 줄 모른다는 것은 입으로 바람을 내뿜을 줄 모른다는 것이다.

소리에 대한 개념이 없으니 입으로 바람을 내어 소리를 만들 필요를 모르는 것이다. 그런 아이에게 바람을 내뿜는 것부터 훈련이 시작되니, 그 길이 얼마나 길고 험난할지 미루어 짐작해 볼 수 있다. 어쨌든 아이들이 소리를 만들기 시작하고 구화로서 의사소통이 시작될 때의 부모로서의 기쁨은 하늘을 찌를 듯 했다. 아내는 그때를 기억하기를 내가 아이들을 끌어안고 울었다고 한다.

그러나 농인들의 구화는 아무리 훈련을 해도 한계를 뛰어넘기 어렵다. 평소에 즐겨 쓰는 낱말은 곧잘 이해하고 자기도 발음을 하지만, 잘 쓰지 않던 단어들이 나오면 엉뚱하게 해석하기 일쑤였다. 아이들과 동행하여 시내버스를 타거나 지하철을 탔을 때 그런 상황이 오면 당황하는 것은 아이들이 아니라 부모들이다. 남들이 눈치 채고 흉이나 보지 않을까 하여 조마조마하다.

지하철 안에서 어른들이 아이들 귀엽다고 말을 걸어오는 데 아이들은 말똥말똥한다. 그러면 내가 옆에서 얼른 나선다.

"'고맙습니다!' 하고 인사해야지?"

이렇게 어물쩍 넘기는 때도 많다.

어쨌든 그렇게 늘 가슴 졸이며 아이들을 키웠다. 그런데 보람이가 수어를 배우기 시작하고 곧잘 수어를 구사하는 것을 보게 되었다.

보람이가 결혼하기 전 우리 교회에서 인근 지역에 있는 농아교회 성도들을 초청하여 합동예배를 드렸었다. 설교는 농아교회 목사님이 하셨다. 기도할 때는 수어로 통역을 해 주었다. 예배가 끝나고 일반인 성도들은 모두 식당으로도 사용하는 교육관으로 우르르 몰려갔다. 교회 예배실 안에는 농아교회 성도들과 보람이가 남아서 서로 수어로 대화를 하고 있었다.

보람이가 그들 중의 한 사람과 수어로 대화를 하는데, 다른 농인 교인들이 모두 그 둘을 바라보면서 감정을 공유하고 있었다. 수어하는 모양을 바라보면서 둘이서 어떤 대화를 하는지 낱낱이 알기 때문이었다. 거기서 그들의 대화를 알지 못하는 사람은 나 혼자였다. 그러나 그런 광경을 처음으로 목격하는 나에게는 그 장면이 참으로 경이로웠다.

지금까지 보람이가 다른 사람들과 만나서 이토록 자유자재로 의사소통을 한 일이 있었던가?

늘 답답함이 가시지 않고, 주위 사람들의 따가운 시선이 부담스러웠고, 부모로서 속이 미어지고 터졌었다. 그런데 내 눈 앞에서 내 딸 보람이가 아무런 불편 없이 서로 반가운 표정으로 대단히 분주하게 온갖 동작들을 연출하면서 대화를 하고 있다. 그 광경이 나에게는 '보람이가 누리는 천국'으로 보였다.

내 딸도 이렇게 다른 이들과 불편 없이 어울리고 대화를 나눌 수 있구나!
이것은 그야말로 천국의 모습이다. 나는 속으로 감탄하면서 기쁨에 겨웠고 감격의 눈물을 흘렸다. 내 딸 보람이가 살아가야 할 세상이 바로 이것이구나 하고 깨닫게 되었다. 모두가 식당으로 옮겨가서 식사를 하는데 천국이 거기까지도 연장되었다. 물론 나를 비롯한 일반인 성도들은 흘긋흘긋하면서 식사를 하고 있었다.

농아교회 목사님께 여쭤보지 않을 수 없었다. 브람이가 처음 만나는 사람들인데도 어쩌면 이렇게 반갑게 대화를 할 수 있느냐고. 그 목사님은 보람이 결혼식 때 주례를 맡게 될 목사님이었다. 그 목사님의 사모님이 농인이셨다.

농아교회 목사님의 설명은 우리가 마치 외국 여행을 하는 중에 한국 사람, 그중에서도 내 고향 사람을 만난 것과 비슷하다고 설명했다. 농인이 농인을 만나는 것이 그런 것이라고 했다. 그러니 수어를 쓰는 사람들은 어디서 누구를 만나더라도 이내 친구가 되어 대화를 나눈다고 한다. 그 후로 가끔 보람이를 데리고 목사님 부부와 함께 식사를 하곤 하는데, 사모님과 보람이는 앞에 있는 음식은 먹을 생각도 안하고 부지런히 수어로 대화를 나눈다. 보람이가 살아가야 할 세상이 어떤 세상인지 나는 늦었지만 서서히 깨달아가고 있었다.

이런 경험들이 부모로서 보람이 결혼 상대는 그 어떤 조건보다 둘 사이의 소통이 첫째가 되어야 한다는 것으로 결론을 내도록 이끌었다. 아이들을 수어를 못 쓰게 하고 구화를 배우게 한 것은 일반인들과 똑같은 생활을 하도록 하고 결혼도 일반인을 찾아서 시켜야 하겠다는 욕심이었다. 이제는 그러한 계획을 바꿔야 할 때임을 감지했다. 보람이의 결혼 상대는 농인이 적합하다는 결론에 이르렀다.

그렇게 해서 보람이가 지금의 남편을 만나게 되었다. 이들 둘이 만나는 순간부터 맞추는 의기투합은 그동안 아빠와 딸의 그것보다도 더 끈끈하다는 것을 이내 알 수 있었다. 일반인이 보기에는 부부싸움으로 보일지라도 그것은 이러한 내막을 지닌 그들만의 의사소통이었다. 그런데 결혼 이틀 전, 두 사람이 밤늦도록 핸드폰 문자로 다투었다고 여기고 어른들은 괘씸하다고 생각했는지도 모를 일이다.

보람이가 이 책을 읽는다면 틀림없이 이렇게 말할 것이다.

"아빠, 그것이 그렇게 된 것이 아니거든요?"

내가 이 책에서 보람이 부부의 이야기를 쓰는 것은 거의 틀린 이야기이다. 정확한 것은 그들 부부가 잘 안다. 나는 단지 내 눈에 비친 그들의 모습을 내 관점으로 서술하고 있을 뿐이다.

손녀의 피리와 하모니카

보람이가 결혼하여 낳아 준 외손녀가 첫돌을 지내고 얼마 후 며칠간 외가에서 보내게 되었다. 나는 녀석에게 무엇보다도 소리를 가르치고 싶었다. 교회 피아노 앞으로 데리고 갔다. 외할아버지가 손가락으로 피아노 건반을 눌러 소리를 들려주었다. 그랬더니 이 녀석이 울음을 터뜨렸다. 속으로 작은 두려움이 일었다.

이 녀석은 태어나자마자 종합병원 신세를 졌기 때문에 거기서 모든 검사를 다 했고, 청력도 정상으로 판정을 받은 아이다. 그럼에도 일말의 두려움이 몰려 왔다. 이번에는 드럼 앞으로 데리고 갔다. 드럼을 두드려 소리를 들려주었는데, 역시 울음을 터뜨렸다.

다음날 똑같은 과정을 거쳤다. 어제보다는 덜했지만 아마도 두려운 듯 기피하려고 한다. 뒤에서 꼭 껴안아주면서 부드럽게 건반을 두드려 주고, 드럼도 작은 소리로 접근하도록 유도했다. 그렇게 몇 차례 했더니 아이는 소리에 호기심을 보이기 시작했다. 세 번째부터는 울지 않고 조심스럽게 손가락으로 건반을 만져본다. 드럼에 대한 두려움도 가셨다.

몇 달이 지난 후 다시 외가에 방문했을 때 피아노 앞에 앉혔더니 알고 있다는 듯이 건반을 손으로 거칠게 쳐본다. 드럼도 그랬다.

옳거니 이 녀석이 이제 소리에 대한 개념이 잡혔구나!

이제는 피리를 가르쳐 주고 싶어졌다. 아이 앞에서 피리를 불었더니 두려운 표정을 지었다. 역시 몇 차례 반복을 통해서 피리와 친숙하도록 해 줬다.

아마 19개월이 지날 무렵이었는데, 피리를 들고 할아버지가 삑 소리를 낸 다음 아이 입에 피리를 갖다 댔더니 이 녀석이 자기 입으로 피리 소리를 흉내 내는 게 아닌가?

참으로 신통하고 귀엽기 이를 데 없었다. 내가 피리를 분 다음 손녀딸 입에 피리를 대는 훈련을 여러 번 반복했는데, 그때마다 손녀는 제

입으로 피리 소리 흉내를 냈다.

이번에는 피리를 내 입에서 조금 떨어지게 한 다음 세게 불어서 소리 나는 걸 보여 주고 아이의 입에 피리를 물려주었다. 유미가 피리 소리를 조금 냈다. 드디어 아이가 입 밖으로 바람을 내보내는 것을 알게 된 것이다.

"너희 엄마는 예닐곱이 되어서야 바람을 입 밖으로 냈다!"

옆에 있던 아내가 듣고 감격했다.

20개월 차에는 하모니카를 쥐어줬다. 하모니카 소리도 처음에는 자기 입으로 냈다. 물론 아이가 내는 하모니카 소리는 엉뚱하기는 했지만 흡사하도록 노력하는 것 같아서 안쓰럽기도 하고 신통하기도 했다. 하모니카를 내 입에서 조금 떨어지게 한 다음 세게 바람을 내어 불었다. 그리고 하모니카를 아이 입에 대주니까 아이도 입에서 바람을 냈다. 그러다가 하모니카도 배웠다.

입에서 바람을 내보내는 것이 얼마나 대단한 일인가?

이런 과정에서 아이가 말을 배우는 속도도 가속이 붙기 시작했다. 발음은 부정확하지만 이것저것 흉내를 낸다. 외할머니 생일이 되었다. 케이크에 촛불을 켜고 손뼉치고 노래한 다음 촛불을 끄는데, 아이 앞에서 끄는 것을 보여 주고 그대로 해 보도록 했다. 몇 차례의 반복 끝에 아이도 입에서 바람을 내보낸다. 이것을 동영상을 찍었다. 아이가 22개월 차에 들었는 때 그 영상을 보여 주니 촛불 끄는 장면에서 자기 입으로 바람을 내보낸다.

22개월쯤에 아이는 소리 나는 장난감 중에서 어떤 특정한 음악이 나오면 몸을 흔들어 춤을 추기 시작했다. 그 모습을 보는 외할아버지 외할머니의 감회가 어떨지 짐작할 수 있을 것이다. 하루는 아이가 그 음악이 나오는 단추를 누르고 춤을 추는데, 보람이가 나에게 묻는다.

"유미가 왜 춤을 춰?"

장난감에서 나오는 음악소리는 그렇게 큰소리가 아니다. 그러니 보람이는 그 소리를 듣지 못하고 자기 딸이 춤추는 이유를 모른다.

이런 때 내가 아빠로서 어떤 표정을 지으면서 "음악 소리가 나오니까 춤을 추는 거야!"라고 말해야 할까?

사실 딸에게 이런 말을 할 때는 상당히 곤혹스럽기도 하고 조심스럽다. 자칫 소리에 대한 콤플렉스를 건드릴 수 있기 때문이다.

'아, 나는 이 소리도 못 듣는구나!'

이렇게 낙담케 하면 안 된다.

그래서 그저 별 거 아니라는 듯이 말해 주는 기술이 필요하다. 그저 지나가는 것처럼 말해 준다.

"장난감에서 음악소리가 나오니까 춤을 춘다!"

"아하! 그렇구나!"

보람이는 이런 때마다 잘 반응해 준다!

어미로서 적당히 감격하면서 반갑고 기쁘게 대답해 준다. 그런 보람이가 아빠로서 고맙기 그지없다.

God is not silent

제2부

/

서울의 구화학교에 가기까지

보람이와 은종이 청각장애 진단

우리 부부가 보람이와 은종이를 키울 때는 소리가 주는 즐거움을 전혀 몰랐다. 아이들은 소리에 대한 반응이 없었다. 아이들이 소리에 대한 반응이 없다는 것을 우리는 의식조차 못하면서 키웠다고 하는 편이 옳다. 처음 아이를 낳아 키우니 비교 대상이 없었다. 모든 아기들이 그렇게 자라는 줄 알았다. 나중에 다 하겠지 하는 심정으로 하루하루 키웠다. 사실 아이들을 키운 사람은 아내지 나는 아니다. 나는 직장에 매달리고 있었다.

나에게 가장 중요한 것은 직장이라고 생각했다. 남편은 직장에 나가 열심히 벌어오면 아내가 가정을 꾸리고 아이들을 양육하는 것이 이상적인 가정이라고 철썩 같이 믿고 있었다. 나는 직장에 충실하면서 적당히 아이들 자라는 것을 구경하면 된다고 여겼다. 그러다가 다른 아이들에 비해 보람이와 은종이 모두가 말이 늦다는 것을 점차 알게 되어 부모님께 그리고 장모님께 여쭤보았다.

"세 살이 되고 네 살이 되었는데 아이들 말문이 안 터져요!"

그때마다 어르신들은 말이 늦은 거니 걱정하지 말라고 말씀하셨다.

어르신들이나 우리 부부는 모두 아이들에게 장애가 있을 거라는 생각은 전혀 안 했다. 양가 집안에 장애아가 전혀 없었고, 처가 쪽 형제자매, 내 쪽 형제자매의 자녀들 모두 이상이 없었기 때문이기도 했다. 답답한 마음에 직장에 출근하여 속을 터놓고 지내는 선배나 동료들에게 하소연도 해 봤다. 그럴 때마다 대부분이 내 얘기를 농담으로 받아넘긴다.

"늦게 터지는 애들이 말은 더 잘 한다네, 이 사람아!"

두 살 터울인 아이들은 둘이 서로 잘 어울려 놀면서 비교적 잘 자라주었다. 지금 기억나는 특별한 일은 내가 한 번은 둘째 은종이가 네 살이나 다섯 살 때쯤 감기에 걸려 소아과에 데려갔는데, 거기서 아빠인 나를 '엄마'로 불렀다. 평소에도 은종이는 아빠와 엄마를 혼용했다. 그래서 소아과 의사에게 대략을 이야기하면서 혹시 청각에 이상이 있는 것은 아닐까 하고 물었더니 종합병원에 가서 진찰을 받아보는 것이 좋겠다는 말을 해 줬다. 그때 보람이는 은종이보다 두 살 위니까 이미 더 컸을 때였다. 그러나 둘의 언어발달 속도는 별 차이가 없었다.

보람이가 초등학교 입학 시기가 점점 다가오는데, 그 당시는 어린이집도 없었고 유치원은 특별한 아이들이나 가던 때였다. 그저 집에서 만일곱 살까지 키우다가 오른쪽 가슴에 손수건을 보기 좋게 접어 핀으로 달아주고 입학식에 데려가던 시기였다. 지금처럼 어린이집이 있어서 그곳에 보냈더라면 아이들의 장애를 더 일찍 확인할 수도 있었을 테지만 그때는 아이들을 부모가 집에서 키우는 것이 당연하게 여기던 때였다.

보람이가 세는 나이로 여섯 살, 은종이가 네 살이 되던 해, 그러니까 보람이가 초등학교 입학을 일 년쯤 앞두고 종합병원 진찰을 받았다. 그러나 살고 있는 지방도시의 종합병원에는 정밀검사를 할 만한 시설이 되어 있지 않아서 서울의 큰 병원으로 추천서를 써주었다. 아마도 그때 이미 아빠인 나는 서서히 체념하고 있었던 것 같다. 그러면서도 아이들이 청각장애로 확정되는 일을 받아들이기가 두려웠다.

정말 이 아이들이 청각장애라면 '나는 어떻게 되나?'

나는 청각장애 아이들의 아빠가 되고, 듣지 못하고 말하지 못하는 자녀를 둘이나 둔 아빠이면서 가장으로 살아가야 할지도 모른다는 사실이 뼈저리게 받아들이기 싫었다. 심정적으로는 서울의 큰 병원에서 진찰을 받기 이전에 기적적으로 아이들의 말문이 트이기를 은근히 기대했다. 가끔 초등학교 들어가서야 말문이 트인 아이들이 있다는 소리도 들리고 하니 그렇게 기대했는지도 모른다. 그렇게 지내다가 서울의 큰 병원 진찰 예정일이 다음날로 다가왔다.

당연히 우리 부부가 서울로 가야 했는데, 나는 이 핑계 저 핑계를 대기 시작했다. 결국은 직장에서 자리를 비울 수 없다는 이유로, 아버님께서 아내와 함께 두 아이를 데리고 서울로 올라갔다. 집에 남은 나는 마치 대학입학시험을 치르고 합격자 발표 날을 기다리는 수험생과도 같은 기분으로 소식을 기다리고 있었다. 그때가 80년대 중반이니 휴대폰은 상상하기도 어려웠고 집집마다 한 대씩 있는 전화가 유일한 통신수단이었다. 부모님 집으로 가서 어머니와 함께 전화를 기다리게 되었다. 전화벨이 따릉따릉하고 울린다. 얼른 내가 집어 들었다. 아내의 목소리가 들려왔다.

"난청이래요! 둘 다 보청기를 착용해야 한데요!"

"그래? 치료 가능성은 전혀 없다는 거야?"

"병원에서 그렇게 말하네요! 그리고 병원이 소개해 주는 보청기 업체에 아버님이랑 들렸다가 고속버스로 내려가려고 해요!"

"알았어!"

나는 온 몸에 힘이 쫙 빠지는 것을 느꼈다. 힘없이 송수화기를 내려놓는데, 어머님의 푸념이 들려온다.

"그때 아범을 데리고 가는 것이 아니었는데 기어이 아범을 데리고 거기를 다녀오더니 …."

"그런 건 아닐 거예요! 어머니!"

"아니긴 뭐가 아녀? 그때 내가 아버지에게 혼자 다녀오라고 그렇게 말했는데, 꼭 셋째를 데리고 가더니만! 그래서 그런 거여 쯧쯧…."

어머님의 푸념과 한숨이 나보다 더 깊은 듯했다.

파묘의 추억

집안의 각종 우환에 대한 어머님의 해석은 늘 신적이었다. 여러 잡다한 신들의 농간으로 질병이 오고, 장애가 오고 경제적 손실도 초래된다는 것이 어머님의 지론이었다. 그때 이미 어머님은 교회 집사님이셨지만 오랜 고정관념은 쉽사리 바뀌지 않았다. 가족회의를 소집한 아버님께서 온 집안이 교회 다니기로 결정하고 통고한 이후 신앙 생활을 해 온 지가 십 년을 훌쩍 넘겼건만 전통적인 신에 대한 태도는 이런 때 고스란히 속내를 드러냈다.

어머님이 말씀하시는, 아버님께서 나를 데리고 갔던 곳은 제법 산세가 험한 곳에 봉분이 반도 남아 있지 않았던 분묘 한 기가 있는 곳이었다. 초여름 날, 하루 날을 잡아 아버님은 도시락을 챙기고 삽이며 곡괭이, 자루 등을 준비하시고 나를 부르셨다.

"민하야, 가자!"

나는 그때 고등학교 입학시험에 떨어지고 집에서 농사일을 도우면서 이른바 재수를 하고 있었다. 중학교를 갓 졸업했으니 장정 몫의 일은 못했지만, 품앗이 여인네들보다는 월등한 밭매기 실력을 발휘하고 있던 때였다. 아침 식사를 마치고 나면 호미 하나 들고 어머니를 따라 밭에 가서 성실하게 일을 돕고 있었다. 지게질은 아버님께서 하시고 나는 어머니를 도왔다.

그해 초여름 아버지를 따라 한 시간 이상, 산속 숲을 헤치며 꽤 높은 산등성이에 있는 한 묘지에 도착했다. 후손들이 잘 돌보지 않아 분묘 터는 점점 옹색해져 있었고, 식물이 자라기에는 마땅치 않았던지 벌겋게 드러난 토양에 칡덩굴 몇 가닥이 교차하고 있었다. 아직은 덜 가라앉은 봉분이 묘라는 것을 알게 했다. 아버지는 가지고 간 술 병을 따서 잔에 따라 봉분 앞에 붓고 잠시 뜸을 들이더니 이내 묘를 파기 시작했다.

"이게 무슨 묘예요?"

"묘를 가리킬 때는 '이게'라고 하면 안 된다. 여기는 너의 할아버지 형님의 묘다. 나에게는 큰 아버지시다!"

그리고 설명을 이어가셨다.

큰 할아버님은 당시 마을에서 보기 드문 수재이셨고, 머잖아 벼슬길에 오를 것으로 기대되는 분이었다고 했다. 스무 살이 되기 전에 결혼했던 당시의 습속에 따라 한 규수와 혼사를 하게 되었는데, 결혼식 당일에 갑작스레 돌풍이 몰아쳐, 차일이 바람을 견디지 못하고 휩쓸리면서 차일을 받치고 있던 어른 팔뚝보다도 굵은 기둥 가운데가 뚝 부러지고, 부러진 기둥이 쓰러지면서 하필 새 신랑 허리를 그대로 후려쳤다고 한다.

할아버지는 그 길로 자리를 보전하여 신부를 안아보지도 못하고 시름시름 앓다가 세상을 떴다. 그러니 그분의 제사를 모실 후손도 없었다. 혼례 도중에 병을 얻었고 한동안은 새 신부가 병수발을 했으니 제사를 받아야 할 가장이었다. 그래서 집안에서 장손이 되는 조카가 그분의 제사를 모셔야 했는데, 장조카가 가산을 정리하고 서울로 이사하면서 제사를 소홀히 했을 것이라고, 아버님은 당신의 장형님을 원망하는 투로 말씀하셨다.

그 당시 우리 집안은 한국의 토속적 신앙으로 미신에 가까운 신주를 모시고 있었다. 음력 정월 보름이면, 동네 아이들이 달집을 태울 때 종이에 뭔가를 적어서 불 속으로 던지기도 하고, 어머님은 하얀 소지(燒紙)를 사다가 촛불에 붙여 하늘에 날리기도 하고, 무슨 무슨 날이면 사립문 앞에 짚을 깔고 거기에 음식 몇 가지를 놓아 지나가던 개들이 먹게 했다. 1960~70년대만 해도 한국의 거의 모든 가정들이 하는 습속이었지 싶다.

아버지께서 한참을 파 들어가자 유골이 나오기 시작했다. 시커먼 흙 속에서 습기를 축축하게 머금은 유골들이 하나 둘 나오기 시작했다. 아버님은 산등성이인데도 묘 자리가 좋지 않아서 이렇게 습이 많고 흙이 꺼멓다고 말씀하신다. 좋은 묘 자리는 노란 흙에 묻혀 유골이 곱게 삭아 들어갈 텐데, 묘 자리가 형편없다고 말씀하신다. 유골의 어떤 부분은 칡뿌리며 나무뿌리와 얽혀있기도 했다. 아버님은 그것을 보면서 좋은 묘 자리는 관이 있던 부분에서 뿌리가 더 이상 관 안을 침범하지 않고 주먹처럼 뭉쳐 있는 경우도 있다고 말씀한다.

아버님은 젊어서부터 동네에서 초상이 나면 시신을 수습하여 장례를 치르도록 돕는 일과 염에도 능숙하여 많은 경험이 있었다. 가끔 장례를 치르고 오셔서 경험담을 들려주실 때도 있었다. 시신이 혀를 빼물고 있어서 입 안으로 넣어주느라 애먹었다는 말씀을 할 때면, 수상쩍다는 표정을 짓기도 했다. 이는 자연적으로 숨을 거두었다고 보기에 의구심이 있다는 의미로 들리기도 했었다.

가지고 간 자루에 유골이 가득 차오를 무렵 갑자기 하늘에 먹구름이 몰려왔다.

"아버지, 비 올 것 같아요!"

"그래, 얼른 하고 내려가자!"

유골 수습이 끝나고 허리 펴고 산에서 내려올 때는 하늘이 언제 그랬냐는 듯이 맑고 청명하기만 했다.

"아버지, 하늘이 신기해요, 아까 그렇게 구름이 몰려왔었는데, 다시 말끔해졌어요!"

"그렇구나, 서둘러 골짜기로 내려가서 유골을 태우자!"

아버님이 유골 부대를 어깨에 메고 나는 삽이며 곡괭이를 들고 아버지 뒤를 따라 계곡 깊은 곳으로 내려와서 적당한 곳을 물색한 다음 삭정이를 모아 불을 지폈다. 이미 초여름이라서 불을 피울만한 땔감을 구하는 일이 쉽지 않았지만, 나도 부지런히 불에 탈 만한 것들을 모았다. 하지만 유골 한 구를 다 태우기에는 턱없이 부족했다. 젖은 흙이 온통 묻어있는 유골은 좀처럼 탈 기미가 보이지 않았다. 그때 다시 하늘에는 먹구름이 몰려오기 시작했다. 이번에는 진짜 빗방울을 흩뿌릴 기세였다.

겨우 불 냄새만을 맡은 유골들을 아버지는 적당한 곳에 다시 묻으셨다. 어린 마음에도 안타까운 생각이 들었지만 거기서 할 수 있는 일은 그것뿐이라는 것을 나도 알았다.

"이렇게라도 하고 얼른 가자!"

아버지께서 왜 당신의 큰아버님 유골을 그렇게 하셨는지 나중에 알았다.

어머님은 비교적 젊은 시절부터 건강이 좋지 않은 데다 당시는 치료

약과 의료시설이 턱없이 부족했을 뿐 아니라 집안이 넉넉지 못해 변변한 치료를 받으실 수도 없었다. 병세가 도질 때마다 민간요법 등으로 적당히 위기를 넘기곤 하다가 점쟁이를 찾아가기도 하셨다.

그러다가 족집게 점쟁이를 만났는데, 선대에 한을 품고 죽은 귀신이 있으니, 그 묘를 파묘해야 한다는 점괘를 내놨다는 것이다. 선대에 한을 품고 죽은 분은 큰 할아버지셨다. 한도 깊은 한이다. 결혼식 날 변고를 당하고 새 신부 족두리도 못 벗겨 드리고 혼절하셨으니 얼마나 한이 깊을까?

아버님은 어머님으로부터 그 점괘를 전해 듣고 결단을 내리신 것이다. 그때 하필 내가 고교입시에 떨어지고 집에서 빈둥대고 있었으니 파묘 길의 동행으로는 안성맞춤이었던가 보다.

그러나 나는 어머님의 깊은 한숨과 함께 토해 내는 푸념에 그리 괘념하지는 않았다. 나에게 그런 것은 미신으로 이미 학습이 되어 있었다. 그러나 어머님의 그 한숨에 대놓고 그건 아니라고는 말하기도 그렇고 하여 그저 묵묵히 듣고 있었다.

성냥갑만한 보청기를 허리춤에 단 아이들

아버님과 아내는 두 아이를 데리고 서울의 큰 병원에서 소개했다는 보청기센터를 다녀서 내려왔다. 며칠 후 보청기를 착용하기 위하여 아내가 두 아이를 데리고 다시 서울을 다녀왔다. 그때도 나는 동행하지 않은 것으로 기억된다. 아내가 두 아이를 데리고 내려왔는데, 양쪽 귀에 이어폰을 꽂고 두 가닥으로 내려와 하나로 합친 줄이 당시의 휴대용 성냥갑보다 약간 큰 보청기로 연결이 되어 있고, 보청기는 허리춤이나 옷깃에 고정시킬 수 있도록 적당히 휘어진 철사로 핀처럼 만들어져 있었다.

보람이와 은종이는 아무 것도 모른 채 보청기를 끼고 왔다. 혁대 아래 아랫배가 볼록 나온 녀석들의 허리춤에 보청기가 매달렸다. 거기서 소리를 증폭하여 귀로 전달하는 것이라 했다.

기분이 슬픈 것도 아니고, 그렇다고 담담한 것도 아니고, 또한 비통한 기분도 아닌 것이 참으로 복잡 미묘한 감정이었다. 보람이보다 두 살 아래인 은종이가 더 처연해 보이는 것은 어쩌면 내 속에 있는 남아 선호 사상 때문인지도 몰랐다. 지금 생각해 보면 그때 내 머리 속은 하얘졌다고 하는 편이 가장 정확할 것 같다는 생각이 이 글을 쓰고 있는 순간 든다.

나는 감정의 파동이 꽤 더딘 편에 속한다. 어떤 충격에 급작스러운 반응을 드러내기보다는 서서히 다가와 점점 깊어진다. 그러다가 끝내 폭발해야 할 성질의 것이라면 한참이 지난 다음에 터지는 기질이 있다. 아이들을 붙잡고 울지도 않았다. 어떻게 해야 된다는 계획이 떠오르는 것도 아니었다. 분명한 것은 나는 계속 직장에 충실하여 열심히 벌어야 한다는 것뿐이었다. 물론 직장의 급여는 한정된 것이니 열심히 번다는 것이 의미가 별로 없기도 하지만 어쨌든 나는 직장에 충실해야 한다는 결론으로 몰아가고 있었다.

아이들이 보청기를 착용한 현실에 충격을 받아 술로 푼다든지, 아니면 방황한다든지 하는 일은 아예 없었다. 현실을 냉정하게 바라보기 시작했다. 아이들이 청각장애라는 현실에 더하여 나는 두 아이의 아버지요 가장으로서 최소한 직장 생활만큼은 충실해야 한다는 생각을 굳히면서 서서히 하나님에 대한 반감이 일어나기 시작했다.

어느 날 직장 동료의 상가 조문을 다녀오는데 자정을 넘겨 백여 리가 넘는 길을 택시를 잡아타고 오게 되었다. 택시 기사가 고속도로로 들어서더니 당시로서는 총알 택시 수준인 시속 150킬로미터를 넘나드는 속도를 내면서 질주하고 있었다. 그때 묘한 오기가 발동했다. 손님에게 동의도 구하지 않은 채 엄청난 속도를 내는 택시 기사를 바라보며 마음속으로 되뇌었다.

'당신이 아무리 속도를 높여도 이 택시는 뒤집히지 않을 걸!'
'왜냐면 나는 장애아를 둘이나 둔 아빠거든!'
'내가 사고로 다치거나 죽으면 두 아이를 어떻게 할 건데?'
'하나님은 내가 아이들을 책임지도록 살려 둘 분이야!'
'그래 마음껏 밟아봐라!'

참으로 내 안에 별스런 오기도 다 있었다.

왜 그때 아이들을 향한 애틋한 마음이 앞서지 않고 이런 오기가 부글부글 끓어올랐을까?

어쩌면 장애 자녀를 둔 아빠로서 그것이 나의 성격이고 내 인격이었을 것이다. 커다란 상처를 떠안고 살아가야 할 아이들의 험로를 걱정하고 그 아이들을 따스하게 품어주기보다는 책임의식을 먼저 느끼고 책임감에만 충일해 가는 나 자신의 그때 모습은 이제 와 생각해 봐도 바르다고 할 수는 없어 보인다.

책임 의식을 갖기보다는 아이들이 어떻게 커야 할까?
이 아이들의 장래는 어떻게 될까?
이 아이들이 미래의 꿈을 어떻게 키워줄까?

이런 생각을 하지 못하고 그저 책임! 책임!

아빠로서 가장으로서 책임을 다해야 한다는 생각으로 내 머릿속은 꽉 꽉 차올랐다.

'청각장애는 어떤 것이며 청각장애를 가진 아이들의 미래는 어떻게 펼쳐져야 하며 아빠로서 이들을 도울 것은 무엇인가?'

이런 생각은 왜 안했을까?

지금 내가 나를 생각해도 참 답답하다!

아내는 두 아이를 데리고 언어치료를 위한 사설센터를 물색하여 다니기 시작했다. 매일 아침 두 녀석을 데리고 만원 시내버스에 몸을 싣고 하루 한 시간 남짓한 특수 교육을 받도록 하기 위한 애끓는 모정이 시작되었다.

은종이는 태어나면서 얼굴에 장난기를 묻히고 있었다. 녀석이 엄마 등에 업혀 잠든 모습을 보노라면 매사에 진중한 아빠를 닮지 않고 눈가며 양쪽 귀 밑으로 장난기가 있어 보여 나를 흐뭇하게 했다.

그래 익살이 있는 것이 좋지!

낙천적으로 자라주기를 아빠가 기도한다!

보람이가 만 일곱 살이 되던 해 3월이 다 가는데, 집 안에 손님이 찾아왔다. 인근에 있는 초등학교 여 선생님이셨다. 취학통지서를 못 받았냐고 물었다. 받았지만, 우리 부부는 무시하고 보람이와 은종이를 데리고 사설 교육센터를 부지런히 다니고 있었다. 요즘으로 말하면 실종 취학 아동이 되어버린 셈이다. 그 여선생님은 친절하게 언어치료와 병행하되, 일단 청각장애 아동이 다니는 농아학교에 입학시켜야 한다고 말해 주고 갔다.

아이들을 농아학교에 입학시켜 아내는 학교로 언어치료교실로 분주하게 다니기 시작했다. 농아학교에서 아내는 동병상련의 어머니들 여럿을 만나게 되었다. 매일 아이들을 데리고 학교에 가서 교실 뒤편에서 아이들 학습을 참관했다. 쉬는 시간이 되면 어머니들이 푸념을 한다.

"아이들이 욕이라도 좋으니 말을 좀 했으면 좋겠어요!"
"아이들이 말만 한다면 세상에 뭐가 부럽겠어요?"
"대통령인들 부러울까?"

그러면서 아내에게,

"그래도 보람이와 은종이는 '엄마' '아빠'는 하잖아요?"
"우리 애가 그것만이라도 하면 소원이 없겠어요!"

보람이와 은종이는 다른 농아에 비하여 청력이 조금은 남아 있어서 엄마 아빠는 했지만 때로는 아빠에게 '엄마'하고, 엄마에게 '아빠'하기도 했다.

그렇게 한 일 년쯤 지났을까?

나는 서울 근교에 있는 본사로 발령을 받았다. 서울로 이사를 해야 했다. 나는 그때도 직장을 핑계 삼아 모든 것을 아내에게 떠맡겼다. 그러나 명분은 세웠다. 무조건 아이들이 서울에서 다닐 특수학교 옆에 집을 얻도록 했다. 아이들이 학교 다니는 것을 최우선으로 하고, 내가 출근해야 할 거리는 아무리 멀어도 괜찮다고 말해 줬다.

이런 우리 부부에게 체계적으로 안내해 주는 곳은 없었다. 단지 소문으로만 아내는 서울에 있는 특수학교 중 어느 학교가 좋은지 알아왔다.

"서울 공덕동에 애화학교, 상도동에 삼성학교 두 곳이 좋대, 두 학교는 일단 수어보다는 입모양을 보고 말하는 구화를 가르친다니까 가능하면 두 학교 중에 한 곳으로 하면 좋겠어!"

아내의 말에 이렇게 대답했다.

"당신이 수고하여 둘 중 한 곳으로 입학시켜줘."

그리고 나는 직장으로, 직장으로 향했다.

학교가 정해지고 이사할 곳을 알아보기까지 나는 회사 인근에서 적당히 전전하면서 몇 달을 버텼다. 아내가 고생 고생하여 상도동 삼성학교에 보람이와 은종이 둘을 입학시키고 학교 옆 빌라를 전세로 계약했다. 서울에 처음 살아보는 나로서는 그곳이 직장과 얼마나 멀리 떨어져 있는지 궁금했다. 다행히 집 가까운 곳에 회사 출퇴근 버스 운행노선이 있었다. 지금 생각하면 보이지 않는 어떤 분의 은혜가 분명했지만, 나는 다행이라는 생각만을 했다.

아내는 은근히 신바람이 났다. 삼성학교는 지방의 농아학교와 달리 수어를 일체 못 쓰게 하고 구화만을 가르치니 얼마나 다행이냐고 했다. 나도 다행으로 여긴 것은 마찬가지였다. 나는 회사로 출근하고, 아내는 아이들 데리고 삼성학교를 다녔다. 일주일쯤 지나면 한 두 단어를 배워 온 것 같다.

솔직히 지금 내 기억에는 없는데, 은종이가 두 단어 이상을 연결하여 무슨 말인가 했을 때 내가 은종이를 껴안고 덩실덩실 춤을 추었다고 말하기도 하고, 내가 눈물을 비쳤다고 하기도 했다. 아내가 설령 지어낸 말이라 해도 나는 그 말이 참 듣기가 좋았다.

우리 아이들 언어 발달 정도가 한 반의 다른 아이들에 비해 뒤떨어지지 않는다는 말을 아내로부터 듣는 것도 기분이 좋았다. 청각장애 아동의 구화 발달은 전적으로 남은 청력에 좌우되는데도 어쨌든 부모로서 아이들이 단어를 두 개, 세 개 연결하여 문장으로 말하는 것을 들을 때는 한편으로 기쁘기도 했지만 솔직히 기가 막힌 심정이기도 했다.

서울에서의 신앙 생활

처음 해 보는 서울 생활이었다. 그곳에서도 어쨌든 교회는 나가야 한다고 생각했다. 아내와 함께 이곳저곳을 기웃거려 보았다. 지방 도시에서 다녔던 교단 교회는 얼른 눈에 띄지 않았다. 아내와 내가 결혼식을 올린 교회는 그리 큰 교단 소속이 아니었던 탓이다. 더욱이 이때는 내가 운전면허가 없었다. 그러니 교회 출석하는 일이 용이하지 않아 집에서 가까운 곳에 몇 달씩 다녀보기도 했지만 마음 붙이는 일이 쉽지 않았다.

어떻게 해야 할까?

나는 솔직히 아내에게 내색하지는 않았지만, 아이들이 청각장애 판정을 받고, 보청기를 착용하면서부터 하나님에게 강하게 반발하고 있었다.

'하나님, 제가 고등학교 시절부터 하나님을 예배해 왔고요, 군에서 제대 후 첫 출근한 직장이 있는 시골 면 단위 교회에서는 제가 성가대도 창설하고, 거기서 총각 집사도 되었어요!'

'부모님을 비롯한 우리 가정이 모두 섬기는 교회에서 결혼식도 올리고 그 교회에서 청년회장으로 봉사하기도 했고요, 고등학교 시절부터 성가대 베이스 파트에서 열심히 찬양했고요, 군대 가서도 군인 교회 성가대 봉사와 신우회에서 중책을 감당하기도 했어요!'

'그런데 이게 뭡니까?'

'이게 뭐냐고요?'

여기에 신앙 생활을 더욱 힘들게 하는 것은 목사님들의 설교였다. 예수 믿으면 복 받는다는 내용의 설교가 나오면 나는 듣기가 거북했다.

예수 믿고 복 받는 일이 이제는 나와 전혀 상관없어 보였다. 두 아이가 청각장애인데 여기서 복을 받는다는 것은, 당시 내 생각으로는 아이들 청력이 정상으로 되돌아오는 것, 그래서 아이들이 평범한 여느 아이들과 똑같이 소리 지르고 재잘대며 학교에 다니는 것일 뿐이라고 생각했다. 그렇게 되지 않는 데 복을 받는다는 것이 무슨 의미가 있을까 하는 의구심에 사로잡혀 있었다.

그런데 목사님들이 예수 믿으면 복 받는다고 강조하고, 예수 믿고 복 받아서 잘된 사례들을 열거한다. 아무개 성도는 예수 믿은 후 비뚤게 나갔던 자녀들이 바른 길로 들어서서 서울의 명문대학에 합격했다고 설교를 통해서 말한다.

그렇다면 나는 예수를 더 잘 믿음으로써 청각장애 아이들이 청력을 회복하여 일류대학을 가야 하는 것 아닐까?

그게 아니라면 내가 예수 믿어야 할 명분이 무엇일까?

나에게 이렇게 섭리하신 하나님을 이해하고 받아들일 수 없었다.

자연히 교회에 소극적이 되고 직장에서는 내가 예수 믿는 사람이라는 티를 내지 않았다. 누가 봐도 예수 믿는 사람으로 볼 수 없었다. 그 당시 내가 교회에 나가는 것은 습관의 연장에 불과했다. 그러나 아내는 열심을 내고 있었다. 그러다보니 어느 교회로 출석을 할 것인가를 두고 간혹 아내와 갈등이 생기기도 했다. 아내가 선택한 교회가 내 맘에 안 들거나 내가 선호하는 교회가 아내 맘에 안 들면 교회 선택 문제로 다툼이 일기도 했다.

결국 아내와 합의하기를, 이단 교회가 아닌 한 집에서 가장 가까운 거리에 있는 교회를 나가는 것으로 했다. 그리고 나는 교회에 나가서 어떤 부서에도 속하지 않을 것이며 교회가 하는 봉사활동이라든가 소그룹에도 관여하지 않겠다고 아내에게 선언했다. 그러나 아내는 여전도회 등에 속하여 주일이면 온종일 교회에 머물렀다.

아내는 두 아이를 건사하면서 열심히 교회에 나갔는데, 그 당시 다니던 교회 목사님이 아내가 장애아 남매를 키우는 모습을 보면서 안타까웠던지 한 말씀하시더라고 했다.

"집사님은 나중에 꼭 책을 쓰실 것 같아요!"

그 말을 전해 듣고 나는 속으로 이렇게 생각했다.

'책은 무슨?'

'그게 뭐가 대수라고?'

'아이들이 장애인데 그런 건 해서 뭐해?'

'뭐가 도움 된다고, 내 코가 석 자인데!'

이렇게 나는 냉소적이 되어갔다.

아빠 노릇하기

어느 날 집 앞 골목에서 은종이와 배드민턴을 했다. 그때 은종이는 구화학교 3학년이니 서툴게 라켓을 쥐고 아빠와 셔틀콕을 주고받으며 대화를 했다. 마침 옆으로 지나가던 할머니 한 분이 은종이의 발음을 들었다.

"예끼! 이 녀석아, 그렇게 소리하면 못써! 예쁘게 소리를 내야지!"

은종이의 어떤 소리를 듣고 그분이 그런 말씀을 했는지 기억은 안 난다. 그러나 청각장애아가 구화를 배워 내는 소리는 얼른 들으면 혀 짧은 소리 같기도 하고, 발음에 장애를 가진 아이들이 내는 소리 같았기 때문에 한마디 해 주는 분들을 가끔 만난다.

　그런 분들의 호의를 모르지 않기에 나는 속으로 당황하면서, 은종이에게 말한다.

　"'알았습니다!' 해야지!"

　때로는 내가 직접 그렇게 해 주시는 어른들에게 대신 대답한다.

　"고맙습니다!"

　삼성학교에서 보람이는 6학년으로 은종이는 5학년 과정으로 진급을 하게 되는 3월이 왔다. 보람이와 은종이가 두 살 터울이니까 보람이는 중학교로 가야 할 나이지만 일 년이 늦어져서 은종이와는 한 학년 차이로 좁혀졌다. 이때 삼성학교 측에서 아이들의 일반 학교 통합교육을 제안했다. 가까이 있는 초등학교로 편입을 하는 데 한 학년씩 낮춰서 보람이는 5학년으로 은종이는 4학년으로 하면 좋겠다는 의견을 냈다. 아내와 나는 기쁜 마음에 흔쾌히 동의하고 그때부터 일반 학교로 보내게 되었다.

　그러나 걱정은 많았다. 아이들 모두 귀걸이 형 보청기를 하고 있지만 입모양을 못 보면 전혀 대화가 안 되었고, 뒤에서 이름을 부르더라도 잘 듣지 못했기 때문이다. 교실에서 선생님이 늘 학생들만을 바라보면서 가르치지 않고, 칠판을 향하여 판서하면서 가르치는 말은 전혀 알아들을 수 없다는 것을 알기에 아이들이 학습 면에서 일정한 수준에 이르기를 기대하는 것은 애당초 언감생심이었다.

　그럼에도 우리 아이들이 일반 초등학교로 통합되어 교육을 받게 되었다는 사실이 부모의 자존심을 조금이나마 충족키 했다. 아이들이 일반 학교로 편입되면서 아내의 수고는 일단 크게 줄었다. 그동안은 두 아이와 같이 등하교를 했는데, 이제는 그렇게 하지 않아도 되었다. 아내는 아이들을 등교시킨 후, 아이들이 하교할 때까지는 집안일을 할 수 있었다. 단지 아이들의 발음 향상을 위해 삼성학교에 정해진 날짜에 가끔 나가고, 또 한편으로는 시내에 있는 언어교정센터에 등록하여 일주일에 두어 번 교정을 받으러 다녔다.

어느 날 학교에 다녀 온 아이들에게 오늘 학교에서 뭘 배웠는지 물은 적이 있다. 아이들이 제대로 대답할 리 만무했다. 안타까운 생각이 밀려왔다.

'어떻게 하지?'

걱정과 함께 혹시라도 아이들이 학교에서 왕따라도 당하는 것이 아닌가 하는 염려도 하지 않을 수 없었다. 다행인 것은 삼성학교 출신으로서 통합교육을 하게 된 아이들이 더러 있어서, 한 학급에 한두 명씩은 보청기를 낀 아이들이 있다고 했다.

'내가 학교에 다녀 온 아이들을 옆에 끼고 공부를 시켜야 하지 않을까?'

어렴풋이 드는 생각이었다.

조금 노력하면 중학교 저학년 과정까지는 가르칠 수도 있었다. 그동안은 아내가 아이들과 등하교를 같이 해오면서 고생했으니 이제는 내 차례가 아닌가 하는 생각이 몰려들었다. 그렇게 하기 위해서 내가 직장을 그만 두기까지야 할 수 없지만, 가능한 대로 퇴근 후 집에서 아이들을 가르쳐야 할 것 같은 기분이 들었다. 고민이 시작 되었다.

꼭 그렇게 해야 한다면 못할 것도 없을 테지만, 그렇게 하려면 내 고생이 이만저만이 아닐 것은 너무나 뻔했다. 이때 떠오른 생각이 '차라리 남의 자식을 가르치지 내 자식은 속 터져서 못 가르친다'는 사회적 통념이었다. 얼른 깨우치지 못하는 아이가 답답하면 성급하게 손부터 올라가기 때문에 부모가 자식을 직접 가르치는 것은 바람직하지 않다는 보편적 생각 말이다.

한동안 망설이며 고민했다. 어느 날인가는 학교에서 돌아온 아이들을 앉혀놓고 배운 것을 물어 가르치기를 시도해 보기도 했다. 그런데 보람이와 은종이는 아빠와 공부하는 것을 부담스러워 했을 뿐만 아니라 노골적으로 싫다는 내색까지 했다.

또 시간이 얼마 지나지 않았음에도 아이들이 힘들어 했다. 지금 생각하면 내가 청각장애 아동의 특성에 전혀 문외한이어서 아이들이 편하게 아빠를 대하며 공부할 수 없기 때문이었다. 책임이 아이들에게 있는 것이 아니고 아빠인 나에게 있었는데, 그때 나는 그런 생각을 못했다.

몇 차례 시도해 보다가 이내 포기하고 말았다. 무엇보다 힘든 것은 내가 설명해 주는 내용을 아이들이 이해했는지 못 했는지를 파악할 수 없었다. 일반 아이들 같으면, 모르겠다든지, 다시 한 번 설명해 달라든지 했을 텐데, 보람이와 은종이는 어찌 보면 다 알아들은 것 같기도 하고, 한편으로는 전혀 알아듣지 못한 것 같기도 했다. 지금에 와서 생각해 볼 때 후자였다고 보는 것이 옳다.

나는 학습지나 공책 혹은 교과서를 보면서 설명을 하는데, 아이들은 빤히 아빠의 입 모양을 쳐다본다. 솔직히 내 자녀이지만 그런 분위기는 아빠인 나에게도 부담이었다. 내가 가리키는 공책이나 교과서 혹은 내가 스케치 북에 그림을 그려 보이면서 설명하면 아이들이 그곳을 바라봐야 하는데 그게 아니었다. 아이들은 내 입모양에 집중한다. 나는 아이들을 어떻게 가르쳐야 하는지 전문 지식을 먼저 습득하는 게 옳았다.

결국 또 핑계거리를 찾아 그만 두기로 했다. 아빠는 열심히 직장 생활해서 월급을 허투루 쓰지 않고 아이들과 가정을 위해서 쓰도록 하고, 아내가 가정과 육아를 담당해야 한다는 내가 세운 원칙으로 회귀하고 말았다. 지금까지 후회스러운 일 첫 번째로 꼽는 대목이다. 그때 나는 청각장애 아이들의 아빠로서 보다 적극적인 태도를 가졌어야 했다는 당위성에 부응하지 못한 것을 후회한다.

일반 아이들도 이해하기 어려운 학습 과정을 듣지 못하는 아이들이 어떻게 알아들을 수 있겠는가.

통합교육을 간절히 원하는 부모의 입장만 세워줬을 뿐, 아이들이 감당해야 할 몫이 여간이 아니었건만 나는 늘 핑계거리를 찾아 나섰다. 이만큼 했으면 되지 않았느냐는 것이었다. 나는 명분을 중요하게 여기는 성격을 지닌 것 같다는 생각을 해 본다. 명분이 있다면 그렇게 행동해도 된다는 관념에서 벗어나지 못하고 스스로 명분을 찾아 나섰고, 나는 안일한 아빠의 길을 찾아 걸으면서 애써 당당하고자 했다.

보람이의 소질과 고마우신 선생님

보람이는 일반 초등학교에서 그런대로 적응하는 모습이 보였다. 아침 자습 시간에 한자를 가르치는데 하루는 한자 시험에서 백 점을 받아왔다. 보람이는 자기가 백 점을 받았을 때 선생님이 칭찬해 주셨다고 했다. 그리고 선생님께서 보람이를 맨 앞자리에 앉히려 했지만 자기가 특별히 취급되는 것이 싫다고 말했다고 한다. 기특하다는 생각도 들었지만 굳이 그랬어야 했을까 하는 노파심도 없지 않았다. 그 무렵 내가 아내에게 제의해 봤다.

"여보! 보람이를 피아노학원에 보내볼까?"

아내는 보람이를 실제 피아노학원에 데리고 갔다. 희미하게나마 있는 청력으로 소리를 분별할 수 있었기 때문에 서너 달 동안 피아노학원을 다녔지만 아무래도 그쪽이 아님은 분명했다. 이내 그만두고 미술학원을 기웃거려 보았다. 아내가 보람이와 미술학원 문을 두드렸는데 미술학원 선생님이 몇 가지 테스트를 해 보더니 미술에 소질이 많다고 하더란다. 그래서 미술학원을 다니기 시작했다.

학교에서도 미술에 소질을 나타냈다. 보람이 담임 선생님이 다른 아이들에 비하면 그림 실력이 뛰어나다고 할 수 없지만, 서울시내 초등학생 사생대회에 보람이를 학교 대표로 추천하여 나간 적이 있었다. 담임 선생님의 배려가 고마웠다. 그러나 미술 특기생으로 키우려면 만만치 않은 비용이 든다는 점과, 또 보람이가 처음에는 열심을 내더니 어느 시점에 가서 별로 흥미를 보이지 않아 미술학원을 그만 다니게 했다.

부모로서 청각장애 아이들의 소질 개발을 어떻게 해야 하는지도 몰랐고, 뒷바라지 걱정을 앞세웠다. 경제적으로 여유가 없었기 때문이기도 했지만 어쨌든 우리 부부는 그리 썩 훌륭한 부모는 아니었고, 사는 일에 바쁜 서민이었다. 그럼에도 아이들이 특별하니까 뭔가 진중하게 생각하고 아이들의 장래를 위한 고민을 더 깊이하지 못한 게으름에는 변명의 여지가 없다.

보람이는 신통하게도 동생 은종이에게 엄격한 누나로서 행세를 톡톡히 했다. 나무랄 때는 호되게 꾸짖고, 학교에 오가면서 동생을 보호하는 일에도 제법이었다. 은종이도 자기가 남자라는 것을 내세우지도 않고 누나의 모든 말에 잘 따르는 편이었다. 어쩌면 이때부터 둘은 똑같은 처지의 농인으로서 부모들조차 알지 못하는 내밀한 소통이 있었던 것 같기도 하다. 두 아이가 부모와 소통하는 것보다 둘이 서로 소통하는 일이 훨씬 용이하고 편한 듯 보였다.

네 가족이 모여서 식사를 할 때면, 나는 아내와 대화를 나누고, 보람이와 은종이는 저희들 둘이서 티격태격하기도 하고 장난을 치다가 까르르 웃기도 하는데, 두 아이들이 왜 웃는지 우리 부부는 알지 못했고, 아이들 또한 엄마 아빠가 나누는 대화 내용을 잘 알지 못했다. 그러나 나중에 알았다. 이 아이들이 엄마 아빠의 얼굴 표정을 읽으면서 상황을 야무지게 파악하고 있었다는 것을.

IMF와 이사

그 무렵 IMF가 닥쳤다. 전세금이 곤두박질쳤다. 고액의 전세금을 받고 있던 집 주인들은 낮아진 전세금만큼 차액을 부담해야 했다. 서울의 농아학교 인근에 살면서 나는 회사에서 추진하는 서울 근교에 주택조합 아파트를 청약하여 수년 전부터 전세를 놓고 있었다.

그런데 그 아파트 전세금이 반가량으로 낮춰지면서 나에게 자금난이 닥쳤다.

모아둔 돈이 없으니 어떻게 부담을 해야 할까?

안타깝게도 내가 살고 있는 서울의 전셋집 시세는 별로 낮아지지 않았는데 서울 위성도시의 아파트 시세가 큰 폭으로 낮아진 것이다.

손쉬운 방법을 찾다보니 서울의 전세금을 빼서 그곳 아파트 세입자를 내보내고 내가 들어가 사는 방법을 택했다. 서울 생활 십여 년을 정리하고 내 집으로 이사를 하게 된 것은 어쨌든 좋기도 했지만, 재테크 측면에서는 바람직하지 않았다. 그러나 당시로서는 최선의 선택이라고 자위했다. 그 무렵 아이들도 일반 학교에 어느 정도 적응했다고 우리 부부는 단정하고 이사를 했다.

　나중에 안 일이지만 이 일은 커다란 실수였다. 서울의 농아학교 인근의 초등학교에는 통합교육을 받는 농아 학생들이 반에 한두 명씩은 있어서 일반 아이들도 농아 대하기에 편견이 덜 했는데, 이사 가서 전학을 시켜놓고 보니 전교에서 농아가 우리 아이들뿐이었다.

　하루는 은종이가 학교에 가지 않겠다고 했다. 그때 은종이는 초등학교 6학년이었다. 왜 그러냐고 했더니 한 아이가 갑자기 등 뒤로 와서 때리고 달아나기를 자주 한다고 했다.

　"아빠가 지금 학교 같이 가서 선생님께 말씀드리고 그 녀석을 혼내 줄까?"

　은종이는 그렇게 하면 자기가 더 왕따를 당할 수 있다고 마다했다. 그리고 힘없이 책가방을 챙기더니 학교에 가겠다고 나섰다.

　보람이는 중학교를 다니고 있었는데, 다행인 것은 보람이 학교에 서울의 농아학교 출신이 한 명이 있었다. 같은 반은 아니었지만 둘이서 곧잘 어울린다고 했다. 이듬해 보람이가 2학년으로 올라갈 때는 학교 측에서 둘이 한 반이 되도록 배려해 주었다. 은종이도 추첨을 통해서 중학교에 입학했다.

사격부에 든 은종이

　은종이가 다니는 중학교에는 사격부가 있었다. 어느 날 은종이가 나에게 묻는다.

　"아빠 나 사격부에 가면 안 돼?"

"거기 가고 싶어?"

"응!"

다음날 내가 사격부 감독 선생님을 찾아갔다. 은종이의 형편을 소상히 말씀드리고 사격부에 들어갈 수 있겠냐고 물었더니 한번 해 보자고 흔쾌히 대답해 주어서 은종이는 사격부에 들어갔다. 종목은 공기권총이었다. 주로 10미터 거리에서 표적을 쏘는 종목이다.

지금 생각하면 이때가 두 번째의 기회였다. 첫 번째 기회는 아이들이 처음 일반 학교에 통합교육을 시작했을 때 아빠인 내가 아이들을 끼고 가르치는 일을 시작할 수 있었던 기회였다. 농아교육법을 배워가면서 아이들을 가르칠 수 있는 기회였는데 이미 지나가버렸다. 그리고 은종이가 사격부에 들어갔다. 이번에도 많은 생각을 했다. 은종이의 일생을 사격에 한번 걸어볼 수 있도록 부모로서 지원해 볼까하는 생각이다.

그러나 마음은 있었지만 어떻게 해야 할지 가늠을 못했다. 게다가 보람이나 은종이는 부모가 밀착하여 가르치는 것을 상당히 꺼리는 편이었다. 자기들이 알아서 하는데 왜 자꾸 나서냐는 투이다. 자꾸 부모가 나서면 마마보이가 되고, 그러면 학교에서 왕따 당한다는 생각을 했다. 이런 아이들에게 어떻게 다다가 지원을 해야 하는지 알 수 없었다. 마땅히 찾아가 의논해 볼 곳도 알지 못했다.

'은종이 적성에 사격이 맞는지 알 수도 없잖아?'

'그것도 모르고 어떻게 은종이 평생을 사격에 걸어?'

'좀 더 두고 보자!'

내 안에서 이렇게 합리화하고 있었다. 은종이는 어차피 학업 성적에 대한 기대는 어렵다. 은종이는 사격부에서 총 쏘기에 재미를 붙이고 있기는 한데 괄목할 만한 성적은 내지 못했다. 3학년이 되어서 고등학교 진학을 걱정해야 할 때가 왔다.

사격부 감독을 찾아뵈었다. 은종이 실력으로는 수도권에 있는 체육고등학교 진학이 어렵다고 했다. 사격을 계속하고자 한다면 지방의 체육고등학교에 추천해 줄 수는 있겠다고 하여, 은종이에게 뜻을 물으니 지방의 체육고등학교라도 가겠다고 한다. 중부권에 있는 한 체육고등학교 사격부에 진학하는 것으로 결정이 났다.

기절 게임

은종이가 중학교에 다닐 때의 일이었다. 어느 날 다급하게 전화가 왔다. 학교에 사고가 나서 은종이가 시내 종합병원 응급실에 있다는 것이다. 아내와 부랴부랴 병원을 찾았다. 은종이가 정신을 잃어서 119에 실려 왔다는데, 우리 부부가 도착했을 때 은종이가 말짱하게 깨어나 있었다. 그동안 병원에서는 각종 검사를 하여 검사비가 사십 만원 가까이 청구된 상태였다.

병원비를 치르고 가슴을 쓸어내리면서 은종이와 잘 지내는 사격부 여학생에게 내가 물어봤다.

"얘야, 어떻게 된 거지?"

"학교에서 기절 게임을 했어요!"

사격부 안에서 기절 게임을 하다가 이렇게 되었다는 대답이다. 그 당시 중고등학교에서 기절 게임이 유행하고 사회적으로도 물의를 일으키던 때였다. 기절 게임을 어떻게 하는지 자세히는 모르겠지만, 옆에서 친구들이 목을 조르거나 가슴을 세게 때려서 혼절하게 했다가 깨어나도록 하는 위험한 게임이었다.

사격부 안에서 은종이가 자원하여 다른 아이들이 기절을 시켰는데, 은종이가 얼른 깨어나지 않아 코치에게 보고하고 119 구급대를 불러 병원에 실려 왔던 것이다. 가슴을 쓸어내리면서 애써 태연한 척 해야 했다.

"내가 마마보이야?"

부모가 조금 과하다 싶으면 은종이 보람이는 아빠 엄마에게 항의한다.

"은종아! 다시는 그런 위험한 놀이 하면 안 돼! 알았지?"

"네!"

안타깝고 기가 막혔지만 부모로서 취할 수 있는 어떤 조치도 없었다. 그저 다행으로 알고 그런 일이 다시는 일어나지 않기를 바랄 뿐이었다.

기절하는 순간의 기분을 경험하기 위해 그런 게임을 하다니!

은종이 녀석이 그런 임사체험 비슷한 경험을 자청해서 했다니!

오 맙소사!

청각장애와 핸드폰

우리나라 정보산업의 눈부신 발전으로 핸드폰이 일반화되었는데 청각장애인들에게는 희소식이었다. 아이들이 중학생이었지만 망설임 없이 각각 핸드폰을 사 줬다.

　물론 전화 통화는 할 수 없었지만 문자로 소통하기에 핸드폰만한 것이 어디 있겠는가?

　이때부터 핸드폰은 아이들과 소통하는 데 있어서 요긴하게 소용이 되었다.

　은종이는 핸드폰을 받아들고 신이 났다. 문자로 의사소통하게 되어서 신바람이 난 것이 아니라 핸드폰으로 음악을 다운받아 들을 수 있어서 좋았던가 보다. 음량을 최대로 하고 강한 비트의 최신 유행 음악을 들으면서 제 방문 문턱에 서서 거실에 있는 나를 향해 춤을 춰 보였다. 허리는 구부정하게 숙이고 양쪽 무릎을 적당히 구부린 상태에서 몸을 에스 자로 흔들면서 특유의 춤사위를 보여줬다. 그 모양이 아직도 눈에 선하다.

　그 모습을 보면서도 나는 은종이가 박자에 맞춰 쿵쾅거리는 소리를 감지하는 일에 대한 단순한 흥겨움의 표시 정도로 여겼다. 청각장애 2급인 아이가 자기 핸드폰으로 음악을 들으며 온 몸으로 반응하는 사건을 나는 애써 축소 해석하고 있었다.

　음악을 좋아하는 청각장애아!

　여기에 아빠로서 좀 더 깊은 이해와 음악과 가까이 할 수 있는 방안을 더 찾아 볼 생각을 왜 못했을까?

　내가 가진 청각장애에 대한 고정관념이 은종이의 취향을 개발하는 일에 장애가 되고 있었지만 그때는 자각하지 못하고 있었다. 물론 은종이도 음악을 좋아하는 자신의 취미를 아버지가 알아주고 그 분야를 더욱 개발해 주기를 바라는 기대를 가진 것은 아니었지만, 나는 은종이가 소리를 더 가까이 하면서 소리에 대한 풍요로운 경험의 기회를 차단하고 있었다.

은종이가 음악에 반응하는 것에 대한 가치를 이해하지 못했고 그 분야에서 가능성을 찾을 생각을 해 보지 못했다. 그 이후에도 은종이는 종종 핸드폰으로 음악을 듣곤 했는데, 아이들의 한때 치기로만 여겼다.

집 나가니까 돈 줘!

청각장애 아이들 둘을 키우면서 부모가 당하는 고난은 참 견디기 어려울 때가 많다. 아이들이 뭔가를 잘못하여 아빠가 화를 내고 꾸짖으면 아이들은 아빠의 입모양을 빤히 바라본다. 손위 사람으로서 손아래 사람을 꾸짖을라치면 의당 아래 사람은 고개를 푹 숙이고 듣는 풍경이 우리의 고정관념이다. 그런데 내가 아이들에게 화를 내고 꾸짖으면 보람이와 은종이는 아빠의 얼굴을 빤히 쳐다본다.

'이 녀석들이 아빠에게 반항하는 거야?'

처음에는 이런 생각이 들기도 했다.

그러나 이내 입 모양을 봐야 알아듣는 아이들이라는 생각에 온 몸에 힘이 쭉 빠져나감을 느끼고 멈추곤 한다. 호되게 꾸짖어 가르친다는 것을 아예 포기해 버리기도 한다.

은종이가 중학교에 입학한 지 얼마 되지 않았을 무렵부터, 아빠가 하는 말에 따르지 않고 자기의 생각대로 하겠다고 고집을 피우는 일이 점점 늘어갔다.

듣지 못하는 아이라고 사춘기가 왜 없을까?

그러나 나는 은종이의 심리적 성장에는 깊은 관심을 기울이지 못했다. 그저 아빠의 말에 순종하는 일이 아빠에게도 아들에게도 유익하다는 생각만을 했다.

그러던 어느 날, 은종이와 내가 심하게 맞서는 일이 벌어졌다. 지금 생각하면 무슨 연유였는지는 기억나지 않는다.

"은종아! 그렇게 하면, 안 된다. 아빠 말을 따라야 해!"

꾸지람을 하는데도 녀석은 꾸무럭꾸무럭 하면서 반응을 보이지 않고 자기 고집대로 하고 있다.

"너 이 녀석, 정 그럴 거면, 집에서 나가!"

내가 이렇게 말하면, '아버지 제가 잘못했어요!'라고 할 줄 알았다. 우리 세대는 부모의 꾸지람에 그렇게 반응하면서 자랐기 때문이다. 내 입에서 집에서 나가라는 말이 나왔다는 것을 감지한 은종이는 자기 책가방을 열고는 거기에 주섬주섬 챙기기 시작했다. 그 모습을 보면서 나는 당황했다. 안타까움이 밀려오고 '아차!' 싶기도 했다.

'은종아! 아빠가 너를 보고 집에서 나가라고 하는 말은 정말 나가라는 뜻이 아니야! 아빠가 화가 나서 한 말이다. 아빠가 그렇게 말할 때, 너는 그렇게 행동하면 안 되는 거야. 그런 때는 아빠가 화가 나서 그러는 것이니까, 아들로서 아빠의 분기를 누그러뜨려 줄 생각을 해야 해. 그리고 아빠에게 항상 고분고분해야 하는 거야!'

아빠와 아들 사이의 이렇게 복잡하고 야릇한 뉘앙스를 어떻게 녀석에게 전달할 수가 있단 말인가?

책가방에 몇 가지를 챙기는 모습을 보면서 화가 더 치밀기도 했지만, 이걸 어찌 수습할까?

난감하기 그지없었다.

그렇다고 화가 치민 내 기분이 갑자기 유순하게 바뀌지도 않는다. 거친 숨을 내몰아 쉬며 잠시 바라보고 있었다. 녀석은 가방을 챙겨 어깨에 메고는 신발을 꿰어 차고 아빠를 향해 돌아섰다.

"아빠! 돈 줘!"

"무슨 돈을 줘 이 녀석아?"

"집 나가려면 돈 있어야 돼요!"

'아! 이 일을 어찌 수습할 수 있을까?'

이렇게 단순한 녀석에게 아빠의 복잡한 심경으로 화를 내질렀으니, 참으로 어리석기 짝이 없는 애비였다.

'은종아, 그게 아니야! 아빠가 이런 상황을 연출하려고 의도한 것이 아니다! 은종이가 듣지 못하는 아이라는 것을 아빠가 잠시 망각했나 보다. 너 지금 나가면 갈 곳도 없잖아?'

'아빠가 잠시 화가 나서 그랬어! 그러니 아빠 마음을 이해하고, 다음부터는 아빠가 큰소리 내면 아들로서 들어주는 척이라도 해 주렴!'

그때라도 녀석을 꼭 껴안고, 이렇게 말해야 했을까?

그러나 이것은 아주 소설 속에서나 나올 수 있는 대사였다. 내 입에서 나오는 말은 내 속 마음과 정반대였다.

"너는 이제 아빠 아들도 아니야!"

"이 녀석! 내가 왜 너에게 돈을 주냐?"

"당장 나가!"

이래서 아버지는 '꼰대'가 되는지도 모른다.

아빠가 당장 나가라 했다고 해서 은종이는 더 심각해지지도 않았다. 그냥 친구 만나러 가는 것처럼 가방을 둘러메고 돌아서서 아파트 문을 열고 나간다. 문밖에 바로 엘리베이터가 있었다. 은종이는 엘리베이터 단추를 눌렀을 것이다. 잠시 엘리베이터가 도착할 틈이 있었다.

'나는 어찌해야 할까?'

그 순간, 이미 지옥이 나에게 시작되고 있음이 감지되었다.

저 녀석이 나가면 다시 들어올 때까지 내 마음 밭은 초토화 될 터였다. 그럼에도 엘리베이터가 도착하고 여닫는 소리가 나고 내려가는 소리가 났다. 그렇게 은종이의 가출은 저질러졌다. 핸드폰에 문자를 보내지만 은종이는 답이 없다.

은종아, 너 지금 어딨어? 얼른 들어와! 아빠가 다 용서해 줄게!

이 문자를 보는지 안 보는지 알 길이 없으니, 속이 바삭바삭 타 들어갔다. 지금처럼 상대방이 수신했는지 알아보는 기능도 그 당시에는 없었다. 아이에게 성질을 부린 남편을 불만스럽게 바라보던 아내는 침묵 속으로 잦아들었다.

하룻밤이 지나갔다. 그때가 마침 방학 때이고 여름이라서 다행스럽긴 했지만 아빠의 마음은 지옥의 저 밑바닥이었다. 그렇다고 아내 앞에서 대놓고 내색할 수도 없었다. 하루가 더 지나갔다.

은종이가 집 나간 지 사흘째 되는 날 우연히 식탁 의자에 세워져 있는 종이 백이 눈에 띄었다. '이게 뭐지?' 하는 호기심에 속을 들여다보았다. 그 속에 은종이 양말과 내의 한 벌이 들어있었다. 아내는 어딘가 외출할 준비를 하고 있었다.

"당신, 이거?"

"은종이 갖다 주려는 거지?"

"그 녀석 지금 어딨는데?"

"요 앞 게임방에 있어요!"

"당신은 은종이 있는 곳을 알고, 수시로 갈아입을 옷도 챙겨다 주고! 그러면서 나한테는 말도 안 해?"

"집을 나가라고 한 건 누군데요?"

"가서 은종이 데리고 와!"

"안 오겠다고 하면 잘 구슬려서 데려와!"

"아빠가 기다린다고 해!"

그런 아내가 야속하고 기가 막혔지만, 그제야 안도의 숨을 내쉴 수가 있었다. 아내가 갈아입을 옷을 갖다 주고, 게임방 화장실에 가서 갈아입었는지 세탁할 속옷과 양말을 갖고 왔다.

"게임 더 하다가 저녁에 온대요, 저녁은 거기서 컵라면 먹겠다고 하네요!"

"알았어!"

쫓아낸 죄가 있으니 어쩌랴?

기어드는 소리에 장탄식을 넣어서 대꾸했다.

저녁 아홉시를 넘겨서 은종이가 들어왔다. 아빠에게 정중하게 와서 사과하는 일도 없이 녀석은 아무 일 없었다는 듯이 제 방으로 들어갔다. 나도 거기서 더 뭘 바랐다가는 자칫 사태가 더 나빠질 수도 있었으므로 덮어두는 수밖에 없었다.

'그래, 아빠도 앞으로는 더 조심하고, 너도 좀 조심을 했으면 좋겠다.'

이 마음을 아들에게 어떻게 전달할 수 있을까?

종이에 적어가면서 전할 수도 없다. 끌어안고 토닥이면서 아빠의 심정을 얘기해 줄 수도 없다. 분위기 연출이 불가능하다. 은종이는 아빠의 입모양을 보아야 하는데, 나는 그런 그림 속에서 내 기분을 효과 있게 전달하는 일에 대한 경험도 없을뿐더러, 어떻게 해야 하는지도 알 수 없었다. 내가 할 수 있는 것은 바삭바삭 타들어가는 속을 다스리며 시간을 보내는 것뿐이었다.

실업계 고등학교를 졸업하고

보람이는 중학교를 졸업하고 실업계 고등학교에 진학하여 다니고 있었다. 중학교 3학년이면 인문계 고교 진학을 위한 연합고사를 치러야 했다. 그러나 보람이는 자기 실력을 알고 있었다. 자기가 갈 수 있는 실업계 고등학교가 어딘지도 알고 있었다. 보람이가 스스로 선택한 학교에 부모로서 동의할 수밖에 없었다.

보람이는 고등학교에 진학하면서 여러 면이 변했다. 중학교 때까지는 성적이 반에서 하위였는데, 고등학교에 가더니 갑자기 상위권이 되었다. 평소에는 별로 공부를 하는 것 같지도 않은게, 시험보기 이삼일 전부터 밤을 새가며 책을 본다. 그리고 시험을 치는데 반에서 3등 안에 들었다. 한번 물어봤다.

"보람이 성적이 어찌 이렇게 뛰었어?"

"골빈 애들만 왔잖아!"

짜증스럽게 대답을 한다.

자기가 잘해서가 아니라 공부 못하는 아이들만 모인 곳에서 상위권이니 별다른 의미를 부여하지 말라는 뜻이다. 보람이 학교에는 청각장애인 학생이 또 한 명이 있다고 했다. 여학생인데 그 학생은 구화는 전혀 못하고 수어만 쓰는데, 성적이 꼴찌일 뿐 아니라 아이들로부터 왕따를 당한다고 했다.

"보람이는 왕따 당하는 일 없어?"

"내가 왜 왕따를 당해, 그런 애들 있으면 내가 가만 두지 않지!"

보람이의 큰소리에 한편 안심이 되면서도 걱정이다.

보람이는 자기 학교에 대해서 긍지를 갖지 못했다. 애들도 자기 수준에 안 맞는다면서 툴툴거리기 일쑤다. 학교를 빼먹는 일도 다반사였다. 아침마다 달래서 내가 승용차에 태워서 학교에 대려다 주기도 했는데, 보람이는 항상 정문에서 멀찍이 떨어진 곳에서 내려달라고 한다.

"정문이 저 쪽인데 왜 여기서 내려?"

"애들 보면 창피하잖아?"

그렇게 한마디 툭 쏜다.

겨울이었는데 담임 선생님을 찾아갈 일이 있었다. 그때 내가 마침 유행하던 '무스탕' 가죽점퍼를 입고 갔다. 나중에 보람이가 아빠 다녀간 후에 아이들 사이에서 '보람이네 아빠는 부자'라고 소문이 났다고 했다. 겨우 하나 장만하여 입고 다녔는데, 보람이에게서 그런 말을 들으니 기분이 묘했다. 아이들 세계를 엿본 것 같기도 하고, 보람이의 심리 상태를 가늠해 볼 수도 있었다. 실속이야 어떻든 아빠가 부자라는 말이 듣기에 싫지는 않았던가 보다.

엄마 아빠 속을 꽤 태우면서 보람이는 그럭저럭 고등학교를 마쳐가고 있었다. 실업계 고등학교이지만 보람이는 내신이 상위권이라서 서울에 있는 4년제 대학을 갈 수 있다고 담임 선생님이 말씀해 주었다. 그런데 보람이는 지방의 한 전문대학 '이벤트 연출과'에 진학하겠다고 고집했다. 이벤트 연출이 뭔지도 자세히 모른 채 이벤트 연출에 꽂힌 것이다. 이는 나중에 한 보람이의 고백이다.

서울의 4년제 대학이 가능하다는데 부모로서 그곳으로 보내고 싶어서 담임 선생님을 찾아가서 대화를 나누었다. 선생님이 내 이야기를 다 듣고 나서 한마디 하신다.

"보람이 고집은 아무도 꺾지 못할 걸요?"

"맞습니다! 보람이 고집은 저희 부부도 못 말립니다!"

결국은 보람이가 찍은 지방의 전문대학에 원서를 넣었다.

은종이의 고교시절

은종이의 고교시절은 아빠인 나나 엄마인 아내가 이해하기 힘든 구석이 참 많았다. 체육고등학교는 전교생 합숙이 원칙이었다. 그래서 은종이는 학교에서 먹고 자면서 오전에는 학과목 공부를 하고 오후에는 사격 훈련을 받았다. 그런데 사격 훈련이 고단하던 가끔 도망을 쳐 나왔다. 어느 날 불쑥 집에 올라와 제 방에 콕 틀어박혀 늘어지게 잔다. 왜 왔냐고 물어도 시원스런 대답이 없다.

감독 선생님께 전화를 하면 아이들 두어 명이 므의해서 함께 학교를 빠져 나갔단다. 그러니 잘 달래서 학교로 보내라고 하신다. 우격다짐으로 되는 일도 아니니 은종이 눈치를 보면서 살살 달래는 수밖에 없다. 사나흘 지나면 또 학교에 가겠다고 나선다.

사격협회 홈페이지에 들어가 보면 전국 고교생들의 사격 성적을 열람할 수 있었다. 각종 대회의 성적이 상세하게 업데이트되어 있다. 은종이 성적을 보니 중하위권에서 맴돈다. 아빠가 어떻게 잘 나서보면 성적을 끌어올릴 수도 있지 않을까 하는 생각이 들 때도 있었다. 그러나 늘 마음뿐이었다.

감독을 만나서 얘기를 들어 보면, 운동이라는 것이 자기 한계를 딱 치고 나와야 하는데, 은종이는 그 고비를 넘지 못하고 결정적인 순간에 주저앉고 만다고 했다. 그런 학생이 은종이뿐 아니라 대부분이라고 했다. 요즘에는 헝그리 정신이 없으니 아이들이 대부분 그렇단다. 감독과 코치가 그것을 터치고 나오도록 훈련 강도를 높이면 녀석들이 눈빛을 주고받고는 야반 도주를 한다는 것이다.

그래서 내가 그러다가 출석일수를 못 채워 유급 사태가 일어나면 어쩌냐고 걱정했더니 그건 걱정 말라고 한다. 체육고등학교는 방학도 없이 아이들을 합숙시키기 때문에 출석일수는 넉넉하게 채워서 유급되는 학생은 좀처럼 나오지 않는다고 했다.

은종이는 전국대회 입상 실적을 한 번도 내지 못하고 3학년이 되었다. 전국대회에서 3위 이내 성적을 내면 특기생으로 사격부가 있는 대학을 갈 수 있는데, 3학년 초까지 은종이는 입상하지 못했다. 그래서 은종이와 대화를 시도했다.

"은종이는 장래 뭐가 되고 싶어?"

"체육선생님이요!"

"그래? 그러면 대학에 가야되는데, 지금 실력으로는 안 되니 어떻게 하면 좋을까?"

"졸업 전에 입상할 자신이 있어?"
"솔직히 말해서 자신 없어요!"
"그러면 체육선생님은 못하겠다. 그 꿈은 접자.
그 다음으로 하고 싶은 것이 있어?"
"요리사도 해 보고 싶어요!"
"요리사?"
"그것도 괜찮겠다."
"요리도 좋고, 빵 만드는 것은 어때?"
"괜찮아 보여요!"
"그럼 이렇게 하자. 감독 선생님께 말씀드리고 집으로 올라와서 한두 달 요리학원에 다녀보자. 오전에는 요리, 오후에는 제빵."
"좋아요! 그렇게 할 수 있으면 해 보고 싶어요!"

감독 선생님께 말씀드렸더니 방학으로 치고 두 달쯤 시간을 허락해 주셨다. 그래서 은종이는 집으로 와서 요리학원과 제빵학원에 다니기 시작했다. 은종이는 열심히 다녔다. 가끔 학원에서 만든 요리도 가져오고, 어설프게 생긴 빵도 가져왔다. 맛있게 먹어 줬다. 두 달 과정을 마친 후 물었다.

"요리가 좋아? 제빵이 좋아?"
"어느 쪽이 더 좋은 것 같애?"
"제빵이 더 재미있고 하고 싶어요!"
"그래? 알았다. 이제 은종이는 빵 만드는 빵쟁이가 되어보자!"

제3부

/

아빠의 변신

청각장애아 부모로서의 갈등 속에서

한국의 경제가 IMF를 겪으면서 상황이 전과 판이하게 바뀌었다. 평생 직장의 개념이 무너지기 시작했고, 기업마다 구조 조정의 태풍이 몰아닥쳤다. 나처럼 입사한 지 오래된 중견 사원은 퇴직금도 꽤 되었고 연봉도 상당했기 때문에 후배들로부터 눈총을 받는 구조 조정 대상의 우선순위에 해당하여 직장에서의 입지가 흔들거렸다. 자칫하면 내몰릴 지경이다.

새천년을 맞이하면서 한국의 경제는 요동쳤다. 그 격랑 속에서 사람들의 가치관이 혁신적으로 뒤바뀌고 있었다. 더욱이 우리 부부는 장애아 둘을 키우는 입장에서 그런 사회적 분위기는 위기가 아닐 수 없었다. 이 무렵, 그러니까 보람이와 은종이가 머리가 굵어져 사춘기를 맞이하면서 아빠의 권위에 반발하는 시기가 겹쳤으니 아빠로서 일생일대의 위기와 맞닥뜨렸다.

평생 직장의 개념이 서서히 붕괴되고, 그동안 돈 담았던 직장의 구조 조정 과정을 보면서 뼈저리게 느낀 것은 직장 조직에의 혼신을 다한 충성은 헛되다는 것이었다. 역시 원칙론에 입각하여 직장이란 곳은 내가 노동력을 제공하고, 내 노동력만큼 급여를 받아오는 곳, 그 이상도 그 이하도 아니었다는 것이다. 그동안 나는 정신과 영혼까지 아낌없이 쏟아 부었는데, 구조 조정 시 그런 점은 전혀 고려대상이 아니었다. 조직에서 정한 구조 조정 기준에 따라 대상이 되면 아무 소리 못하고 사직서를 내야 했다.

구조 조정의 태풍을 가까스로 피하고 지방으로 좌천을 당한 나는 세상을 새롭게 바라보아야 했다.

이때 정신을 차리지 않으면 언제 정신을 차릴 수 있을까?

내가 받는 급여만큼만 노동력을 제공하고 그 이상의 어떤 기대도 다 내려놓았다. 그리고 내 생활을 찾아가기 시작했다.

내 생활은 무엇일까?

우선 아이들이었다. 두 남매가 모두 청각장애이니 병원에서 처음에는 유전인 것 같다는 진단을 내놓았지만, 우리 부부의 가족력에는 청각장애를 가진 사람이 전혀 없었다. 아내와 나는 농촌의 같은 면 출신이다. 대대로 양가의 내력을 훤히 바라보면서 살아왔기 때문에 조상들 중의 특이한 이력은 서로 익히 알고 있는 상태이다. 병원에서 이런 저간의 사정을 얘기했더니 그러면 유전은 아닌 것 같다며, 청각장애의 원인을 어린 시절 고열에 의한 청력 손실로 소견을 정리했다.

아이들 어렸을 때부터 나는 직장에 매달려 있었기 때문에 아이들이 그렇게 고열로 병치레를 한 기억이 확실하지 않았다. 퇴근하고 집에 들어오면 아내가 아이들을 데리고 병원에 다녀왔는데 열이 40도를 넘어서기도 했었다고 했지만, 내가 퇴근했을 때는 새근새근 자고 있으니 나는 그저 대수롭게 생각하지 않고 넘겼다. 공교롭게 보람이와 은종이 모두 돌 이전에 홍역이 동네를 휩쓸었다. 고열이 청신경을 손상시키는 주범이었다.

나의 정체성은 무엇보다도 농인 자녀 둘을 둔 아빠였다. 그럼에도 나는 농인 자녀를 거느린 아빠로서, 또한 가장으로서의 역할보다는 직장 일에 우선하는 전형적인 워커홀릭의 길을 택했었다. 그러나 이제는 다시 돌아와야 했다. 이렇게 된 계기는 IMF로 촉발된 사회적 분위기만은 아니었다. 아이들이 덜썩 자라서 사춘기를 보낸 후 아빠의 간섭으로부터 벗어나 자기들의 주장을 내세우는 태도에서 받는 충격이 나에게는 더 크게 다가왔다.

물론 아빠가 바라보는 시선에서 올곧은 길로 아이들이 간다면 문제의식을 가질 리 없었지만 아이들의 주장과 고집은 그렇지 않았다. 무엇보다도 견디기 힘든 것은 아빠의 권위를 인정하지 않으려는 자세였다.

권위가 무엇인가?

자기 생각에는 옳지 않아 보여도 아빠의 생각과 아빠의 말을 인정하고 최소한 따라주는 흉내라도 내는 것이다. 그러나 보람이와 은종이에게는 아빠에 대한 그런 자세가 없었다.

그때는 몰랐었고 나중에 안 일이지만, 아빠와 자녀 사이의 교감에 커다란 문제가 있었는데 그것을 감지하지 못했다. 나는 가장으로서 남편으로서 아빠로서 가정을 이끌고자 하는 방향성을 자녀들이 감지하고 있다고 여겼지만, 아내도 아이들도 내 의중을 잘 알지 못했다.

남편은 직장에서 열심히 일하여 꿀벌처럼 가계 경제를 책임지고, 아내는 그 수익으로 가정을 꾸려야 한다는 것이 나의 지론이었다. 당연히 아이들은 아빠 엄마의 역할 분담을 이해하고 자녀로서 순종함이 옳다는 나의 의중을 아내와 아이들이 익히 알고 있을 것으로 기대를 했지만, 나의 기대는 번번히 빗나가기 일쑤였다. 그때마다 아이들을 채근했지만 아이들은 껌벅껌벅하면서 아빠를 바라보다가 나중에는 서로 어긋나기를 반복했다.

어느 한가한 오후에 집안에 나 혼자 있게 되었다. 심심하기도 해서 아이들 방에서 사진첩을 무심코 꺼내 펼쳤다. 거기에는 아이들이 코흘리개 시절부터 농아학교 행사 사진이며 재롱잔치와 현장학습을 위한 이곳저곳을 탐구한 일들이 빼곡하게 기록이 되어 있었다.

'내 아이들에게 이런 시절이 있었나?'

'아빠인 나는 그때 어디에 있었지?'

스스로에게 물었다. 대부분의 경우 나는 그때 아이들 곁에 있지 않았다. 그러나 사진이 증명하듯이 아내는 아이들과 함께 있었다.

직장의 구조 조정 바람 끝이 차가운 판에, 아이들이 지금까지 자라오는 동안에 나는 어디 있었는가의 회한이 겹쳐지면서 그때까지 내가 살아온 삶을 돌아보게 되었다.

'내가 세상을 분명히 잘못 살아오고 있었구나' 하는 생각에 사로잡혔다.

나는 어떻게 변해야 할까?

내 신앙을 돌아보게 되었다.

인터넷 서핑과 설교 모니터링

어느 날 TV 유선 방송 채널을 이리저리 돌리고 있었다. 어떤 연사 한 사람이 티셔츠 차림에 화이트보드를 뒤로 하고 좌우로 왔다 갔다 하면서 어떤 이야기를 재미있게 하고 있는데 자세히 들어 보니 성경 이야기였다. 좀 더 유심히 들어 보니 성경 강좌였다. 아니 설교라고 해야 맞겠다. 분명히 설교는 설교인데 설교하는 목사님의 복장도 자유스러웠고 설교도 자유스러운 분위기에서 재미있게 풀어내고 있었다.

"어? 이런 설교도 있었어?"

자세히 보니 강사의 소개가 화면 아래 자막으로 나왔다.

그 목사님이 시무하는 교회도 나왔다. 매주 정해진 요일 정해진 시간에 방영됨을 알고 몇 주간 연속으로 그 설교를 듣게 되었다. 어느 날 사무실에 출근해서 그 교회 홈페이지를 들어가 봤다. 방명록이 있기에 거기에 짧은 글을 남겼다.

방송에 나오는 목사님의 설교를 감명 깊게 보고 있습니다.

방명록에 글을 남길 때는 글을 쓰는 이의 이메일 주소도 기재하게 되어 있기에 내 이메일 계정 주소를 남겼는데, 며칠 후 뜻 밖에도 그 목사님으로부터 답신이 왔다.

우리 교회를 방문해 주시고, 발자국을 남겨 주셔서 고맙습니다.

교회를 다닌다고 다녔지만 목사님과 이렇게 사적으로 대화를 나눈 일은 아마도 처음인 듯 했다. 새로운 경험이었다. '하늘 가까이 계신 목사'로부터 서신을 받았는데, '땅에 더 가까이 있는 평신도'가 답장을 또 안 올릴 수가 없었다. 즉각 답장을 했다. 직장을 소개하고 내가 누구인지를 간략하게 적었다. 이 일을 계기로 그 목사님과 사이버 공간 교제가 시작되었다.

나는 그 무렵 회사에서 사내 서비스 강사로 활동하고 있었다. 구조 조정 태풍이 몰아치기 직전 회사에서 처음 시도하는 사내 서비스 강사 모집에 응모하여, 내가 다니던 직장의 첫 번째 사내 서비스 강사가 되어 나름대로 주가를 높이고 있었다.

그동안 사원들의 친절 봉사 교육은 외부의 전문 강사들을 초빙하여 2~3일씩 시행하고 있었다. 전문 강사는 주로 항공사 스튜어디스로 일하다가 퇴직하고 고객만족경영 컨설턴트를 개설한 분들이었다. 그러나 직장 특유의 환경에 부합하는 서비스를 교육하기에는 여러 가지로 부족하여 직장마다 자체적으로 사내 서비스 강사를 발굴하여 고객만족경영을 꾀하고 있던 때였다.

목사님과 이메일로 교신하는 중에 내가 사내 서비스 강사로 활동한다는 말을 듣고, 목사님은 선뜻 자기 설교를 모니터링해 보면 어떻겠냐고 제의해 왔다. 물론 그때까지 직접 대면은 한 차례도 하지 않은 터에, 설교를 모니터링해 보라는 목사님의 제의를 받고 당혹스럽기는 했지만 주변에서는 한번 해 보라고 했다.

> 신학적인 분야는 제쳐두고 일반적인 강의 기법의 관점에서 해 보겠습니다.

그 목사님의 설교 모니터링을 시작했다.

매주 그 교회에서 나에게 설교 테이프가 우편으로 배달되어 왔다. 나는 그것을 듣고 나름대로 모니터링을 해서 회신했다. 그 목사님은 나의 모니터링에 대단히 흥미롭게 반응하고 내가 지적한 것을 고치려고 상당히 노력했다. 어느 주일에 시간을 내어 서울에 있는 그 교회를 방문했다. TV를 통해 여러 번 보아왔지만 담임하는 교회에 직접 출석해서 설교를 듣고 나니 모니터링 내용이 더욱 풍성해지고 알차게 되었고, 이후로 그 목사님의 설교 모니터링은 흥미를 더해 갔다. 이렇게 하기를 일 년 남짓 했다.

설교에서의 신학적인 부분은 제쳐두고 억양이나 어휘 선택, 설교 중 휴지와 청중의 반응, 표정과 눈 맞춤 등에 제한하다 보니 모니터링할 내용이 많은 것도 아니어서, 별로 어려운 것은 없었지만 모니터링하면서 발견한 문제점 해결을 위한 대안을 제시해야 하는 문제가 돌출되었다. 이것은 일반적 강연의 사례에서 해답을 찾을 수 있는 것이 아니었다. 결국 나는 다른 탁월한 설교자들의 설교를 들어야 했다. 국내에서 내로라하는 목사님들의 설교 테이프를 다량 구하여 반복하여 들으면서 그 목사님 설교의 문제점에 대한 대안을 찾아 제시했다.

이 흥미로운 작업이 나 자신에게 어떻게 영향을 미치게 될까?

이 일이 장차 나의 삶과 우리 부부와 아이들의 인생에 어떤 작용을 할 것인지 나는 그때까지 알지 못한 채 그 일에 매진하고 있었다. 직장에 출근해서는 양심의 가책을 받지 않을 만큼 내가 받은 급여에 합당한 노동력을 제공하겠다는 심정으로 업무를 처리했다. 그리고 나머지 시간은 새롭게 시작한 나의 일에 투자했다.

신앙의 재점검

그동안의 지난날들을 돌아보니 하나님이 나에게 청각장애 아이 둘을 주었다는 사실에 나는 과민하게 반응했다. 하나님께 반발하고 하나님께 등을 보였다. 그리고 십여 년이 쏜살 같이 흘렀다. 교회를 멀리하고 직장을 도피처 삼아 일중독을 자처하면서 살아왔는데 지금 내 손에 쥔 것이 무언지 펼쳐보니 온통 적자뿐이었다. 빼앗기지 않겠다고 힘주어 쥐면 쥘수록 모래알처럼 손가락 사이로 다 빠져나가고 없었다.

아이들에게 최소한의 신앙심이라도 뿌리내리도록 해 주었어야 했는데 내가 신앙 생활을 엉터리로 했으니 어디 그게 가능했겠는가?

결론은 뻔했다. 하나님께 반발해 봐야 손해 보는 것은 나 자신이었다. 길을 걷다가 툭 튀어나온 돌부리가 거슬린다고 힘껏 내질러 봐야 아픈 것은 내 발 뿐이다.

모든 것을 새롭게 보고 냉정하게 수지타산을 정리해야 했다. 결국 매달릴 곳은 하나님이었다.

"하나님! 내가 건방졌습니다. 하나님이 내 손에 쥐어 준 것이 작다고 툴툴대다가 그마저도 손가락 사이로 다 빠져 나가버렸습니다. 이제라도 꼭 움켜쥐겠습니다."

"어떻게 해야 하겠습니까?"

"도와주세요!"

내 안에서 예배의 갱신이 이루어지고 기도가 새로워지고 목사님의 설교가 진솔하게 폐부를 찌르기 시작했다. 교회에 있는 여러 공동체에 관심을 새롭게 하고 다가가 내가 가진 재능을 교회에 헌신하는 길을 모색했다.

마침 출석하던 교회 목사님의 설교를 매월 두 편씩 선정하여 설교 녹음을 녹취하고 편집하여 발간하는 소책자를 담당하던 자매가 결혼하여, 후임 사역자를 물색하고 있었는데 그 일이 나에게 돌아왔다. 내가 다니지 않는 교회 목사님의 설교 모니터링 사역을 하다가 드디어 내가 출석하는 교회 담임 목사님의 설교 사역에 내가 쓰임 받게 되었다.

주일 예배 후에 교회 방송실에서 설교 테이프를 받아와 컴퓨터 앞에 앉아서 주일 오후 내내 녹취했다. 한 편의 설교를 녹취하는 데 걸리는 시간이 꼬박 다섯 시간이 걸리는 중노동이었다. 가끔 아내가 옆에서 돕기도 했다. 녹취가 끝나면 그 파일을 저장하고 다음날 회사에 출근하여 업무 틈틈이 편집을 했다. 일주일 내내 회사 업무는 최소한으로 줄이고 설교 편집 작업을 했다.

목사님의 설교를 녹취하다 보면 몇 가지 특징이 드러난다. 언어와 문장의 서로 다른 특성에서 비롯하는 문제점이 있었다. 녹취된 설교의 문장은 설교를 듣지 않은 사람이 읽으면 이해하기 어려웠다. 문장에서는 주어와 서술어의 구분이 있지만, 대화나 설교에서는 주어가 생략되는 경우가 많고, 때로는 짤막한 한마디로 뜻이 충분히 전달되기도 한다. 그러나 문장에서는 그런 일이 불가능하다.

또 하나의 특징은 목사님들의 설교에서는 기승전결이 비교적 뚜렷하지 않다. 설교를 시작하면서부터 결론적인 선포가 튀어나온다. 이것을 그대로 정리하여 발간하면, 독자 입장에서는 좀처럼 읽어나가기 어렵다. 그래서 결론에 해당하는 부분은 가급적 뒷부분으로 옮기고, 기승전결의 체계를 갖춰줘야 한다. 그렇다고 해서 설교 녹취에 없는 내용을 끼워 붙이는 것은 있을 수 없다. 철저하게 녹취록에 있는 내용으로서 재

배치하는 일에 심혈을 기울였다.

 설교 녹취와 편집 사역을 하면서 얻은 유익도 만만치 않다. 평범한 한 사람의 성도로서 예배에 참여하여 한 시간 남짓 걸리는 예배 순서에서 목사의 설교는 그냥 지나치기 일쑤였다. 목사의 설교를 듣고 감동하거나 눈물짓게 되는 일은 그야말로 가뭄에 콩 나듯 일 년에 한 두 번이다. 물론 매번 설교에 감동을 받는 성도도 없지 않겠지만 나는 아니었다.

 그러나 설교 녹취와 편집 작업을 하면서 어쩔 수 없이 설교자의 신앙과 정신세계에 깊숙이 잠입해야만 했다. 설교를 들을 때는 '아마도 저 얘기는 성도들의 흥미를 일깨우고 분위기를 전환하려고 우스개로 하는 얘기인가 보다' 했던 것들도 편집자의 입장에서는 소홀히 할 수가 없었다. 앞 뒤 흐름에 맞춰서 농담 비슷하지만 이 이야기가 어떤 맥락에서 연관이 있는지를 밝혀내야 했다. 그러고 보니 설교에서 나온 단 한 문장이라도 버릴 것이 없었다.

 내가 녹취 편집한 설교의 주인공 목사님은 미국 생활을 꽤 오래 하셨던 터라 미국의 이야기, 미국 사람들의 예화가 많았다. 책자 발간을 위해서는 설교에 등장하는 사람들의 이름을 분명하게 해 둘 필요가 있었다. 또한 설교자가 인용하는 성경 구절도 반드시 재확인해야 했다. 설교를 하다보면 책명과 구절을 불분명하게 말할 때가 없지 않기 때문이다. 또한 책자로 편집을 위해서는 설교자가 인용한 성경 구절도 적절하게 배치해야 했다.

 한 달에 두 편의 설교를 이렇게 작업하는 일이 결코 만만한 작업이 아니었다. 때 아닌 성경 공부, 미국의 지리 공부, 미국인들의 성공 사례와 주인공의 이름들! 출판 관련 업무에도 관심을 갖지 않을 수 없었다.

이 과정에서 내가 얻은 것은 설교 속에서 내 인생의 모든 문제에 대한 해답을 발견할 수 있었다는 점이다. 아이들 문제, 장애아를 자녀로 둔 부모의 문제, 장애아를 키우는 부부간의 문제에 대한 답이 설교 속에 녹아들어 있었다. 또한 삶의 문제, 인생의 문제, 세상을 어떻게 바라볼 것인가의 문제도 설교 속에는 해답이 스며있었다.

"야, 참 좋다!"

처남의 한마디, "성경 통독!" 그리고 신학 입문

설교 녹취 편집 작업을 하고 있다는 소문을 들은 큰 처남이 어느 날 정색을 하고 나에게 질문해 왔다.

"예 서방! 자네가 고등학교 때부터 신앙 생활을 했다고 하는데, 성경을 처음부터 끝까지 쭈욱 한 번이라도 읽어봤는가?"

이른바 성경 통독에 대한 질문이다.

사실 성경을 소설 책 읽듯이 처음부터 끝까지 읽어 내려간다는 것은 쉬운 일이 아니다. 30여 년 가까이 교회를 출입하면서 기독교인으로 살았지만 그 질문을 듣고 생각해 보니, 단 한 번도 그렇게 읽은 적이 없음을 고백하지 않을 수 없었다.

"교회 목사님의 설교를 녹취하고 편집하여 소책자로 발행하는 귀한 사역을 하는 사람이 성경통독 한 번도 안했다니 안타까운 일이 아닌가? 꼭 한 번 통독을 해 보게나!"

그 말을 듣고 보니 부끄럽기도 하고, 한편으로는 그렇게 해 보고 싶은 욕심이 일기도 했다. 성경 통독을 위한 성경책을 물색했다. 읽어나가는 데 도움이 되는 해설이 첨가된 성경책이어야 했다. 마침 '오픈 성경'이 있었다. 오픈 성경은 성경 구절에 대한 해석이 꽤 많은 책이다.

마음을 단단히 먹고, 기도도 진중하게 하고, 첫 페이지를 펼쳤다. 집에서고 직장에서고 시간만 되면 오픈 성경을 펼쳤다. 읽다가 막히면 아래에 있는 주해를 읽으면서 정신을 집중했다.

지금까지 읽어왔던 성경과는 판이하게 나에게 다가오기 시작했다. 구약을 꼼꼼히 이해하고 신약으로 넘어갔는데 나는 온전히 성경 안으로 몰입하고 있었다.

나 자신 스스로 그런 독서는 처음이었다.

성경 읽기가 이런 맛이었다니!

세상에서 다른 일 안 하고 성경만 읽을 수 있는 삶의 자리가 어디 없나 하고 물색하기 시작했다. 신학을 공부해야 되겠다는 강한 욕구가 내 안에서 파도치고 있었다.

그동안은 늘 방황의 연속인 삶을 살았다. 뭔가를 새롭게 해 보려면 나를 붙잡고 끌어 앉히는 조건들이 너무 많았다. 아이들 문제가 나를 낙심케 했고, 가난이 나를 주저앉히기도 했었다. 마음속의 불평과 불만이 앞으로 나가지 못하도록 잡아채고 과거에 안주하도록 무릎 꿇리기도 했었다. 하고 싶은 것은 많았지만 그것들은 늘 희망사항일 뿐이었다. 나도 이런저런 핑계 거리를 찾아 스스로 변명하면서 주저앉기를 되풀이하고 있었다. 그러나 이제는 뭔가를 붙잡고 일어서야 했다.

생계를 위해서 직장을 그만 둘 수는 없으니 야간 신학대학원을 찾아 나섰다. 인터넷으로 검색하니 내 형편에서 다닐 수 있는 신학대학원이 더러 있었다. 신학대학원을 나와서 목사가 되어 교회를 담임하고 목회를 해야겠다는 결심이 아니었다. 단지 현실의 삶이 고달프고 힘들었는데 성경책 안에서 길을 찾았으니 그 길을 계속 가겠다는 결단이었다.

세는 나이로 쉰에 신학대학원(M. Div.) 과정에 입학했다. 내가 신학대학원에 입학한다는 소식은 회사 사내 인트라넷 게시판을 통하여 알려졌다. 그 당시 내가 근무하던 수도권 지역에서는 학교가 멀어서 다닐 수 없었다. 본사에 인사 상신을 하여 학교 근처로 전근을 요청해야 했기 때문이다. 나의 변신에 대하여 직장에서의 반응이 흥미로웠다.

"예민하 씨가 기독교인이었어?"

첫 번째 반응이었다. 그만큼 나의 신앙 생활이 겉돌았다는 것을 의미한다고 봐야 할 것이다.

두 번째 반응은 의외였다. 각지에서 응원의 목소리가 들려왔다. 평소 나와 별로 친분이 없었지만 진정한 기독교인들이 더러 있었다. 그분들은 사내 이메일을 통해서 격려의 기도를 전해 주었다. 마침 내가 속해 있던 부서의 장은 술고래였지만 속 깊은 크리스천이었다. 교회 장로이면서 내가 신학 공부 한다는 소식에 자기 일처럼 기뻐해 주면서 내가 입학한 신학대학교 근처로 전근 발령이 나도록 애써 주었다.

세 번째 반응이 있었다. 나를 이미 성직자쯤으로 인정을 했던지 사내 이메일을 통해서 자기의 인생을 낱낱이 고백해 오면서 자기의 고통을 나누고자 하는 분들이 있었다. 특히 나와 업무상 대립 관계에 있으면서 서로 벼르기를 하고 있던 동료 한 분이 자기의 신상을 고백해 와서 나를 놀라게 했다. 신기했다.

내가 이런 내밀한 이야기를 경청할 만한 자격이 있는가?

어쩌면 이것은 내가 들어선 길이 어떤 길이라는 것을 미리 고지하는 표지였을 것이다.

직장, 신학대학원, 보람이 그리고 은종이와 더불어

내가 신학대학원에 입학하고 지방에 있는 신학대학교 인근으로 전근되어 출근하게 된 그 해에 보람이도 고등학교를 마치고 자기가 택한 전문대학 이벤트 연출과에 입학했다. 내가 지방으로 전출되어 회사로부터 제공받은 사택에서 보람이네 학교가 다행히 멀지 않았다. 나와 보람이는 그 사택에 기거하게 되었다. 보람이는 사택에서 멀지 않은 시외버스 터미널로 가서 학교버스를 탈 수 있었다. 일부러 의도하지 않았음에도 다행스럽게 되었다.

토요일이면 보람이와 함께 승용차로 집으로 오고, 일요일을 집과 교회에서 보내고 주일 오후 늦은 시간이나 아니면 월요일 새벽에 출발하여 나는 직장으로 보람이는 학교로 가곤했다. 부녀간에 모처럼 함께 할 수 있는 의미 있는 시간이었다. 그러나 많은 대화는 불가능했다. 내가 운전하는 도중에는 대화를 할 수가 없었다. 보람이는 그때마다 핸드폰으로 무언가를 열심히 하곤 했다.

녀석은 곧잘 토스트나 우유 등으로 간단한 아침을 차려 주기도 하고, 저녁에는 적당히 요깃거리를 만들기도 해서 부녀간의 생활은 유익하고 행복했다. 은종이도 거기서 멀지 않은 곳에 있는 체육고등학교 졸업반이었다. 은종이가 두 달간 요리학원과 제빵학원을 다녔던 해가 그 해였다. 은종이는 제빵의 길로 대학을 정하고 체육고등학교 3학년 과정을 보내고 있었다.

  나는 은종이가 다닐 만한 전문대학을 물색했다. 인터넷으로 검색하여 수시모집에 응시하려고 전화 연락을 해 보면, 청각장애가 있는 학생이지만 지원해 보라고 권유했다. 다행이었다. 경쟁률이 치열하면 아예 받아주지도 않을 텐데 지방의 전문대학들은 겨우 정원을 채우고 있는 실정이었다. 9월 수시 모집에서 은종이는 한 학교의 제과제빵학과로부터 합격 통지를 받았다. 우리 가족 모두 기뻐했다. 은종이도 흡족해 하며 새로운 꿈에 부푼 모습이었다.

  내가 신학대학원에 입학한 첫 해에는 보람이와 회사 사택에서 기거했고, 이듬해에는 은종이가 합세했다. 아빠와 딸과 아들 셋은 토요일이면 집으로 향했다가 주일 저녁이면 사택으로 오는 생활을 일 년을 했다. 지금 생각해 보면 참으로 행복한 시절이었다. 아내는 서울근교의 집에서 아버님을 모시고 있었다.

  어머님이 아버님보다 먼저 돌아가셔서 우리가 아버님을 모시게 되었다. 치매 증상이 약간 있으신 아버님은 가끔 가출을 하시어 내가 있는 지방에까지 시외버스를 타고 오시기도 했다. 그때마다 나는 아버님을 모시러 파출소로 가야 했다. 그러니 아내의 고생이 컸다. 내가 신학대학원 1학년 때는 보람이와 지내고, 2학년 때는 보람이 은종이와 셋이 되었다가 3학년이 되면서 보람이는 전문대학을 졸업하고 집으로 올라가고 은종이와 둘이 지내게 되었다.

은종이와 자동차

이 무렵 은종이는 운전면허를 취득했다. 은종이는 자동차에 관심이 매우 컸다. 내가 운전을 할 때 옆 좌석에 앉아서 운전하는 아빠 흉내를 곧잘 냈다. 내가 핸들 잡은 손 모양대로 폼을 잡고 코너링 할 때는 몸을 기울이면서 마치 자기가 운전하듯 신바람을 내곤 한다. 은종이가 서울 삼성학교 다닐 때 운동회 날 가본 적이 있었다. 운동회 끝 순서는 세발자전거 경주였다. 아이들이 세발자전거를 타고 트랙을 돌아야 하는데 은종이가 트랙을 돌면서 원심력을 이용하여 몸을 기울이고 신나게 달리는 모습에 관중들 모두가 칭찬해 마지않았다.

"우와! 저 녀석 좀 봐! 쬐그만 놈이 자전거를 제법 타네!"

은종이가 고등학교 다니던 여름, 우리 가족은 전남 신안의 한 섬으로 휴가를 갔다. 그곳 백사장에는 자동차도 다녔는데, 우리도 차를 몰고 백사장을 지나게 되었다.

"아빠, 나 운전 한번 해 보면 안 돼?"

은종이가 자기도 운전을 한번 해 보고 싶다고 했다. 나는 은종이가 운전에 비상한 관심을 가지고 있었음을 알고 있었다.

"그래? 여기서 저기까지 한번 해 봐!"

한 200미터를 천천히 달리고 나서 은종이는 뿌듯해했다. 우리 모두가 은종이에게 박수를 쳐 줬다.

대학에 들어가서 1학년 여름방학 때 운전면허를 취득하고 싶다기에 운전학원을 보냈더니 제 혼자 다녀서 면허를 취득했다. 연수 과정을 거치고 내 차 운전을 시켰더니 곧잘 한다. 주말에 집에 오갈 때에도 은종이에게 운전을 맡길 정도가 되었다. 은종이는 속도 내는 것을 좋아했다. 내가 옆에서 졸고 있으면 상당한 속도로 달리고 있어서 걱정이 되기도 했다.

"은종아, 아빠가 엄지와 검지로 동그라미 모양을 하면 과속 단속 카메라가 있으니 속도를 줄이라는 표시이고, 왼손을 아래위로 흔들면 속도를 줄이라는 표시다!"

이렇게 약속을 해 두고 서로 소통했다.

아빠가 운전을 할 때면 녀석은 아빠의 운전 실력에 흠을 발견해서 지적한다. 한 번은 내가 출발할 때 급하게 엑셀을 밟아서 바퀴가 헛돌았다.

"에이~ 아빠~~."

은종이가 웃음을 터뜨린다. 은종이는 내가 우회전에 취약하다는 것을 눈치 챘다. 나는 좌회전에는 익숙하고 자동차를 잘 통제하면서 코너링을 잘 하는데, 우회전할 때는 조금 불안을 느껴 조심하는 편이다. 은종이는 이런 아빠의 운전 실력을 간파하여 지적하면서 까르르 웃는다.

자동차 운전에 흥미가 붙은 은종이가 어느 날 제안을 하나 했다.

"아빠, 나 카레이서 하면 안 돼?"

"아빠 생각에 그건 위험할 것 같은데, 원래 자동차 경주는 위험하잖아!"

"그리고 은종이는 지금 제과제빵을 배우고 있으니 그 공부에 전념했으면 좋겠다."

나는 깊이 생각해 보지도 않고 대답하면서 마음속으로는 성급한 결론에 이르고 있었다.

'소리를 듣지 못하면서 자동차 레이서가 되는 것이 얼마나 위험한데 ….'

은종이의 첫 사회 경험

은종이가 전문대학 제과제빵학과 2학년 2학기 때에 학교 측의 주선으로 시내에 있는 한 제과점에 취업하게 되었다. 우리가 묵고 있는 사택에서 그리 멀지 않은 곳이었지만, 그 제과점에 근무하는 종업원들이 기거하는 숙소로 들어가야 한다고 하여 제과점 기숙사에 들어갔다. 제과점은 아침 식사를 빵으로 하는 고객들을 위하여 새벽같이 일어나야 하기 때문에 기숙사를 두고 있다고 했다.

처음으로 아들을 사회에 진출시키면서 제과점 숙소까지 데려다 주고 숙소를 잠깐 들여다보니 커다란 방 한 칸에 여러 명이 쓰면서 청소를 말끔히 하지 않아서 퀴퀴한 냄새가 났다. 짐을 내려주고 돌아서는 발길이 가볍지 못했다. 첫 직장 숙소가 반듯하지 못하고 열악한 환경에 대한 안타까움 때문이었다.

은종이는 그곳에서 잘 적응하지 못했다. 한 달이 채 되기도 전에 그만두겠다고 하기에 조금 참아보라고 달래서 보냈다. 빵 만드는 일은 어떠냐고 했더니 할 만하다고 해서 조금은 안심이 되었다. 그러나 은종이는 한 달을 채우고 나왔다. 학교 측에서는 취업률 통계를 위해 다시 들어가거나 다른 곳을 주선해 주겠다고 하는 것 같았다. 은종이가 결국은 다시 그곳으로 가겠다고 해서 제과점 주인을 만나 사정을 이야기하고 은종이 짐을 다시 숙소에 가져다 주었다.

이번에는 두 달을 근무하고 그만두었다. 어차피 학교를 졸업하면 거처를 옮겨야 하기 때문에 쉬도록 하고, 무엇이 문제인지 알아보기 위해서 은종이에게 말하지 않고 제과점 사장 내외를 만나봤다. 선하게 생긴 제과점 사장 부부는 은종이가 성격이 밝고 일도 열심히 한다고 칭찬하면서 한 가지 단점을 말해 주었다.

은종이가 기분이 좋으면 공장 안 분위기도 좋지만 은종이가 뭔가 틀어지고 기분이 안 좋으면 공장 전체가 침울해진다고 했다. 다 좋은 데 그 점이 아쉽다고 했다. 나는 무슨 뜻인지 이해할 수 있었다. 아무래도 녀석이 아빠의 단점을 닮았지 싶었다.

가끔 나는 자동차를 은종이가 학교 다니는 데 쓰도록 하루씩 내어 주기도 했다. 녀석은 그런 날은 신이 나서 콧노래를 부르면서 학교에 갔다. 그러나 은종이가 승용차를 몰고 가는 날은 온종일 신경을 곤두세우고 있어야 한다. 운전 중 어떤 일이라도 발생하던 문자를 보낼 것이기 때문에 핸드폰을 잠시도 멀리할 수 없었다.

하루는 은종이가 자동차를 몰고 학교로 출발한지 30분도 지나지 않아 문자가 왔다. 자동차가 멈춰 섰다는 것이다. 그곳이 어디냐고 묻는데 문자로 위치를 알려오지만 내가 그곳을 확인하고 나서기까지 쉽지 않았다. 조바심 속에 택시를 타고 현장에 도착했다. 왜 멈춰 섰냐고 물었더니 잠시 자동차를 갓길에 주차하고 자동차 바닥에 떨어진 물건을 줍고 다시 출발하려 했는데 시동이 걸리지 않는다고 했다. 내가 키를 돌려 보아도 시동이 걸리지 않았다.

은종이를 택시에 태워 학교에 보내고 내가 보험사에 연락하여 견인 서비스를 신청하고 기다렸다. 오래 기다리지 않아 견인차가 와서 자동차를 견인하고 견인차 조수석에 앉아서 공업사로 향하다가 나도 언젠가 똑같은 경험을 했던 때가 생각났다. 운전석 바닥에 떨어진 물건을 줍고 나서 얼마 후 마치 연료가 바닥난 것처럼 차가 멈췄다.

나중에 알고 보니 LPG 가스 차단 단추를 나도 모르게 건드린 것이었다. 그래서 견인차 운전자에게 이야기하고 자동차 운전대 옆에 있는 LPG 차단 단추를 확인하고 열쇠를 돌렸더니 "부르릉" 하고 시동이 걸렸다. 나중에 은종이에게 이 상황을 설명해 주기 위해 자동차 안에 들어가서 하나하나 짚어가면서 설명해 줬다. 나중에라도 그런 일이 벌어지면 조치를 하도록 하기 위해서였다.

목회자의 길로 들어서다

나는 3년제 신학대학원을 다녔고 내가 2학년으로 올라가던 해, 은종이는 2년제 대학 제과제빵학과에 입학했으니 아들과 함께 졸업하게 되었다. 먼저 은종이 졸업식에 갔다. 졸업식장은 많이 붐볐다. 은종이는 보나마나 친구들과 소통이 어려워 많이 어울리지 못했을 터이다. 자칫하면 졸업식 때 동기들과 함께 찍은 사진 하나 없겠다 싶어 내가 은종이를 데리고 동기들을 찾아가서 함께 사진을 찍어줬다. 모두들 은종이에게 호의적인 태도로 함께 어울리는 폼을 잡아주었다. 고마웠다.

나는 가까스로 종합고사를 패스하고 졸업하게 되었다. 신학대학원 종합고사는 성경 시험과 영어 시험 두 과목이 있다. 봄과 가을, 두 차례 시험이 있다. 두 학기 이수 후부터 응시할 수 있도록 되어 있는데 시험이 여간 까다로운 것이 아니었다. 성경 시험을 어렵게 내기로 하면 그 어떤 고시보다 어려울 게 뻔하다. 영어도 마찬가지였다. 나이 들어 공부하기도 힘들었는데, 재학 중 은근히 종합고사에 패스하는 일이 걱정이 되었다.

입학도 하나님의 은혜로 하게 되었으니 종합고사도 하나님의 은혜에 기대는 수밖에 없었다. 모든 학기를 잘 이수하고도 종합고사에 합격하지 못하면 졸업이 아닌 수료가 된다. 어찌어찌하여 종합고사 합격자 발표 명단에 내 이름이 들어있는데 쉬는 시간마다 가서 확인하고 또 했다.

신학대학원에 입학하기 전 직장의 구조 조정 태풍을 겨우 비켜나면서 직장에 대한 입장을 명확하게 정리했기에 직장에 대한 모든 미련을 초개처럼 팽개치고 신학 공부에 전력을 다 할 수 있었다.

신학대학원에 입학할 때의 목적은 꼭 목회를 하려는 것은 아니었다. 단지 성경이 좋고 설교가 좋아서 거기에 몰두했고 거기서 삶의 모든 문제에 대한 답을 발견했기에 그곳이 내가 설 자리라는 생각 하나로 공부했다. 과정이 야간이다 보니 다들 직장이 있었다. 대학교수, 의사, 변호사, 연구단지 연구원, 교육공무원 등이 신학대학원 야간 과정에 입학하여 함께 공부했다.

초등학교 교감으로 재직하면서 우리 동기가 된 분이 세미나 시간에 "나이 60을 바라보면서 제가 신학대학원에 입학한 것이 내 생애 중 가장 탁월한 선택입니다!"라는 말을 했다. 그러자 클라스 안에 있던 대부분의 동기들이 공감을 표시했다. 나는 속으로 생각하기를 '저는 아직도 뭐가 뭔지 모르겠습니다마는 하여간 신학 공부가 나에게는 신나는 공부인 것만은 틀림없습니다!'라고 되뇌었다. 그러니 주저할 것이 없었다. 졸업에 맞춰 회사에 사직서를 냈다.

구조 조정 태풍에 휘말릴 위기를 간신히 벗어나 6년쯤을 더 근무하고 내 의사에 따라 사직서를 내는 감회가 남달랐다. 무려 28년간을 근무한 직장이었다. 그럼에도 과감하게 나왔다. 그리고 나서 '맨 땅에 헤딩하는 일'로 비견되는 교회 개척의 길을 겁도 없이 뛰어들었다. 신학대학원 3학년 여름방학 무렵부터 직장의 선배 동료들과 성경 공부 모임을 결성하여 매주 목요일 저녁에 모이는 성경 공부 모임을 이끌었는데, 그 모임이 모체가 되어 그곳에서 시작하게 되었다.

주변에서는 수도권에서 하지 왜 지방으로 내려가느냐고 만류했지만 나에게는 취사선택의 문제가 아니라 정해진 한 길일 뿐이었다. 정작 문제는 다른 곳에 있었다. 보람이가 반대를 했다.

"아빠는 왜 지방으로 가세요?"

"오히려 지방에서 수도권으로 올라와야 하잖아요?"

물론 아빠가 목회자가 되는 것을 반대한 것은 아니고, 사역지를 지방으로 정한 것에 대한 반대였다. 그러면서 자신은 아빠를 따라 지방으로 내려가지 않겠노라 한다. 그렇다고 보람이가 직장이 있는 것도 아니었다. 보람이는 이벤트 연출과를 졸업했지만, 졸업 무렵 아빠에게 고백했다.

"아빠, 이벤트 연출이 나에게는 맞지 않아! 별로 흥미도 없어!"

그러나 졸업은 하겠다는 말을 기특하게 여겼다.

졸업 후 보람이는 실컷 놀아 제쳤다. 그러더니 서울의 유명한 양재학원을 보내 달라 했다. 양재를 배워 옷을 만들고 싶다는 것이다. 1년 과정을 등록하여 다녔다.

그 사이 우리 부부와 은종이는 교회를 개척한 지방의 소도시로 이사했다. 보람이는 자기 뜻대로 수도권에 남을 수 있도록 원룸을 하나 얻어 주었다. 거기서 보람이는 양재학원을 마치고 구로구에 있는 의류업체에 취업했다. 그 회사는 청각장애인을 집중적으로 고용하는 업체였다.

40~50명의 청각장애인들이 공장에서 일한다고 했다. 보람이는 전문대학을 나왔고 양재학원을 마쳤기 때문에 사무실 요원으로 채용되었다. 그러나 의류 업체의 특성상 납품기일이 닥치면 너나 할 것 없이 공장으로 투입되어야 하는데, 보람이는 이것을 납득하지 못했다.

자기는 분명히 사무직으로 입사했는데 왜 가끔 공장 일을 시키냐는 것이다. 아빠로서 직장에 대한 이야기를 해 주었지만 보람이는 자기의 생각을 접지 않았다. 보람이나 은종이와 대화할 때 어려운 점은 평소에 쓰지 않던 말들이 나오면 알아듣지 못하는 점도 그렇지만, 자기들이 한 번 이해한 내용에 대한 반복을 아주 싫어했다.

"그건 아빠가 이미 이야기 했잖아?"

아이들 입에서 이 말이 나오면 그 다음에 어떻게 말을 해야 할지 머리 속이 하얘진다. 보통 사람들이 대화할 때 보면 나름대로의 논리 전개를 위해서 다음 단계로 나아가기 위해서 처음 이야기를 반복하게 되는 경우가 많다. 했던 이야기를 짧게 반복한 다음 그 다음의 논리로 나아간다. 그런데 보람이와 은종이는 다음 단계가 무엇이냐는 궁금증은 없이 왜 자꾸 같은 말을 되풀이 하냐고 짜증을 낸다. 나는 그렇게 이야기 하지 않고는 다음 이야기를 할 수 없을 것 같은데 막막하다.

목회자의 딜레마

신학대학원에 재학하는 도중에 어머님과 아버님이 모두 돌아가셨다. 그리고 목회를 하는데, 교회에 나오시는 우리 부모님 연세의 어르신들을 모시면서 드는 회한이 있었다.

'내가 우리 부모님께는 이렇게 극진하게 해 본 적이 없는데 …'

나는 나이 드신 분들을 곁에서 부축하고 그분들의 애로를 들어주는 경험을 못해 봤다. 그러나 목회는 그것을 잘 해내지 않으면 안 되었다. 우리 부모님께 못한 것을 교회 성도에게 하면서 목회자로서의 소명의식과 자식으로서의 부모님에 대한 송구함이 겹쳐서 마음이 때로는 심란하기도 했다.

또 하나는 초등학교 다니는 아이들을 전도하여 교회 초등부 예배를 인도하는데, 이 아이들에게 쏟는 정성은 보람이와 은종이가 어렸을 때에 못했던 아빠로서의 죄책감을 건드렸다.

'내 아이들에게는 이렇게 하지 못했는데 ….'

이런 뉘우침이 늘 한 자락 깔려 있었다.

나이 드신 분을 섬길 때는 부모에게는 하지 못한 효도에 대해서, 코흘리개들과 어울리면서는 보람이와 은종이 키울 때는 하지 못했던 아빠로서의 역할에 대한 반성으로 심사가 복잡해지곤 했다.

나는 원래 아이들을 좋아하는 편이었다. 그러나 보람이 은종이와는 의사소통이 잘 되지 않아 스스럼없이 부딪히며 격의 없이 뒹굴지 못했다. 그러나 교회학교에 나오는 아이들은 나를 잘 따르고 나에게 안기고, 내 얼굴에 뽀뽀를 하는가 하면 '목사님 안아 주세요!' 하면서 내 품을 파고든다.

그런 남편을 보는 아내의 심사도 단순하지는 않았을 것이다. 목회자로서의 섬김이 내 부모와 내 자녀에 대한 아킬레스건을 늘 건드렸다. 그러나 이미 출발선을 떠났다. 나는 목회자로서 성도를 어떻게 대해야 하며 그들을 어떻게 목양해야 하는지 빨리 결정해야만 했다.

그 무렵 나는 회사를 퇴직하면서 회사로부터 용역으로 받은 작은 사업체를 가지고 있었다. 정년을 남기고 퇴직했기 때문에 직장의 업무와 관련된 용역업체 운영권을 정년퇴직 시한인 6년을 보장해 줬다. 나처럼 퇴직한 동료들은 대부분 자기가 받은 용역업체에 출근하여 직접 운영을 했지만 나는 미련 없이 사무장 한 사람을 더 고용하여 회사를 맡기고 목회에 전념했다. 왠지 그렇게 해야 할 것 같았고, 늦게 시작한 목회인지라 준비할 것이 많았다.

내 목회에 장점이 있다면 교회 헌금으로 지급되는 사례비 없이 생활이 가능하다는 점이었다. 대부분의 목회자들은 교회에서 사례비를 받아 생계와 자녀 교육비를 충당해야 한다. 그러나 나는 아이들이 이미 학업을 마쳤고 회사에 근속하면서 노후를 어느 정도 대비했기 때문에 경제적 어려움을 당하지는 않았다. 또한 용역업체에서 나오는 수익도 있었으니 비교적 좋은 조건에서 목회를 할 수 있었다.

그러나 나에게 좋은 여건이란 이것뿐이었다. 어르신들 섬기기, 코흘리개들 섬기기에서 심적 부담이 있었고, 설교를 준비하는 일도 만만치 않았다. 그럼에도 고생을 고생으로 생각지 않고 열심히 했다.

제4부

/

은종이의 취업

대학 졸업 후 보람이와 은종이는

　그동안 보람이는 양재학원을 마치고 의류 업체에 취업했다가 못마땅하다고 퇴사한 이후 한동안 놀다가 이번에는 청각장애인들을 모아서 컴퓨터 교육을 하는 프로그램이 있다면서 거기를 다니고 싶다고 해서 허락했다. 그 교육은 교육비를 내고 다니는 것이 아니라 정부 지원으로 출석을 성실히 할 경우 교통비 정도의 보조를 받으면서 다닐 수 있었다. 10개월 과정을 마치고 웹 디자이너로 취업할 수 있어서 이번에는 내가 고용안정센터를 통해 보람이가 취업할 수 있는 회사를 물색해 봤다.

　공책 표지를 디자인하는 업체에 청각장애인이 취업한 사례가 있었다. 그래서 보람이에게 권해 봤는데, 보람이는 시큰둥했다. 여러 조건이 만족스럽지 못했다. 급여도 박했고 장래성도 밝은 편이 못되었다. 보람이의 견해였다. 물론 나는 바닥에서부터 차근차근 경력을 쌓아가야 함을 역설했지만 보람이의 생각을 바꿀 수는 없었다. 다시 의류 회사에 취업하는 것은 어떤지 물었더니 생각이 있는 듯 보여 전에 다니던 회사에 연락하여 다시 입사를 시켰다.

　다시 입사하여 출근하는데, 과거에 있었던 똑같은 문제가 반복되었다. 얼마 지나지 않아 그만둔다고 하기에 내가 사장에게 전화를 걸어 보람이가 계속 다닐 수 있도록 특별한 배려를 부탁했다. 통화하면서 내가 사장님과 통화한 일을 보람이가 눈치 채지 못하게 해 달라고 당부했는데, 나중에 보람이가 알게 되었다. 아빠로서 재입사하도록 사장에게 전화를 걸어 부탁한 것에 대해서는 보람이가 아무 말 하지 않으면서, 근무 중 일어난 문제점 해결을 위해 아빠가 사장님과 통화했다는 사실에는 민감하게 반응했다.

그때의 일에 대해서 보람이는 두고두고 나를 원망했다. 자기는 어엿한 성인인데 어찌 아빠가 딸 직장의 사장에게 전화를 거느냐는 것이다. 그게 그렇지 않다고 설명을 시작하면 보람이는 길게 듣지 않는다.

"그래서 결론이 뭐예요?"

보람이 은종이와 대화 중 어려운 점은, 바로 이 말이 나오는 것이다.

나는 아직 할 얘기가 더 있는데, 아이들은 들을 얘기는 다 들었다는 표정으로 '그래서 어떻게 하라는 거냐, 그래서 뭐가 어떻게 됐다는 거냐'라는 듯 채근한다.

또 내가 구사하는 단어가 제대로 전달이 안 된 것을 확인하고 공책과 연필을 꺼낼라치면 짜증을 낸다. 다 알아듣는 데 왜 연필을 꺼내냐는 것이다. 그러나 내가 감지하기로는 아이들이 내가 쓰는 단어를 제대로 이해하지 못했다고 여겼다. 이러한 어려움에 부딪힐 때마다 나는 너무 쉽게 포기를 했다. 아이들의 특성을 잘 살피고 소통의 방식을 모색했어야 하는데, 나는 나대로 힘들다고 여기고 손을 놓기 일쑤였다.

은종이의 퇴직 사유

은종이는 그 사이 목회지 인근의 제과점에 취업하여 다니고 있었다. 제과점 공장에는 청각장애인들이 제법 있었다. 은종이가 다니는 제과점에도 또래 친구들이 있어서 한동안 잘 다니는 듯 했다. 서너 달 아무 탈

없이 잘 다녔는데, 어느 날부터 나가지 않기에 물었더니 그만두었다고 한다. 왜 그만두었냐고 물었더니 그냥 싫어서 사표 냈다고만 말하고 더 이상 말을 안 한다.

나중에 알게 되었는데, 은종이가 퇴직한 사유가 기가 막혔다. 은종이는 한 달 일하고 구십만 원을 받았다. 그런데 어느 날 은종이가 사장님에게 자기 월급이 얼마냐고 물었더니 사장님이 백만 원이라고 대답을 했다고 한다. 은종이는 사장이 말하기를 자기 월급이 백만 원이라고 하는데, 실제 수령액 구십만 원과의 차이를 이해하지 못했다. 은종이는 공장의 부장을 의심하기 시작했다. 공장의 부장이 십만 원을 중간에서 가로챘다고 확신했다.

그 부장은 은종이가 대학 졸업 무렵 다녔던 제과점 사장의 소개로 내가 알게 되었고, 그 부장의 주선으로 은종이가 그 제과점에 다니게 되었다. 그러니 부장이 은종이의 월급을 중간에서 가로챌 리는 만무했다. 명목상의 임금액과 실수령액과의 차이를 이해하지 못하고 혼자서 사표를 낸 것이다. 이에 대하여는 분명하게 납득시켜야 하겠기에 은종이와 시간을 내어 차근차근 설명을 해 줌으로써 겨우 해결할 수 있었다.

그 후 은종이는 두어 달 피시방을 출입하면서 마냥 논다. 닦달을 한다고 될 일이 아닌 줄 알기에 두고 볼 수밖에 없다. 그렇게 한 참을 논 다음 내가 슬며시 제안해 본다.

"은종아 아빠가 어디 제과점 알아볼까?"

"어딘데요?"

관심을 보이면 수소문해서 취업을 주선했다.

그러나 은종이가 마냥 놀기만 했던 것은 아니었다. 보람이를 통해서 알게 되었는데, 국내 유명 프랜차이즈 제과회사 제빵사 모집에 응시했다가 떨어졌다고 했다. 보람이에게 낙방 이유가 뭐냐고 물었는데 분명한 대답을 들을 수 없었다. 그런 때는 그냥 모른 척하는 것이 내가 취하는 태도이다.

얼핏 듣기로 면접관이 자기네 회사는 농인을 뽑지 않는다고 했다는 얘기를 흘려들을 수 있었다. 그 무렵에 또 알음알음으로 시내에 있는 제과점에 취업을 시켰다. 지겹도록 놀다가 모처럼 출근하게 되어서인지 은종이는 신바람이 났다. 새벽기도회를 마치고 은종이를 깨워 출근을 시켜줬다. 낮에는 자동차를 내가 사용해야 하니까 은종이를 태우고 제과점 앞에 내려 주면, 아빠 자동차가 유턴하여 되돌아올 때까지 길가에 서 있다가 나에게 손을 흔들어 주고 나서 제과점으로 들어갔다.

출근한 지 사흘 만에 은종이가 나에게 말한다.

"아빠, 사장님이 내일부터 나오지 말래!"

"그래? 왜 그런지 내가 사장님께 전화 한 번 해 볼까?"

이런 때는 자세한 이야기를 물을 수 없다. 내가 심각하면 은종이는 더 심각해 질 수 있다. 지나가는 말처럼, 대수롭지 않은 것처럼 대꾸한다.

집에서 멀지 않으니 제과점을 찾아가 사장을 만났다. 그 제과점 사장은 시내에 있는 한 교회의 장로님이었다. 목사인 나에게 깍듯이 예우를 갖추면서 맞이한다. 자기는 은종이를 계속 쓰고 싶은데, 공장장이 청각장애인을 데리고 있지 않겠다고 한단다.

"목사님! 제가 사장이지만 공장장 눈치를 안 볼 수가 없어요!"

"어지간하면 설득시켜서 은종이가 계속 일하도록 하고 싶지만, 공장장이 싫다는데 저도 방법이 없습니다!"

사흘 일 시켜보고 그렇게 말하는데 더 이상 할 이야기는 없었다.

집에 돌아와서 공장장이 싫다고 해서 사장님도 어쩔 수 없다고 한다고 그대로 말해 줄 수밖에 없었다.

"공장장이 왜 싫대요?"

"글쎄다. 그건 자세히 물어보지 않아서 잘 모르겠는데, 아마 장애인과 같이 일하기 싫었는지도 모르지."

말끝을 얼버무렸다.

실제 은종이와 대화할 때는 이렇게 긴 문장으로 하지 않는다. 짧게 잘라서 토막토막 말을 해야 한다. 내 입 모양에 집중하는 은종이의 얼굴 표정을 보면서 내 이야기를 이해했는지 못했는지 얼른얼른 파악을 해야 한다. 이 과정에서 나도 때로는 얼버무려야 할 때가 없지 않다.

'은종이가 청각장애인이라서 싫대.'

이런 말을 노골적으로 해 줄 수는 없었다. 자칫 아이가 상처받을까봐 걱정이 되기 때문이다. 그런 때는 나도 모호하게 태도를 취하는데, 이것이 좋은지 나쁜지는 잘 모르겠다.

이런 식으로 대화하다가도 분명하게 의사를 전달해야 할 때는 내가 조심스럽게 되물어본다.

"아빠가 지금 뭐라고 했지?"

그렇게 확인해 보면 십중팔구 아이들이 잘못 알아듣고 있음을 알게 된다. 일상적인 용어가 아니면 입모양을 정확히 전달한다는 것이 꽤 까다롭다.

아빠 회사에 취업한 은종이

프랜차이즈 베이커리 제빵사 시험에 응시했다가 낙방하고, 아빠가 주선해 준 제과점에 단 사흘 출근하고 공장장이 싫다하여 그만두게 되어 낙심에 빠진 은종이를 어떻게 달래주고 앞으로 어떻게 해 주어야 할지 난감했다. 은종이는 자정을 넘기면서까지 피시방에 있거나 아니면 제 방에서 컴퓨터로 게임을 하다가 새벽녘에야 잠을 잔다. 다음날 오후까지 잠을 자는 뒤바뀌어진 생활을 한다. 그런 아들에게 뭐라고 딱히 해 줄 말도 없다. 시간이 지나서 본인이 스스로 의욕을 가질 때까지 기다리는 수밖에.

내가 명예퇴직하면서 맡게 된 용역 회사에는 스물서너 명의 직원이 근무했는데, 나는 그 회사의 사장이면서 교회를 개척하는 목사였다. 사무장을 고용했으므로 나는 굳이 그 사업장에 안 가도 되었지만, 한 달에 꼭 한 번씩 직원들의 급여일에 맞춰 아내와 함께 방문했다. 그날은 회사 인근의 음식점에서 사무장, 주임급 직원과 점심을 함께하고 사장으로서 직원들에게 당부하고 싶은 말을 전하고 온다.

마침 그 사업장 인근에는 내가 목회하는 교단에 속한 교회가 하나 있었다. 매월 갈 때마다 점심에 그 교회 목사님 내외를 초청하여 함께 식사했다. 그 교회 목사님은 도회지 교회에서 시무하다가 은퇴하고 농촌 교회에 목회자가 없어서 와 계셨다. 한 달에 한 번씩 만나 식사하다 보니 서로간의 속사정을 알게 되었다. 그 목사님은 젊어서부터 목회를 하신 터라 여러 모로 내가 듣고 배워야 할 점이 많아서 도움을 받게 되었다. 목사님도 시골의 적적함을 달래며 서로 친분을 나누고 있었다.

그 무렵 회사에서 서무를 담당하는 여사원이 운전하다가 접촉 사고를 당하여 일주일간 병원에 입원하게 되었다. 용역 회사이다 보니 사원 한 사람이 결근하게 되면 그 자리를 비워둘 수 없다. 모회사에서 결원 운영을 체크하여 불이익을 주기 때문이다. 서무 담당자는 한 사람 뿐이었기 때문에 다른 직원을 보충하더라도 서무가 하는 일을 처리할 수 없었다.

은종이를 사무실에 일주일간 출근시켜보면 어떨까 하는 생각이 났다. 은종이도 한두 번 나를 따라 회사에 방문한 적이 있던 터였다. 그래서 은종이에게 출근해서 딱히 해야 할 일이 없이 사람 수만 채우면 되니, 심부름이나 좀 하고 청소를 거들면 된다고 했다. 은종이는 그러겠다고 했다. 은종이도 따분하던 차에 잘 됐다 싶었나보다. 그래서 서무 담당이 입원한 한 주간 은종이가 아빠 회사에 출근했다.

며칠을 그렇게 다녀보니 재미가 있었던 모양이다. 나중에도 그와 유사한 사유가 발생했을 때 은종이로 하여금 충원토록 해 봤더니 곧잘 다녔다. 그래서 아예 은종이가 할 수 있는 역할을 만들어 직원으로 채용하여 출근을 시켰다. 물론 은종이가 출근함으로써 다른 직원들이 더 수고해야 하는 측면이 없지 않았지만 무료하게 지내는 은종이를 위한 아빠로서의 배려로 출근시켰다.

사무장에게 특별히 부탁하여 은종이에게 술을 가르치지는 말라고 했더니 사무장이 알았다며 각별히 신경을 써줬다. 그 당시 사무장은 사장이면서 목사인 내가 개척하는 교회에 스스로 나오고 있었다. 사무장은 나를 만나면서 처음 교회에 발을 들여놓게 되었다. 나는 사무장을 통해서 은종이가 사무실에서 어떻게 적응하는지 전해 들을 수 있었.

간혹 사원들의 술자리에 참석한 은종이에게 사원들이 한마디씩 하는 모양이다.

"은종 씨는 왜 우리보다 일을 적게 하면서 급여는 똑같이 받지요?"

그 소리를 들은 은종이가 하루는 사무장을 찾아갔었나보다.

"사무장님 왜 나에게 다른 사원과 월급을 똑같이 줍니까?"

"은종이가 하는 업무도 다른 사원 못지않은 일이니 당연하지!"

사무장이 그렇게 대답해 줬다고 나에게 전하기에 나는 심경이 착잡해졌다.

은종이에게 대기업의 2세, 3세들의 사례를 이야기해 주면 어떨까 하고 생각해 봤지만 은종이를 납득시키기가 쉽지 않다. 재벌 기업 오너가 자녀들에게 사업체 승계를 위하여 사내에서 고속 승진을 시키거나 곧바로 임원으로 임명하는 것이 현실이며 많은 사람들이 수긍하지만, 그것을 은종이에게 납득시키는 것은 은종이에게는 삼국지를 읽히는 것만큼이나 난감했다.

그런 생각을 하다가도 '내가 목사인데, 이런 생각을 해도 되나?' 하는 자괴심도 일었다. 나의 사장 역할은 당초부터 6년으로 정해진 터라 은종이 마음을 언젠가는 제과 쪽으로 돌리리라 생각하고 그냥 넘겼다. 은종이가 대학에서 제과제빵을 배웠으니 은종이의 평생 직업은 제빵이려니 생각하고 아빠로서 어떻게 도와야 할지를 생각하고 계획을 세웠기 때문에 이런 일들은 사소하게 여기고 지나가야 했다.

은종이의 여자 친구

은종이가 대학을 마쳤으니 한참 청춘이었다. 회사에 마침 또래 직원들이 있어 아쉬운 대로 소통하면서 여자 친구 이야기도 나누곤 한다고 사무장으로부터 들었다. 다른 직원들이 은종이에게 여자 친구를 소개해 줬는데, 은종이가 건청인은 언젠가 자기를 무시할 거라고 생각했는지 자기 분수에 맞는 여자를 소개해 달라고 했다는 말을 들었다. 그 말을 듣고 내가 사무장에게 특별히 부탁했다. 은종이가 여자 친구를 사귈 의향이 있는 지를 물어오라 했더니 은근히 떠보고 나서 말하는데, 은종이가 여자 친구와 교제하기를 진심으로 원하는 것 같다고 얘기했다.

아빠로서 그 문제에 무관심할 수가 없었던 것이, 은종이는 겉으로 봐서는 훤칠한 키에 준수한 외모를 지녔지만 듣지 못하는 청각장애인이다. 그것도 수어는 전혀 모르고 오직 입모양만을 보고 소통하는 청년이다. 이러한 은종이와 평생을 함께 할 배필을 찾아 짝지어 주는 일에 부모가 적극 나서지 않으면 안 된다고 생각했다.

마침 농촌 지역에 베트남, 필리핀, 캄보디아 여성들과 결혼한 농촌 총각들의 사례가 있으니 조선족이나 베트남 여성과 사귈 의향이 있는 지 떠보라고 사무장에게 부탁했다. 은종이에게 직접 이야기를 하면 아빠 앞이라 이야기를 잘 하지 않을 것이 뻔하니 그럴 수밖에 없다고 판단했다. 사무장으로부터 외국인 여성과 사귈 의향도 없지 않다는 전언을 들었다.

신학대학원 동기 목사님들과 만난 자리에서 은종이 얘기를 했더니, 베트남에 선교사로 나가 계시는 목사님 한 분이 베트남의 국비 장학생으로 한국에 와서 대학을 다니는 여학생 한 명을 나에게 소개해 주면서 만나보라고 했다.

연락처를 받아 그 학생과 내가 만났다. 만나보니 한국말을 썩 잘했다. 이런 생각이 들었다.

'아무리 생각해도 이 여학생은 베트남의 엘리트가 아닌가?'

'국비 장학생으로 선발될 만큼 우수한 학생인데, 이런 학생을 은종이의 배필로 생각하는 것은 염치없는 일이다.'

나는 그 여학생에게 은종이에 대해서 솔직하면서도 소상하게 이야기를 해 주고, 주변에 은종이와 사귈만한 베트남 여성이 있으면 추천해 주면 좋겠다고 하고 헤어졌다.

나중에 그 학생의 연수기간이 끝나 귀국하고 나서 선교사님을 만났는데, 왜 그 여학생이 맘에 들지 않았었냐고 묻는다. 선교사님은 은종이에 대해서 익히 알고 있었는데 그렇게 말할 때, 나는 어안이 벙벙해졌다.

그러면 그 여학생과 은종이를 만나게 하라는 것이었다는 말인가?

나는 베트남 여성과 한국 남성과의 결혼에 대해서 깊이 알지 못했었다. 나중에야 내가 현실을 잘못 짚었음을 깨달았다.

이런 일은 또 있었다. 나와 아내의 고향 마을에도 베트남 여성들이 시집 와서 살고 있었는데, 죽마고우 친구 한 명도 베트남 며느리를 맞이하여 아들 내외와 함께 살고 있었다. 그런데 그 며느리의 여동생이 꽤 오랫동안 언니네 집에서 머물면서 일도 거들고 한국말을 익히고 있었다.

아내와 나는 그 자매를 은종이와 짝지어 볼까 하다가, 듣지 못하는 은종이에게 멀쩡한 처자가 오지 않을 것으로 지레 생각하고 말도 못 꺼내봤는데, 나중에 보니 스물을 갓 넘긴 그 자매가 오십대 초반에 장애도 있으며 첫 번 결혼은 캄보디아 여인과 했다가 실패한 사람과 결혼을 했다. 나는 세상의 실정을 제대로 알지 못했다.

아빠는 이제 내 아빠 아니에요!

한 달에 한 번씩 급여 날에 방문하는 일정은 계속되었다. 그날도 아내와 함께 가서 그곳 교회 목사님과 사원 몇몇과 함께 점심을 먹고 들어와서 직원들을 앉혀놓고 사장으로서 또 목사로서 훈시를 하고 있었다. 그때 은종이는 자기 책상에 앉아 컴퓨터에 자료를 입력하는 업무를 하고 있었다. 아빠 사장님이 직원들에게 훈시하는 것을 물끄러미 바라보기도 하는데, 은종이가 쑥스러워 할까봐 직원들 쪽으로 오라고 하지 않았다.

회의 도중 내가 직원들에게 우스개소리를 했던지 좌중에서 까르르하고 웃음보가 터졌다. 나는 순간 은종이 쪽을 바라보았다. 은종이는 이쪽의 분위를 알지 못하니 흘끗 바라보고는 자기 일에 열중한다. 아빠로서 미안한 마음이 들었다. 아들 녀석은 듣지 못하는데, 애비가 되어서 농담이나 던져 직원들을 웃게 했으니 죄 없다 하지 못할 것이다. 서둘러 회의를 마치고 사무장 방으로 들어가면서 은종이를 불렀다.

"은종아! 아빠랑 이야기 좀 하자!"

은종이가 따라 들어왔다.

"하는 일이 힘들지는 않아?"

"그저 그래요!"

그러더니 은종이가 난데없는 질문을 했다.

"아빠, 내가 시내 제과점 3일 다니고 그만 두었을 때, 공장장이 뭐라고 했어요?"

벌써 일 년이 훌쩍 지난 일인데 왜 이 질문을 할까?

이런 때는 어떻게 대답해야 하는지 짧은 순간 머릿속에 여러 생각들이 교차했다. 이제 은종이도 스물여섯이나 되었으니 얼버무리지 말고 알릴 것은 숨기지 말고 알려야지 하는 생각이 스쳐지나갔다.

그리고 또 지금은 아빠 회사에서 일하고 있지 않은가?

"은종아, 공장장이 은종이와 일하기 싫다고 했대!"

"왜 나와 일하기 싫었대요?"

"내가 청각장애인이라서요?"

"은종아, 사람들은 청각장애인과 함께 일하는 것을 좋아하지 않아!"

"그래서 나를 그만 두게 하는 것은 장애인 차별 금지법 위반이에요!"

"아빠도 안다. 그러나 세상 사람들이 다 그래, 그러니 받아들이자!"

"또 오래 전 일이잖아!"

그러자 은종이는 벌떡 일어서면서 하는 말이,

"아빠는 이제 내 아빠 아니예요!"

그리고는 핸드폰이며 수첩 등을 주섬주섬 챙겨들고 사무장실 문을 세게 열고 나간다. 뒤에서 은종아, 은종아 몇 번 부르다가 잰 걸음으로 따라나섰다. 사무실에 직원들이 있으니 소란스럽게 할 수도 없었다. 은종이는 숙소로 가더니 자기 가방을 챙기고 있었다.

"은종아, 아빠랑 이야기 좀 하자."

그러나 은종이는 들은 척도 안하고 가방을 들고 사무실을 휙하니 나간다.

사무장이 뒤쫓아 와서 은종이를 잡고 말렸으나 소용이 없었다. 은종이는 차를 몰고 거칠게 핸들을 조작하며 사무실 앞마당을 벗어나 시내쪽으로 사라졌다. 갑자기 순식간에 당한 일이라 어떻게 수습해야 좋을지 멍할 뿐이었다.

"아빠는 이제 내 아빠 아니에요!"

이 말이 무슨 의미인지도 모르겠고, 어디서 화가 저렇게 치밀었는지도 알 수 없는 노릇이었다. 자세한 영문을 알지 못하는 아내는 나에게 지청구한다.

"무슨 말을 했기에 은종이가 저래요?"

다시 사무장실로 들어와 냉수 한 잔을 들이키며 뭐가 어디서 어떻게 꼬였는지 아무리 생각해도 알 수가 없었다. 한참을 앉아 있다가 사무장과 함께 은행 업무를 처리하기 위해서 나섰다. 급여 처리를 인터넷 뱅킹으로도 할 수 있었지만 바람도 쐴 겸 해서 늘 은행에 가서 의뢰를 하고 왔다. 은행 주차장에 들어서니 은종이 자동차가 있었다.

은종이는 그 당시 내가 타던 담황색 중형 승용차를 신나게 몰고 다니던 때였다. 차 색깔이 흔한 색이 아니어서 금방 눈에 띄었다. 마침 그 옆 빈자리에 사무장이 차를 세우고 차에서 내리는데 은종이가 은행 문을 나서면서 두툼한 봉투를 점퍼 안주머니에 우겨 넣고 있다. 순간에 직감했다.

'저 녀석이 정기 예금을 깨뜨렸구나!'

은종이가 아빠 회사에 취업하면서 내가 정기 예금에 들 것을 권했다. 한 달 쓸 돈을 제외하고 월급의 대부분을 붓는 1년짜리 정기 예금이었다. 얼른 생각하기에 만기가 한두 달이 남았을 터인데 하는 아쉬움이 밀려온다.

나는 은종이와 자동차 안에서 차분하게 이야기할 기회를 잡기 위해 은종이 차 조수석 쪽에서 기다렸다. 은종이가 자동차 문을 열면 얼른 들어가 조수석에 앉을 심산이었다. 은종이는 그것을 눈치 채고 자동차 문을 열지 않고 운전석 쪽에 서서 볼멘 소리를 한다.

"아빠는 이제 내 아빠 아니예요!"

"그게 무슨 소리냐?"

"왜 아빠가 네 아빠가 아니야?"

"내 아빠 아니예요!"

목소리가 점점 커지고 거칠어진다.

대번에 지나가던 사람들이 흘끗 거린다. 은종이가 목소리를 크게 내면 듣는 사람들 모두가 쳐다본다. 발성이 독특하기 때문이다. 혀 짧은 소리같이 들릴 수도 있고, 외국인이 한국어를 배워서 하는 말소리 같기도 했다. 거기서 부자간에 소란을 피워봤자 은종이가 들을 리 없다는 것을 알고 내가 포기했다. 한 걸음 물러섰더니 빠른 동작으로 자동차 안으로 들어가 시동을 걸었다. 그리고 능숙하지만 거친 운전으로 후진하더니 시내 방향으로 빠르게 달려 나갔다.

은행에 들어가 낯익은 행원과 인사를 나누고 확인해 보니 아니나 다를까 은종이가 11개월 동안 불입한 예금을 몽땅 해지하고 현금으로 찾아 가지고 나갔다고 했다. 한 달 먼저 해지함으로써 이자 손실이 컸음에도 은종이는 그렇게 한 것이다. 한 달 만에 방문한 회사에서 참담한 기분으로 우리 부부는 돌아서야 했다. 아무리 생각해도 은종이가 "아빠는 이제 내 아빠 아니에요!"라고 한 말을 이해할 수 없었다. 아내와 함께 아무리 상상의 나래를 펴도 해답을 알 수 없었다.

은종이의 가출

은종이와 그렇게 헤어지고 한 시간 남짓 걸리는 교회로 돌아오는데, 아내가 말한다.

"은종이 틀림없이 이 근방 피시방에 있을 거 같아요! 한 번 둘러보고 가요!"

교회 인근에는 피시방이 꽤 있었다. 은종이는 늘 그곳을 드나들었다. 회사에 출근하면서도 집에 오면 피시방에 가서 살다시피 했다. 몇 골목 지나지 않아 은종이 차를 발견할 수 있었다. 아내는 들어가 보자고 했다. 나는 만류했다.

"지금 들어가 봐야 효과가 없을 것 같아!

은종이 화가 가라앉을 때까지 좀 기다려보는 편이 낫겠어!"

하루를 기다렸는데 은종이는 들어오지 않는다. 아내와 나는 은종이 폰으로 문자를 보내봤다. 아무런 답장이 없다. 누나 보람이가 보내는 문자에도 답장이 없었다. 왜 그렇게 되었냐고 보람이가 물었지만 우리 부부는 늘 자세한 설명을 하지 못했다.

글자보다 행간의 의미가 더 큰 메시지를 어떻게 아이들에게 전할 수 있을까?

아이들은 단순하게 말해 주기를 늘 원한다. 조금만 복잡하다 싶으면, "에이 몰라!" 하면서 그나마 말문을 닫아버린다.

은종이를 찾아 나서 보면 이내 은종이 차를 발견할 수 있다. 우리 부부는 자칫 은종이가 더 멀리 달아날까봐 피시방으로 들어가 확인하는 것을 자제할 수밖에 없었다. 일주일이 지났는데도 안 들어온다. 찾아 나서면 늘 30분 이내에 은종이 자동차를 발견할 수 있었다. 스물여섯 살이나 되는 녀석이 아빠에게 반발하여 가출한 곳이 동네 피시방이다. 안타깝기도 하고 화도 치민다. 아내는 늘 나를 공격한다.

"그러게 내가 뭐랬어요?"

"뭐라고 하긴?"

도무지 오리무중이다.

"아빠는 이제 내 아빠 아니예요!"

이 말이 비수처럼 가슴을 헤집는다.

또 가까운 거리에 있으면서 아빠, 엄마, 누나의 문자도 모두 무시하고 답도 안한다. 일주일을 넘기고 일요일 모든 예배를 마치고, 아내가 마냥 이러고 있을 수만은 없다고, 피시방으로 찾아들어 가자고 한다. 나도 더 이상 만류할 수 없었다. 아내와 함께 은종이 차가 주차되어 있는 피시방을 확인하고 전화를 걸었다.

사정을 솔직하게 이야기하고 지금 피시방에 있는지 확인을 부탁했더니 있다고 했다. 몇 번 테이블에 있다고, 부모님이니까 확인해 준다고 했다. 피시방 안의 좌석 위치까지 가르쳐 주기에 아내와 내가 용기를 내 들어갔다. 은종이가 앉아 있는 뒷모습이 보였다. 아내가 앞장서고 내가 뒤따라 은종이에게 다가가서 내가 은종이 어깨 위에 손을 올려놓으면서, 말했다.

"은종아 집에 가자!"

"왜 왔어요?"

엄마 아빠를 위로 쳐다보더니, 은종이가 짧게 한마디 했다.

은종이의 '왜 왔어요?'에는 본디 부드러움이 있다. 날카롭고도 강하게 항의하는 투가 아니다. '안 오셔도 될 일인데 뭘 여기까지 왔어요?' 하는 투다. 그날도 그랬다. 그래도 늘 엄마 아빠를 걱정하던 아이였다.

그러나 은종이의 행동은 말투와는 달랐다. 키보드 옆에 있던 컵라면 봉지를 책상 아래 휴지통에 집어넣고 라이타와 담배를 호주머니에 집어넣고는 벌떡 일어나 카운터 쪽으로 가서 재빠르게 정산을 하는지 뭘 하는지, 피시방 직원과 짧은 순간 눈빛을 주고받더니 이내 출입구로 나간다. 사람들이 많이 있으니 소리도 내지 못하고 뛸 수도 없다. 아내와 나도 빠른 걸음으로 출입구를 나와 아래층 계단으로 내려서는데 은종이는 벌써 자동차 시동을 걸고 부르릉 소리를 내며 시야에서 사라진다.

그 다음 날엔가는 내가 목욕탕을 갔는데, 목욕탕 주차장에 은종이 차가 있었다. 나는 사우나만 주로 하고 찜질방은 여간해서 가지 않는데, 그날은 은종이를 찾아볼까 하고 찜질방 표까지 끊어서 목욕탕으로 찜질방으로 휘 둘러보았으나 은종이를 발견하지 못했다. 열흘이 다 지나가는데 부모로서, 애비로서 참으로 견디기 힘들었다. 차마 필설로 옮기지 못할 고통과 충동에 시달려야 했다. 아이들이 청각장애로 판정을 받은 이후 가슴의 피멍은 깊어지면 깊어졌지 결코 가벼워지는 날이 없었다.

두 아이 모두 청각장애라는 사실에 나도 모르게 내가 기억하는 나의 과거로부터 당시에 이르기까지 모든 것을 모두 꺼내어 탈탈 털어봤다.

내가 뭘 잘못했나?

내가 무슨 죄를 지었나?

나의 어디서 이 고난이 출발을 했는지 아무리 밝혀보려 해도 알 수 없었다. 힘들고 괴로울 뿐이었다. 아이들이 어렸을 때는 보람이와 은종이가 청력이 심각하게 부실한 채, 나에게 딸린 부속물로 보였다.

저 아이들을 어떻게 이끌고 세상을 헤쳐 나갈까?

그러다가 어느 순간 아이들이 인격체로 나에게 다가왔다. 저 아이들이 비록 나의 자녀이기는 하지만 각자가 독립된 인격체로서 독립된 인생이 있다는 것이 깨달아졌다. 나의 단순한 부속물이 아니었다. 나는 아빠지만 저 아이들에게 인격적으로 다가가야 한다는 뼈저린 깨달음이 오는 순간 나는 그때 하나님께 감사했다. 내가 나의 울타리에 벗어날 수 있었기에 보람이와 은종이가 나와 별개의 인격체로 보였던 것이다. 아이들에 대하여 내가 안타까워 할 수는 있어도 무시할 수는 없었다. 돌볼 수는 있어도 그들의 인생까지 관여할 수는 없었다. 하나님이 나를 지으신 것처럼 저 아이들도 똑같이 지으셨다.

은종이가 집 주변을 맴돌면서도 들어오지 않는 동안 내 속은 바싹바싹 타들어가고 순간순간 해서는 안 될 생각도 섬뜩하게 떠오르고는 했다. 그러나 나는 목사였다. 하나님의 종이었다.

나는 목사가 되면서 하나님께 치열한 질문을 던졌었다.

"하나님, 나 같은 사람도 목사가 될 수 있습니까?"

"하나님, 내가 목회하는 교회도 하나님께 필요합니까?"

"하나님, 내가 목회하는 교회가 필요한 성도가 있겠습니까?"

"왜 늦깍이 신학도가 되게 하셨으며, 목회자로 부르셨습니까?"

나의 이 질문은 아내와 내가 은종이를 찾아가 어깨에 손을 얹고 "은종아 집에 가자!" 했을 때 "왜 왔어요?" 했던 바로 그 대꾸였다. 하나님은 내 어깨에 손을 얹고 "가자!" 하시는데 은종이와 달리 말수가 많은 나는 연거푸 질문을 해댔다.

은종이가 "왜 왔어요?" 한다고 엄마 아빠가 거기에 가지 않을 수 없었던 것처럼, 하나님도 내가 "왜 하필 나입니까?"라고 반문할 줄 알면서도 찾아와 주셨다. 결국 그 말씀에 순종하여 아빠는 목사가 되었는데 ….

고통에 동참해 주지 않는 자는

 나는 고통스러우면 누군가 나의 고통에 동참해 주는 이를 찾는 습성이 있다. 힘들고 아프면 누군가를 찾아가서 한나절 내내 하소연하고 싶어진다. 그리고 내 고통에 함께 아파하는 시늉이라도 해 주기를 바란다. 나의 이 성격을 은종이도 닮았다. 자기가 힘들면 주변의 모든 이들이 함께 힘들어야 한다고 여긴다. 그러니 은종이 기분이 언짢으면 그날 공장의 분위기는 얼음이다. 참으로 이기적인 성품이다. 나는 이 성품이 어디서 나에게 왔는지 잘 모른다.

 은종이가 가출한 집안은 썰렁했다. 보람이도 처음에는 대수롭게 여기지 않다가 이모저모로 은종이의 귀가를 위해 애를 썼다. 아빠가 힘들어하는 것이 보람이 눈에 보였나보다.

 어려서부터 보람이와 은종이는 결속이 강했다. 똑같이 듣지 못하는 처지였기 때문이며 둘이서 가장 잘 통했기 때문이다. 우리 부부는 한 공간 안에 있으면서도 보람이와 은종이가 키득거리면서 나누는 대화의 내용을 알지 못한다. 마치 우리 부부가 나누는 대화 음성을 보람이와 은종이가 못 듣는 것처럼 말이다.

 은종이가 집을 나간 지 보름이 되었는데, 보람이로부터, 또 아내로부터 문자가 동시에 왔다.

> 아빠, 은종이가 집에 들어왔어요!

> 보람이가 은종이에게 "너 때문에 아빠가 집을 나갔다"라고 했대요!

아무튼지 간에 은종이가 들어왔다는 얘기에 뛸 듯이 기쁘기도 했지만 한편 걱정이었다. 은종이에게 '아빠가 집을 나갔다'고 했다니.

내가 어떻게 해야 되는 건가?

집 나갔다는 아빠가 집에 불쑥 들어가면 은종이 녀석이 "엥~ 거짓말!" 하면서 되짚어 나가지는 않을까?

해가 저물어 내가 집에 들어섰다.

은종이 방에서 보람이와 은종이가 늘 주고받는 대화 소리가 들려온다. 구화인 남매가 나누는 대화 소리는 세상 사람들은 모르는 우리 집만의 행복한 노래 소리다. 그러나 나는 "아빠는 이제 내 아빠 아니에요!" 하고 나갔다가 보름 만에 들어온 은종이에게 어떻게 표정을 지어야 하며, 어떤 말을 해 줘야 하는지 잘 알 수가 없었다. 집에 들어서자마자 보람이가 까바치듯이 말한다.

"은종이가 예금 깬 거 다 쓰고 하나도 안 남았대요!"

보름 만에 천만 원 가까이 쓴 것이다. 그날이 월급날이었으니 한 달 급여에다가 11개월간 부은 정기예금 칠백칠십만 원이니 얼추 천만 원이다. 돈이 아깝다는 생각은 들지 않았다.

'그래, 너도 인생에 그런 경험 한 번쯤은 있어야지!'

문제는 내 안에 남아 있는 가라앉지 않은 울화다. 방에 들어서서 은종이를 말없이 끌어안아 줬다. 분위기가 무겁게 여겨졌던지 아내와 보람이가 방을 나간다. 은종이와 단 둘이 있게 되었다. 은종이를 바라보는데 눈물이 주르르 흘러내렸다. 제어할 시간도 없었다.

"은종아! 앞으로는 은종이 하고 싶은 대로 하고 살아라!"

"아빠가 간섭하지 않을게!"

이 말이 그 분위기에서 가장 타당한 말인지 아닌지 전혀 알 수 없었다. 그러나 내가 그때 은종이에게 해 줄 수 있는 말은 그것뿐이었다. 아빠이기도 하지만 깨질 수도 있는, 깨지기 쉬운 인간이기도 했다.

속으로는 이 말을 묻고 싶었다.

'은종아, 그때, 아빠는 이제 내 아빠 아니에요라고 했는데, 그 말의 의미가 뭐지?'

그러나 그런 내밀한 속내를 아빠에게 전하는 일은 은종이에게 너무 어렵다고 나는 생각했다. 바보같이!

은종이의 재취업

하루 이틀이 흘렀다. 다시 옛 평안이 집안에 흘렀다. 여느 집의 평안의 기준에 비하면 어림없는지 모르겠지만 하여튼 내가 가장인 우리 집의 평강은 이렇게 네 식구가 한 집에서 먹고 마시는 것이었다. 보람이가 나에게 와서 아빠 의중을 떠 본다.

"아빠, 은종이가 다시 아빠 회사에 다닐 수 있는지 물어보래!"

당시로서 내가 들을 수 있는 소리 중에 가장 반가운 소리다. 그러나 또 한쪽 가슴이 아리다.

'아빠가 사장인 회사인데 그게 왜 궁금해?'

'그냥 와서 회사에 다시 나가겠다고 하면 될 것을!'

나는 얼른 은종이 방에 들어갔다.

"다시 출근해 보고 싶어?"

"창피해요!"

"다시 다닐 수 있냐고 누나에게 물었다면서?"

"예!"

"그럼 내일부터 출근해라! 아빠가 사무장에게 연락해 놓을게!"

"그래도 돼요?"

"그럼!"

은종이는 다음날부터 다시 출근했다. 일요일 오후에 가서 숙직실에서 자면서 근무하고 토요일 오후에 집에 오는 이전의 생활을 다시 찾았다. 어느 토요일 오후 은종이가 아빠의 목양실에 들어왔다.

"아빠, 지난 번 집 나갔던 거 되돌리고 싶어요!"

"은종이가 그런 생각을 했어?"

"네!"

나는 모처럼 은종이와 길게 대화할 수 있는 찬스로 여겼다.

"이리 와서 앉아봐! 어떤 것 때문에 되돌리고 싶어?"

"직원들 보기에 창피해요!"

"그렇지! 창피하지! 그러나 아빠가 사장이니까 걱정할 것은 없다!"

"돈도 아까워요!"

"그렇지! 돈도 아깝지. 그러나 너무 걱정하지 마!"

"이걸 경험삼아 앞으로는 안 그러면 된다!"

"알았어요!" 하더니 벌떡 일어선다.

"됐어요?"

나는 아쉬움에 은종이 얼굴을 쳐다본다.

좀 더 아빠와 이야기하면 좋으련만!

그러나 이미 오늘 대화는 여기까지라는 것을 잘 알고 있다.

"그래 가봐!"

며칠이 지났다. 그때 마침 아이들 보청기를 교체해 주어야 할 시기였다. 그동안 은종이는 청력이 보람이에 비해서 조금 더 안 좋았기 때문에 귀걸이형 보청기를 하고 있었는데, 은종이도 귓속형으로 가능하다는 보청기센터의 연락을 받고 당시로서는 꽤 비싼 금액을 들여서 계약을 했다. 그랬더니 은종이가 아빠에게 왔다.

"아빠, 나 끼고 있는 이 보청기 그냥 할래요!"

"왜? 귓속형으로 새로 맞췄잖아?"

"지난번에 내가 돈도 많이 써버리고 했는데, 미안해요!"

"나중에 내가 벌어서 할래요!"

"아니야, 은종아. 아빠는 네가 그때 그렇게 했지만, 이번 귓속형은 꼭 해 주고 싶다!"

"알았어요!" 하고 일어서려는 녀석에게 틈을 주지 않고 질문했다.

"그런데, 은종아, 15일 동안에 그 돈을 어디에 다 써버린 거야?"

"컵 라면 먹으면서?"

"게임 아이템 사고 싶은 것을 샀어요!"

사실 나는 게임 아이템이 무엇인지 말만 들었지 잘 모른다. 은종이가 대학을 졸업하고 집에서 놀고 있을 때 한번은 나에게 오십만 원만 달라고 했다. 어디 쓸 거냐고 했더니, 게임 아이템을 사겠다고 했다.

"은종아! 게임 아이템은 일부러 돈을 들여 사는 것은 아니라고 생각해! 그건 게임을 잘 해서 취득해야 하는 거 아냐?"

그렇게 무마시켰었다.

은종이는 이번 기회에 게임과 관련해서 하고 싶은 대로 실컷 다 해 본 것 같았다.

제5부

/

내가 만나는 세상 사람들의 나라

예민하 씨 목사 되면 나도 예수 믿을게

사람들은 마음속에 꼭 하고 싶은 것이 있으면 언젠가는 하게 되는가 보다. 문제는 마음속에 하고 싶은 것이 어디서 비롯되는가이다.

내가 목사가 되고 싶은 마음은 어디서 생겼을까?

담임목사가 되어 한 교회를 이끌어보고 싶다는 마음은 어디서 비롯했을까?

어쨌든 나도 마음 깊은 곳에서 하고 싶었던 것을 하고 있다. 우연이든 필연이든 사이버 공간에서 만난 한 목사님의 설교를 모니터링하고, 내가 출석하는 교회 담임목사님의 설교를 녹취하여 편집하다가 나도 이거 하고 싶다는 마음이 불같이 일었다. 결국은 그렇게 되었다.

신학대학원에 재학하면서 재직 중인 회사 사람들의 애경사에 가면 내가 신학대학원에 다닌다는 사실이 화제의 중심이 되었다. 평범하게 함께 어울리다가 어느 날 신학을 한다고 소문이 나더니 진짜 신학생이 되어 있는 것이다. 그러니 이야깃거리로 딱이다. 이미 퇴직한 선배 한 분이 나에게 농담을 던졌다.

"예민하 씨 목사 되면 나도 예수 믿을게!"

그 말은 전염성이 있었다. 주변에 있던 다른 분들도 덩달아 맞장구쳤다.

"그려! 예민하 씨가 목사가 된다니 나도 믿어 봐야겠네!"

농담인 줄 알지만 듣기에 좋은 소리였다. 또 그렇게 말해 주는 분들이 고맙기도 했다.

'네가 신학을 하든 말든 나하고는 상관없는 일이다.'

이렇게 소 닭 보듯 하는 태도에 비한다면 너무나 고마운 분들이다. 나는 언젠가부터 그런 인사말에 고무되고 있었다.

내가 공부하는 신학은 내 관점에서 최고의 학문이었다. 이 세상 학문으로서는 극치에 다다라 있는 공부였다. 한번 시작하면 절대 놓을 수 없는 공부였다. 지금까지는 이것도 해 보고, 저것도 해 보다가 심드렁해지면 슬며시 놓고 돌아서기도 했다. 그러나 신학을 놓고 돌아선다면 다시 붙잡을 학문이 없어보였다. 신학은 학문 중에서 종착지에 있는 공부에 속했다.

신학 속에는 복음이 있었다. 복음은 기쁜 소식이라는 뜻이다.

기쁜 소식을 전하는 공부!

이 공부하다가 다른 공부를 어떻게 할 수 있을까?

그래서 더욱 열심을 냈다. 그리고 신학 속에 있는 복음을 확실하고 분명하게 붙잡아야 했다. 그래야 복음을 전할 수 있을 것이다.

그런데 이 복음을 누구에게 전할까?

"땅끝까지 복음을 전하라."

예수 그리스도의 지상명령이다.

그래서 신학을 하고 나면 지구 저 끝을 떠올린다. 그리고 거기를 향해 간다. 복음이 세계 곳곳을 파고들었다.

'나도 한번 힘차게 도약하여 멀리 뛰어볼까?'

이런 생각도 없지 않았다. 그러나 그렇게 하기에는 내가 너무 늦게 시작했고, 보람이와 은종이 그리고 아내! 이들을 책임지는 가장으로서 책무를 병행하면서, 세계 지도를 놓고 하나님께 내가 가야 할 선교지를 묻기는 나에게 합당하지 않았다. 그리고 아이들의 장애 문제로 한때 교회를 멀리하고 하나님께 반발하는 동안 보람이와 은종이에게 분명한 신앙심을 심어주지 못한 후회도 있었다. 아빠가 신학을 했다면 자녀에게서 증거가 드러나야 할 것이었다. 남편이 신학을 했다면 아내에게서 증거가 드러나야 할 것이었다. 또 직장인이 신학을 했다면 주변에서 하나님이 증거 되어야 했다.

"예민하 씨가 목사 되면 나도 예수 믿을게!"

이렇게 말해 주는 사람들이 땅끝에 있는 분들이라는 믿음이 서서히 내 안에 자리 잡기 시작했다. 이 좋은 소식을 들고 멀리 나갈 생각을 하기 전에 내 주변에 있는 선한 이들에게 먼저 다가가야 하리라는 당위성이 나를 지배하기 시작했다.

청년 시절 예수 믿고 교회에 출석하다 보면 교회 턱밑에 낡은 기와 지붕 집이 있는데, 교회 사람들이 찾아가서 팔기를 권유하면 마치 '알 박기'처럼 터무니없는 금액을 호가하고, 코웃음 쳐서 문전박대하는 경우가 있었다. 나는 그런 집에 사는 이들을 먼저 전도해야 하지 않을까 하는 생각을 하기도 했다. 복음은 떨어뜨린 잉크 한 방울처럼 번져나가야 한다고 확신했었다.

하나님은 내가 선 곳에 복음의 잉크 한 방울을 떨어뜨렸다. 그러면 나로부터 번져나가야 하리라고 다짐했다. 내가 목사 되면 예수 믿겠다고 하는 그들에게 가장 먼저 기쁜 소식이 전해져야 했다. 그래서 내가 제의했다. 내가 인도할 터이니 일주일에 한 번씩 성경 공부 모임을 갖자고. 신학대학원을 졸업하기 전에 이 모임을 시작했다. 매주 목요일 저녁 시간에 모이기 시작했다. 우선 먼저 믿은 이들이 돕고 나섰다. 이렇게 나는 내가 하고 싶은 일을 했다. 은종이가 예금을 깨뜨려 게임 아이템을 사들이듯이.

내가 새롭게 낀 안경은

성경 공부 모임을 가지면서 나는 직장의 옛 동료들과 만나기 시작했다. 스스럼없이 지내다가 한 사람은 목사로, 한 사람은 노후 대책을 고민하는 퇴직자로서 마주하는데 이 둘이 그렇게 잘 어울리는 모양새는 아니었다. 어색함이 많았다. 더욱이 놀란 것은 내가 다가가는 사람들이 성경책을 평생에 처음 본다는 분들이라는 사실이었다. 예수 믿는 집안에는 읽든 안 읽든 성경책이 많다. 그런데 '50~60평생을 사는 동안에 성경을 처음 접한다'고 말하는 분들이 있다는 사실이 경이롭기조차 했다.

그런 이들에게 복음을 전한다는 것은 난감하기 이를 데 없었다. 직장에서 나와 친하게 지내던 한 사람은 성경 공부 모임에 일 년쯤을 나왔다. 그러더니 어느 날부터 안 나왔다. 그래서 찾아가서 차 한 잔을 가운데 놓고 마주 앉았다.

"그만큼 나가 줬으면 된 거 아녀?"

직설적으로 말해 준다.

잉크가 번지기는 했는데, 그 속에까지 물들지는 않았다는 증거다. 그저 친숙하게 지내던 옛 직장 동료가 '교회 사업'을 시작했으니 서운하지 않을 만큼 나와 준 것이다.

한 동료는 교회에 특별한 행사가 있을 때는 빠짐없이 나오겠다고 말해 주고는 그렇게 했다. 교회에서 외부인사 초청 간증집회라든가 음악회 등을 열면 어김없이 나와 헌금도 했다. 또 한 동료는 6개월에 한 번씩 나와 주겠다고 하더니 실제로 6개월에 한 번씩 나오기도 한다.

교회 개척 초기에 전도 대상자들에게 주기적으로 문자를 보냈더니 대놓고 짜증을 내는 선배도 있었다. 그때는 당혹스럽기도 하고 서운하기도 했는데, 요즘 SNS를 통한 스팸 메일의 문제가 심각해지면서 그때 그 선배의 심경을 이해하게 되었다.

또 한 선배는 초기에 몇 번 교회에 출석해 주더니 안 나오기에 찾아갔다.

"우리나라에 교회가 너무 많아! 밤에 나가보면 온통 십자가가 벌개!"

정색을 하고 화를 내듯 말한다. 교회가 많다는 사실에 화가 나는 사람도 없지 않다.

예수 믿기 싫은 이유로 가장 많은 것은, 집안에 예수 믿는 사람으로부터 받은 상처다.

"우리 집안 아무개가 교회 장로인데 예수 안 믿는 사람만도 못해!"

집안의 제사 문제로 충돌이 빚어졌는데, 예수 믿는 처남이 매형에게 딱 부러지게 말했다.

"매형은 우리 집 일에 나설 자격이 없습니다!"

"내가 평생에 예수를 믿으면 성을 간다!"

예수 믿는 처남으로부터 그 말로 상처를 받은 매형의 맹세이다. 전도하기 위해 접근하면 이런 말들을 들려준다.

목사가 되기 전에는 그저 평범하게 만나 교제를 했지만 이제는 아니다. 나에게 새로운 안경이 끼워졌기 때문이다. 나는 그 안경을 통해서 옛 동료들과 선후배들을 만난다. 어쩔 수 없이 그 안경을 통해서 본 그 사람의 본질을 향해 하나님을 인정하자고 권면한다.

성경을 라틴어로 '캐논'이라고 한다. 캐논은 본디 갈대를 지칭하는 말이다. 고대 시대에 갈대를 꺾어 자를 만들어 썼다. 그래서 캐논은 자를 의미하는 말이 되었고, 성경을 지칭하는 말이 되었다. 성경이 잣대가 되어 세상을 재고, 사람들을 잰다. 내가 낀 안경이 바로 성경이라는 캐논이다. 성경으로 보는 세상과 성경으로 보는 사람은 이전과는 대단히 다르다. 물론 성경으로 보는 나 역시 이전과 많이 다르다.

박 집사님과 이 집사님

직장 선배로서 내가 목사가 되어 예수 믿게 한 분 중에 박 집사님이 있다. 참 인품이 선하고 두루 좋은 평가를 받던 분이다. 그런 연고로 우리 교회에서 침례도 받고, 집사로 위임되기도 했다. 그런데 안타깝게도 젊어서부터 부부관계가 심각했다. 그럼에도 박 집사는 가정을 깨뜨리지 않고 인고하면서 두 아들을 키워냈다. 나이가 나보다 서너 살이나 위인데도 목사에게 깍듯이 예우를 다 한다.

그런데 어느 날부터 교회에 나오지 않기에 찾아갔더니, 실토하기를 아내와 함께 한 교회를 다니지는 못 하겠다는 것이다. 이 분이 당초에는 혼자서 우리 교회에 나오셨다. 그런데 그 선배의 부인을 아내가 전도하여 우리 교회로 나오게 되자 남편이 되는 선배가 몹시 언짢았던가 보다.

목회를 하면서 알게 된 것이 부부간의 심각한 문제들이다. 젊은 시절부터 서로 맞지 않았지만 아이들도 있고 하니 그럭저럭 살아오고 있다.

그러다가 50대에 접어들면 각 방을 쓰는 부부들이 많다. 아들 하나 딸 하나를 키우면서 최소한 방이 세 개인 아파트를 마련하여 살다가 자녀들을 출가시키고 나면 방 두 개가 빈다. 그렇다고 집을 줄여서 이사 가는 분들은 거의 없다. 부부간에 사소한 문제만 있어도 부부 중 한 사람이 빈 방으로 들어가 자기 시작하면 이내 각 방을 쓰는 부부가 된다. 그런 부부에게 왜 각 방을 쓰냐고 물어본다.

"코 고는 소리 때문에 함께 잘 수 없다!"

그럴듯한 핑계다.

어떻게 해야 부부가 평생을 각 방 쓰지 않고 잘 지낼 수 있을까?

박 집사님 부부는 70을 넘기면서 둘 다 교회에 나오지 않고 있다.

신혼 때부터 차곡차곡 쌓인 부부간의 문제를 어떻게 한 겹 한 겹 벗겨내고 둘이 마음을 합하여 하나님께 예배 드릴 수 있도록 해 줄 수 있을까?

내가 아무리 유능한 목사라도 그건 내 힘으로 되지 않을 것이 너무나 분명하다. 아무리 봐도 세상에는 이 문제를 해결할 능력이 없다.

그러니 어쩌겠는가?

연약한 인간의 실존을 고백하고 절대자 하나님을 찾을 수밖에.

이 집사님도 옛 직장 선배이다. 내가 목사가 됨으로써 예수 믿게 된 몇 안 되는 분 중의 한 분이다. 신실하게 교회에 출석하고 성경 공부에도 열심을 내셨다. 그런데 이 집사님에게 대표 기도를 시키면 끝날 때늘 조마조마하다.

"하나님 이름으로 기도합니다!"로 기도를 마친다.

"예수님의 이름으로 기도합니다!"라고 마쳐야 하는데, 몇 번을 말씀드려도 소용이 없었다. 찾아가서 성경을 펼쳐놓고 왜 예수님 이름으로 기도하는지를 신학적으로, 깊이 있게 설명을 해 주어도 다음 주가 되면 또

"하나님 이름으로 기도 합니다!"라고 한다. 3년을 그렇게 했다.

요즘에는 옳게 한다. 이 집사님을 보면서 스스로 자문해 본다.

나는 하나님과 예수님을 언제부터 바르게 구분할 줄 알게 되었는가?

고등학교 시절 처음 예수 믿었을 때는 그냥 외워서 했다. 왜 그렇게 해야 하는지 별로 궁금하지도 않았다. 기도는 예수님 이름으로 하는 것이라고 하니까 그런가 보다 하고 그렇게 했다. 그러나 젊었을 때는 그것이 바로바로 되지만 나이 들면 그렇지 않은가 보다.

현대인과 직장

내가 퇴직하면서 용역 회사를 운영하게 되어 거기에 선배 몇 분을 일할 수 있도록 배려했다. 그분들에게 나는 우리 교회에 출석하시라고 말하지는 않았다. 그러나 그분들이 우리 교회에 출석을 해 줬다. 한편 고맙기도 했지만, 신앙이라는 것은 세상적인 호의로서 되는 것이 아님을 알기에 묵묵히 기도하면서 그분들을 바라보았다. 그러다가 회사 운영 기간이 끝나자 그분들도 떠났다.

그분들 중의 한 분을 나중에 만났다. 그때는 내가 진지하게 오직 복음의 차원에서만, 예수 믿기를 권유했더니, 젊어서부터 교회를 몇 차례 나가봤는데, 교회만 나가면 집안에 일이 생긴다고 했다. 누가 다친다거나 앓아눕는 일이 생겨서 교회를 나가지 못한다고 했다. 그러면서도 내가 회사를 운영할 때 일 자리 하나를 부탁해 왔고, 자리를 만들어 드렸더니 근무하는 기간 동안은 우리 교회를 나와 주었던 것이다. 사람들이 이렇게 세상 살아가는 방식을 내가 나무랄 수는 없다. 나에게 새로운 안경이 하나 생겼고, 그 안경 곧 성경이라는 캐논을 통해서 세상을 바라보니 새롭게 드러나 보였을 뿐이기 때문이다.

사람들에게 직장은 곧 생계이다. 일하지 않고는 살아갈 수 없다. 성경에서도 일하기 싫은 자는 먹지도 말라고 했다. 모든 이들에게 직장만큼 중요한 것도 없는 셈이다. 그러니 사람들이 직장에 쏟는 열정을 이해할만도 하다. 어렵게 직장을 잡으면 그 직장에 충성을 다하게 되는 것도 어찌 보면 자연스럽다. 직장이라는 조직 안에서 충성도가 낮은 구성원은 도태됨도 타당한 일이다. 그러다보니 직장이 마치 신이라도 되는 것처럼 여겨질 때가 있다.

아닌 게 아니라 그렇기도 하다. 제대로 된 직장단 잡으면 그 직장이 내 인생의 상당 부분을 책임져 준다. 생계는 물론 여가 생활을 위한 레저도 직장이 제공해 준다. 온 가족이 휴가 갈 때 콘도도 회사가 제공해 준다. 해외 연수 명목으로 관광을 즐길 수 있는 기회도 준다. 직장을 통해서 건강보험, 산업재해보험, 국민연금 등을 다 해결한다. 직장이라는 끈만 잘 잡고 있으면 이 세상을 살아가는 데 있어서 대부분의 문제가 해결된다. 그런데 예수 믿으면 그러한 혜택이 없다고 여긴다. 그래서 하나님보다 직장이 우선이 된다.

간혹 하나님께 질문을 해 보기도 한다.

하나님이 처음 사람을 지으실 때 먹지 않으면 생존할 수 없도록 하셨으니 사람들이 직장을 하나님처럼 떠받들지 않느냐고?

왜 그렇게 하셨냐고 물을 때가 있다.

하나님은 왜 그렇게 사람은 먹지 않고는 살아갈 수 없는 존재로 지으셨을까?

대학을 졸업할 때까지만 해도 예수 잘 믿고 교회에 성실하게 출석하다가도 취업만 하면 주일이 온데간데없다. 대졸자들이 선호하는 기업체일수록, 대기업일수록 일요일까지 일을 시키는 것이 현실이다. 해마다 언론에는 각 은행별로 한 사람의 은행원이 담당하는 업무를 금액으로 환산한 수치를 발표한다. 여기서 뒤처진 은행은 이듬해 전력을 다해 일인당 예금고 유치금액을 올리기 위해 구조 조정을 한다. 그러니 자정 이후 퇴근에 새벽 출근, 게다가 주말까지 반납하는 것을 당연하게 여긴다.

이런 현실에서 언제 하나님께 예배 드릴 수 있을까?

> 너희는 먼저 그의 나라와 그 의를 구하라!(마 6:33)

예수님은 말씀하시지만 현대인들은 직장을 먼저 구하지 않으면 생존 자체가 위협을 받는다. 하나님의 나라보다는 세상의 나라가 하루 세 끼를 해결해 준다고 세상 사람들은 철썩 같이 믿고 있다. 하기야 나도 그랬으니까.

퇴직 공로 연수 여행에서 돌아와

IMF 이후 평생 직장 개념이 무너지면서 장기 근속자는 하루 속히 내보내야 할 애물단지가 되었다. 장기 근속자에게 지급되는 예산으로 신입사원 두세 명을 고용할 수 있다는 논리가 탄력을 받았기 때문이다. 온갖 수단을 동원하여 고임금 장기 근속자를 내보내기에 기업들은 혈안이 되었다. 떠다밀어도 잘 안 나가니까 명예퇴직이다 뭐다 해서 당근을 주고, 여기서 더 나아가 용역 회사 운영권을 정년이내의 기간에 한하여 주면서 퇴직을 유도했다. 나도 여기에 해당되어 나오면서 조그마한 회사를 6년간 운영하게 되었다. 여기에 더하여 퇴직자 부부에게 일주일 이내에서 해외 연수의 기회까지 제공했다.

우리 부부는 같이 퇴직한 동료 부부와 함께 4박 5일 일정으로 중국 여행을 다녀왔다. 여행에서 돌아와 하룻밤을 자고 일어났는데, 출근하지 않아도 된다는 사실이 현실로 여겨지지 않고 꿈을 꾸는 듯했다. 재직 중이라면 서둘러 출근하고 상급자에게 조그만 선물이라도 들고 가서 "덕택에 잘 다녀왔습니다!" 하고 보고를 해야 할 테지만, 이제는 어디에도 감사할 곳이 없다.

그때는 신학대학원을 막 졸업하고 신앙으로 뜨겁게 달궈져 있었는데, 우리 부부가 우리 돈 안 들이고 해외 여행을 다녀오고도, 그 누구에게 감사 표시를 하지 않아도 된다는 것을 받아들이기 어려웠다. 누구에게라도 찾아가 "덕택에 여행 잘 다녀왔습니다!"라고 인사를 하고 싶은 충동이 일었다. '사장님께 전화라도 걸어서 고맙다고 전해야 할까?'하고 생각하다보니, 그것도 온당치 않다. 내가 근속했던 정부투자기관 사장은 대통령이 임명권을 행사한다. 그러니 사장은 결재만 했을 뿐이지 내가 해외 여행을 가는데 자기 돈 한 푼을 쓰지 않았다.

직속상관으로 본부장이 있었다.

'본부장에게라도 전화를 걸어서 잘 다녀왔다고 말할까?'

그러나 그 본부장도 나와 같은 시기에 퇴직을 했다.

본사의 퇴직 사원 해외 연수를 주관하는 부서의 장에게 전화를 했다. 평소에 잘 알고 지냈기 때문에 핑계 삼아 전화를 했다.

"덕택에 잘 다녀왔습니다!"

"아이고, 왜 나에게 그 인사를 하십니까?"

"저희는 그냥 업무만 추진했을 뿐입니다!"

그분이 전화 속에서 손사래를 치면서 말한다. 참 겸손한 친구이다.

그때부터 나는 묵상을 시작했다.

우리 부부를 해외 여행 시켜주고 나로부터 감사 인사를 받아야 할 분은 누구인가?

정부투자기관이니 굳이 따지자면 세금을 내 주신 국민들이다.

그렇다면 국민들께 감사를 해야 하는데 어떻게 할까?

회사 홈페이지라도 들어가서 감사의 글을 올릴까?

만약 내가 그런 글을 공개된 사이버 공간에 올린다면 네티즌들로부터 집중타를 얻어맞을 가능성이 농후하다. 그렇지 않아도 공기업을 '신이 내린 직장'이라고 여론의 원성이 자자한 터에 퇴직자에게 용역 회사 운영권에 부부 해외 연수까지 시켜준다니 여론이 납득하지 않을 것이다.

그러고 보니 세상은 감사의 표시조차 못하도록 가시철조망으로 차단시켜 놓은 나라가 아닌가?

오랜 묵상 끝에 내가 감사해야 할 대상이 누구인지 알았다. 그분이 곧 하나님이었다. 28년 재직하는 동안 나에게 급여와 보너스와 여러 복지 혜택을 베푸신 분도 하나님이었다. 사장이 아니었다. 본부장도 아니었다. 그들은 나에게 월급을 주기 위해 자기 호주머니에서 돈 한 푼 꺼내지 않았다. 이 모든 것을 하나님이 하셨다는 고백이 내 입에서 나오기 시작했다.

이걸 알지 못했던 지난 세월 나는 직장 조직의 질서가 곧 나의 살길이라고 한 치도 믿어 의심하지 않고 철저히 복종해 왔다. 기왕에 복종하는 것 기쁜 마음으로 하자하고, 주어진 업무를 늘 초과 달성하기 위해 헌신했다.

그런 노력들이 모두 헛수고는 아니었다. 상과 칭찬을 받기도 했다.

만일 구조 조정 태풍이 이런 나를 완전히 비껴갔더라면 나는 회사 조직을 신처럼 믿었던 신념이 하나도 틀리지 않는다는 확신을 가지고 있었을 것이다. 그러나 구조 조정에서 보았다. 그런 수고와 상급들이 구조 조정의 소용돌이로부터 구원할 수 없다는 것을.

우발적으로 목사가 되지는 않았다

삶의 여정은 참 신비로울 때가 있다. 사람의 지혜로 예측하기 어려운 것이 인생의 행로이다. 나는 내가 이렇게 목회자로 만들어질 줄 전혀 예상하지 못했다. 출석하던 교회 목사님의 설교 녹취 사역을 하던 초기에만 해도 내가 목사가 된다는 것은 상상해 본 적이 없었다. 그도 그럴 것이 직장 생활로 잔뼈가 굵어 오십을 바라보고 있었으니 내 인생 행로에 새로운 직업, 그것도 성직으로서 목회자가 된다는 것은 예측 가능한 미래가 아니었다.

그럼에도 용단을 내려 정년을 6~7년 앞두고 사표를 내던졌다. 이보다 앞서 신학대학원 입시에 도전한 일은 나 자신을 스스로 평가해도 놀랍기만 하다. 사실 나는 신중한 스타일이다. 무언가 한 가지를 하더라도 예상 가능한 모든 돌발적 사태를 꼼꼼히 점검하고 돌다리도 두드려 본 이후에 한 걸음을 내딛는 스타일이다. 그런데 신학의 길을 들어섰고 목사의 길을 걷는다니 신통하다.

신학 공부의 과정은 자신을 돌아보는 기회를 제공한다. 자기 인생을 돌아보면서 삶의 여정을 편집해 본다. 왜냐면, 삶의 굽이굽이에 하나님이 나에게 어떻게 간섭하셨는지를 발견하려는 것이다. 모르고 지나쳐 왔지만 절대자 하나님은 내 삶의 굴곡마다 함께 하셨음을 깨닫고, 늦었지만 하나님께 감사하기 위함이다.

세상에는 나보다 몇 배나 더 힘든 삶을 산 사람들이 많지만, 두 자녀를 청각장애아로 키운다는 것도 어찌 보면 흔한 고난은 아니라고 생각한다. 돌아보면 낙심천만한 때도 많았다. 아이들이 보청기를 끼고 초등학교 과정에 들어갈 무렵 어느 날 밤 자정을 넘긴 시간, 도저히 잠을 이룰 수 없어 집을 나와 철길을 따라 밤새 걸은 적이 있다. 지방의 한적한 철도라서 날이 밝기까지 기차는 두어 번밖에 지나가지 않았다. 굉음을 내고 지축을 흔들면서 파괴력을 가지고 달려드는 기관차를 바라보면서 온갖 상상을 다해 봤다.

새벽녘 도착한 한 낯선 교회의 새벽예배 시간쯤에 열린 교회 문으로 들어가 보니 아직 시간이 일렀던지 아무도 없었다. 잠시 예배실 안의 긴 의자에 몸을 눕혀 보았다. 한참을 그렇게 있는데도 졸리지도 않았고, 그렇다고 신비스런 일이 일어나지도 않았다.

다시 일어났다. 밤새 철길을 걸은 초라한 행색이, 새벽기도회에 나온 분들을 놀라게 할까봐 조용히 빠져 나와 택시를 잡아타고 집으로 돌아왔다. 아내와 아이들은 새벽 달콤한 잠에 빠져 있었다. 보람이와 은종이는 청각장애 외에는 다른 중복장애 없이 비교적 건강했다. 녀석들의 튼실한 팔 다리를 슬며시 만져보았다.

내가 걸어가야 할 길은 순탄할 수 없음을 깨달았다. 그렇다고 만나는 사람들마다 붙잡고 나의 고난을 호소하거나 동조해 주기를 바라지는 않았다. 어쩌다 내 입으로 아이들의 장애 문제를 거론하게 되면 겨우 견디고 있는 상처에 다시 덧이 나는 것처럼 쓰라렸다. 그러니 가능하면 누구를 만나더라도 아이들 이야기를 하지 않았다. 친척들에게도 좀처럼 이야기하지 않는다.

사실 인생은 누구에게나 버거운 여정이다. 사람들마다 자기가 겪는 고통의 무게가 자신이 감당할 수 있는 극한에 다다른다고 여긴다. 그들에게 내 고통을 알릴 필요가 없다. 언젠가 한번 친척들이 모인 자리에서 청각장애 두 자녀를 키우는 고통을 조금 이야기하게 되었다. 그랬더니 좌중에 있던 친척 한 분이 자기 자녀들이 속 썩이는 이야기를 꺼낸다.

"우리도 힘들어요!"

틀린 이야기가 아니다. 맞다.

내남없이 자식 키우는 일이 어디 그리 쉬울까?

예수 믿는 이들은 예수 믿고 모든 것이 좋아졌다고 간증한다. 사업도 술술 잘 풀리고 자녀 문제도 잘 해결되었다고 자랑하기도 한다. 모든 것이 주님 덕이라고 한다. 그러면서 정작 이웃의 아픈 얘기를 들을 때면 자기도 힘들다고 방어막을 친다.

예수 믿으면 이 세상에서 그렇게 잘 풀릴까?

기도하고 사업을 했더니 성공했다는 간증, 기도하고 땅에 투자를 했더니 땅값이 천정부지로 뛰었다는 간증, 믿음으로 했더니 하나님이 선하게 이끌었다는 간증, 그것이 물질적인 것이 되었을 때 흔히 기복 신앙이라고 한다. 기복 신앙이라는 이야기는 올바른 신앙이 아니라는 뜻이다.

나는 예수 믿고, 예수 믿는 자매와 결혼하여 두 아이를 두었는데 두 아이가 모두 청각장애아이다.

그러면 나는 예수를 잘못 믿은 것인가?

늘 나는 이런 질문을 곱씹는다. 어떤 면에서 속이 뒤틀려 있는, 시쳇말로 하면 삐딱한 인간성을 가지고 있는지도 모른다.

하나님은 이런 나도 신앙이 가능하고, 이런 나도 목회자가 될 수 있음을 보여 주시기 위해서 나를 목사의 자리로 이끄셨는지도 모르겠다. 나도 이것을 부인하지 않는다. 나는 신학을 하면서 늘 하나님께 질문한다.

"하나님! 이 일은 어째서 이렇게 되었습니까?"

하나님은 나로 하여금, 목사가 되어 필연적으로 가지게 된 성경을 캐논으로 세상과 사람을 바라보게 하셨다. 그 안경을 끼고 바라보니 마치 흑백 영화만 보다가 천연색 영화를 제대로 감상하게 된 기분이다. 흑백 영화를 볼라치면 간혹 의문이 생긴다.

'저 꽃의 빛깔은 어떤 색일까?'

그렇다면 천연색 영화를 보아야 한다.

그러면 답을 알게 된다. 그러나 답을 알았다고 해서 인생이 달라지는 것은 아니다. 다가와야 할 고난이 나를 비켜가는 일은 없다. 달라진 것이 있다면 모르고 당하다가 알고 당하는 정도일 것이다.

내가 걸었던 그 길

어느 도시를 가든지 시내를 걷다보면 틀림없이 마주치는 것이 '공사 중' 간판이다. 서울에 가면 수십 년째 지하철 공사가 진행 중이다.

지하철 공사가 완벽하게 끝나는 날이 과연 오기는 할까?

거리 곳곳에는 늘 공사가 진행되고 있다. 건물을 새로 짓기도 하고 헐기도 한다.

도시가 완벽하게 정비되어 1년 365일이 늘 쾌적하기만 한 도시는 과연 있을까?

자동차를 몰고 시내를 나가면 초보 운전 딱지를 붙이고 있는 자동차를 쉽게 만난다.

세상 모든 운전자들이 모두 초보에서 벗어나는 날은 언제나 올까?

운전이 미숙한 사람들로 인한 불편이 사라지는 날이 과연 있기나 할까?

아마 그런 날은 오지 않을 것이다. 오늘도 자동차 운전학원에는 운전면허를 취득하려는 사람들로 북적인다.

내가 직장 생활 중 누가 나에게 월급을 주는지 몰랐다고 했는데, 모든 직장인들이 진짜로 자기에게 급여를 주는 사람이 누구인지 알게 되는 날이 올까?

아마도 그런 날은 없을 것이다. 나처럼 직장을 신으로 여기면서 사는 일중독자들은 세상에 항상 넘쳐날 것이다. 반대로 직장에서 어슬렁어슬렁하면서 기회를 잘 타는 이들도 역시 넘쳐날 것이다. 직장 생활을 마치고 목회를 하다 보니 그런 후배들과 마주치게 된다.

마치 내가 그때 그렇게 했던 것처럼 지금 자신이 최선을 다하고 있으며 지금 자신이 최선의 선택과 최고의 헌신을 한다는 자신감에 차 있는 이들을 자주 보게 된다. 직장이 신인 사람들, 직장에서의 충성을 인생에서의 충성으로 알고 있는 이들, 그들 중에 한 사람을 가슴 아프지만 참아가면서 이야기해 보고자 한다.

제6부

/

은종아 아빠가 미안해

장례식장을 옮겨라!

은종이는 인생에 고난이 많았던 생을 살았다. 청각장애 2급을 가지고 있다. 청각장애 2급은 청력이 95~100데시벨의 소리를 들을 수 있다. 헬리콥터 프로펠러 소리를 가까이서 들을 때 100데시벨이라고 한다. 그 정도의 소리부터 은종이는 들을 수 있다. 건청인들이 대화하는 음성은 15~20데시벨이다. 은종이는 수어를 전혀 안 배우고 입 모양을 보고 말하는 구화만을 익혔다.

보람이가 수어를 배울 무렵 우리 부부는 생각을 바꿨다. 농인들은 수어를 해야 농인 사회에 진입할 수가 있고 농인이 일반인들 틈에서 적응하는 일은 너무 많은 스트레스를 부담해야 하기 때문에 바람직하지 않다는 의견에 귀를 기울이고 있었다. 그래서 어느 날 은종이에게 말해봤다.

"은종아, 은종이도 누나처럼 수어를 한번 배워보는 게 어때?"

"내가 왜 배워요?"

서두르지도 않으면서, 심지를 굳힌 듯이 대답하고 자리에서 일어나 자기 방으로 들어가 버린다. 자기는 수어를 배워야하는 장애인이 아니라는 믿음을 은종이는 갖고 있었던가 보다.

은종이가 아빠에게 "아빠는 이제 내 아빠 아니에요!"하고 가출했던 그 해 6월에 은종이는 아빠 앞에서 자기가 칠 수 있는 사고 중에 가장 큰 사고를 냈다. 아빠와 엄마와 누나를 떠나, 그리고 세상을 떠나 하늘나라로 갔다. 나는 은종이 장례식의 상주가 되어야 했다. 사고 당일 내가 도착한 현장은 회사에 인접한 장례식장이었다. 아내와 보람이를 데리고 도착했을 때 은종이는 장례식장 영안실에 있었다.

그때 내가 제정신이었다면 나는 정상이 아니다. 뭐가 뭔지도 모르고 정신없이 왔다 갔다 하는데, 앞에서 언급한 그 후배로부터의 전언이라면서 장례식장을 옮겨 달라는 요구를 받았다. 왜냐고 했더니 회사 가까이 있는 장례식장이어서 직원들에게도 그렇고 회사에 자칫 누가 될 것 같으니 좀 더 멀리 있는 곳으로 옮겨달라고 했다. 나는 그게 누구의 의견이냐고 물었다. 용역을 준 모회사, 그러니까 내가 28년간 몸 담았던 회사의 속성을 잘 알기에 최고 경영진의 의견일 리 없다는 것을 직감하고 물었더니, 나에게 말을 전하는 분이 말하기를, 아마 회사에 대한 충정에서 나온 그 후배의 의견인 것 같다고 했다.

짧은 순간 나는 많은 생각을 했다. 그 후배가 회사를 생각하는 심정의 실체가 뭔지 훤히 보였다. 회사를 최고의 자리에 놓고 충성하다보니 그가 입에 올려서는 안 되는 말을, 아들을 눕혀 놓은 애비에게 하고 있다는 것까지 훤히 보였다. 높여야 할 것은 안 높이고 높이지 않아야 할 것을 떠받들다보면 자신도 모르게 이런 말을 아무 거리낌 없이 하게 된다.

나는 속으로 화도 났지만 지금 그걸로 화를 낼 계제가 아니었다. 또 나는 속으로 생각은 빨리하지만 반응 속도가 느린 편이었다. 이런 때 내가 어떻게 해야 하는지도 잘 안다. 장례식장을 옮길 수는 없는 노릇이다. 짧은 기간 장례를 치르는데 시신을 옮기면서까지 장례식장을, 그 후배가 떠받드는 회사로부터 멀리해야 한다는 것은 그야말로 어불성

설이라는 것을 안다. 그러나 나는 스스로 세상을 등지고 영안실의 차디찬 냉장고에 드러누운 은종이 아빠이다. 말을 전하는 사람에게 이야기했다.

'지금 경찰 수사도 안 끝났다. 은종이 시신도 내 마음대로 못 만지게 하고 있다. 경찰 수사가 다 끝나면 오늘 하루 다 지나간다. 그런 사정을 전해 주면 좋겠다'라고 했더니 알았다고, 그렇게 전하겠다고 했다. 그 후배가 회사를 위하는 모습에서 언뜻 나의 지난날 직장 생활의 한 단면이 보이는 듯도 했다. 어쨌든 나는 은종이 장례를 치러야 하는 상주였고, 그런 세상에 사는 사람들에게 복음을 전해야 하는 목사이다!

사장님! 은종이가 ○○한 것 같아요

그날은, 2월에 은종이가 가출하여 15일 만에 집에 들어와 다시 회사에 출근하고 싶다고 하여 복직시키고 넉 달쯤 지난 6월 끝자락이었다. 아침 9시 6분에 핸드폰이 울려서 받았더니 황급하게 전하는 사무장의 음성이 들렸다.

"사장님! 은종이가 ○○한 것 같아요!"

"야아아아~ 그게 무슨 소리야?"

"아침에 사무실에 안 나오기에 숙직실에 가보니 은종 씨가 ○○한 것 같아요!"

그 이후 뭐가 어떻게 됐는지 지금도 자세히 모르겠다. 전화를 끊고 그랬는지, 통화하다가 핸드폰을 내던지고 그랬는지 내가 거실로 나가서 펄쩍펄쩍 뛰면서 괴성을 질러댔다. 뭐라고 소리를 냈는지 지금도 기억이 없다. 내 소리가 어찌나 컸던지 마침 제 방에 있던 보람이가 나와서 아빠 손을 잡았다.

"아빠! 아빠! 왜 이래?"

"은종이가 죽었대?"

"아빠! 뭐라고?"

"아빠! 왜 이래?"

"은종이가 오늘 아침에 죽었대!"

보람이는 듣지 못하니 정확하게 말해 주어야 한다.

특히 '죽었대' 할 때는 습관적으로 입모양을 잘 만들어 보여 준다. 그리고 나서도 나는 펄쩍펄쩍 뛰었다. 아내는 인근에 있는 공원 야산으로 등산을 가고 없었다. 보람이가 엄마에게 전화를 걸고 있었다. 나는 다시 사무장에게 전화를 걸었다. 울먹이면서 어떻게 된 거냐고 다시 물었다.

아침 아홉시가 넘어도 은종이가 숙직실에서 사무실로 출근을 안 하기에 사무장이 숙직실에 가봤더니 그렇게 되었더란다. 그래서 자신이 얼른 줄을 끊고 눕힌 다음 가슴에 충격을 주어 봤지만 쉬쉬 소리만 냈다고 한다. 그리고 119에 신고했다고 한다. 전화 통화 중에 119가 도착한 것 같다고 전화를 끊었다.

아내가 집에 도착했다. 나는 아내를 붙들고 펄쩍펄쩍 뛰고 있었다. 내가 어떤 소리를 냈는지 기억에 없다. 그러나 나는 괴성을 질렀던 것 같다. 다시 전화를 걸었다. 119가 도착하여 사망을 확인하고, 이런 경우에는 119 구급차로 운구할 수 없다며, 장례식장에 연락해서 운구차가 오고 있다고 했다. 내가 살던 교회 사택에서 회사까지 60여 킬로미터로 자동차로 한 시간 거리이다. 그러나 다급한 마음에 내가 운전을 했다가는 위험할 것 같았다.

마침 교회 성도 중에 택시 운전을 하시는 분이 있었다. 그분에게 전화를 하여 부탁했다. 알았다고, 곧 오겠다고 했다. 그 사이 나는 아내에게 장례식 준비를 하고 출발하자고 했다. 나도 흰 셔츠에 검정 양복을 입었다. 보람이에게도 장례식에 맞는 옷을 입으라고 시켰다. 잠시 후 택시가 교회로 도착했다. 아내와 보람이 그리고 내가 택시에 타고 출발했다.
　'아, 하나님이 이렇게 해서 내 목회를 중단시키는구나!'
　차를 타고 출발하면서 첫 번째 드는 상념이었다.
　늦게 목회를 시작한 만큼 언제라도 하나님이 "여기까지다!" 하시면 내려놓을 준비를 하고 있었다. 그래서 목회를 그만두게 될지도 모르는 일에 대한 아쉬움이나 미련은 없었다. 달리는 택시 안에서 한숨을 내쉬다가, 울음을 참다가, 또 한숨을 삼키다가 전화를 걸었다. 내가 개척하는 교회는 수도권의 대형 교회 지교회로 출발했다. 교회의 부동산 소유주가 그 교회로 되어 있다. 그 교회 담임 목사님께 전화를 걸었다. 자초지종을 말씀드렸다.
　그날은 수요일이었다. 수요일 저녁 예배는 그렇다 치더라도 나흘 후 주일예배부터는 내가 인도할 수 있을지 나도 모를 일이다. 그래서 부목사 한 사람을 준비시켜 두었다가 내가 연락하면 즉시 내려 보내 달라는 의미로 통화를 했다. 그 목사님도 충격을 받았는지 한동안 말이 없으셨다.
　잠시 후에 내 핸드폰으로 전화가 왔다. 시내 살고 계시는 집안 외가 오촌 어르신인데, 어느 사이 은종이 사망 소식을 듣고 어떻게 된 거냐고 전화를 했다. 내 입에서 볼멘소리가 나왔다.
　"저도 아직 현장을 못 봤어요! 지금 가고 있어요!"

"그런데 어떻게 아셨어요?"

"미국에서 전화가 왔어! 어떻게 된 일이냐고!"

그 어르신 동생이 미국에 계셨고, 또 내 바로 밑의 동생이 미국에서 목회를 하고 있었다. 아무래도 동생이니까 소식이 바로 갔을 것이고, 그 어르신이 동생에게서 들었을 터, 그 어르신은 이곳에 있는 자기 형님에게 전화를 했으니, 소문이 벌써 지구를 한 바퀴 돌아왔던 것이다.

아내에게 말했다. 몇몇 분들에게 전화를 해서 가족 외에는 알리지 말라고 당부하도록 했다. 다시 사무장에게 전화를 걸었더니 은종이가 영안실에 안치되었다고 했다. 잠시 후면 도착하니 영안실에 부탁해서 밖으로 꺼내 놓으라고 당부했다. 영안실은 냉장 시설이니 내가 갔을 때 은종이가 차갑게 되어 있을 것이 안타깝고 염려가 되었기 때문이다.

아빠의 눈물 콧물을 받쳐주는 보람이

영안실에 들어서니 은종이 시신을 꺼내놓고 기다리고 있었다. 얼굴은 검붉게 상기된 채 은종이가 누워 있었다.

"은종아!"

울부짖었다.

"아직 경찰 수사가 안 끝났기 때문에 경찰들이 시신에 손대지 말라고 했어요! 아버님!"

은종이를 끌어안으려는데 영안실 직원이 주의를 준다. 그리고 그 직원은 내가 끌어안은 손을 조심스럽게 떼어 놓는다. 은종이 손을 잡아 보니 통통한 손이 아직은 온기를 띠고 있었는데 손가락을 안으로 조금 오므리고 있다. 그래서 내가 울면서 손을 펴 주었더니, 영안실 직원이 또 말한다.

"나중에 우리가 다 잘 펴드릴 겁니다!"

그 소리를 들으면서 은종이 얼굴 가까이 내 얼굴을 대고 울부짖고 있는데, 보람이가 손수건으로 내 코를 받쳐준다.

'보람이는 이런 상황에서도 아빠를 걱정하는구나.'

내 눈물과 콧물이 은종이 얼굴 위로 떨어질까 봐 그랬는지도 모르겠지만, 나는 순간적으로 직감했다. 아내는 소리도 제대로 내지 못하고 주저앉았다가 일어나기를 반복하고 있다.

은종이의 목 부분에 비닐 끈이 세 가닥으로 꼬인 채 달려 있었다.

'이건 뭘까?'

그 당시 속으로 생각하면서도 영안실 직원이 시신을 건드리지 말라고 하니 그저 애통할 뿐이었다.

'이 녀석이 어디 산 속에 가서 어떤 나무에 매달렸다가 이런 검불이 붙었겠거니 ….'

그때까지도 나는 상황을 제대로 알지 못하고 있었다.

무한정 은종이 시신을 붙들고만 있을 수는 없었다. 얼마나 시간이 지났는지도 모르겠다. 아내와 보람이에게 나가자고 했다. 아내와 보람이는 아무 말 없이 아빠의 말대로 영안실을 나섰다. 사무장이 자기 차 시동을 걸어 놓고 다가와서, 아내와 내가 인근 지구대에 가서 조서를 받아야 한다고 말했다.

보람이를 장례식장에서 기다리게 하고 아내와 둘이서 지구대 사무실로 갔다. 들어 갔더니 이미 조서를 다 꾸며놓고 경찰들이 대기하고 있다가 문답을 시작했다.

"아드님의 죽음에 대하여 의문스러운 사항은 없습니까?"

"없습니다!"

"혹시 아드님을 위해 최근 보험에 든 것이 있습니까?"

"없습니다!"

이외에도 여러 가지 문답을 했던 것 같은데 이 두 가지만 확실하게 기억에 남았다.

문답을 마치고 아내와 함께 나서는데, 뒤에서 경찰이 한마디 거든다.

"힘내세요! 부모님!"

"네! 고맙습니다!"

다시 장례식장으로 왔다. 사무장이 나를 데리고 다시 영안실로 데려간다. 아내는 남겨두고 나만 사무장을 따라서 영안실로 갔더니 그 사이 검찰의 조사가 종결되었다며 은종이 옷을 다 벗겨 놨다. 알몸이 된 은종이를 쓰다듬는데, 이번에는 영안실 직원이 아무 말도 안 한다. 은종이 목에는 이미 흔적이 깊게 파여 있었다. 그 자국은 아물지 않을 터였다. 영안실에는 나와 영안실 직원과 은종이 셋만 있게 되었다. 내가 영안실 직원에게 은종이의 목에 있는 흔적을 가려줄 수 있겠냐고 물었다.

"나중에 염할 때 다 해 드릴 겁니다!"

"그건 알겠는데요! 지금 좀, 솜이라든가 이런 걸로 가려 주었으면 해서요!"

"알겠습니다!"

한지를 조금 꺼내서 두툼하게 비벼 말더니 그것으로 은종이의 목 흔적 위에 목걸이처럼 감아주었다. 나는 영안실 직원에게 당부를 했다.
 "앞으로 장례를 마칠 때까지 이곳은 나 외엔 아무도 들여보내시면 안 됩니다. 아내와 딸도 내 허락 없이는 안 됩니다. 법적인 절차가 필요할 때 외에는 꼭 저와 상의해 주시기 바랍니다."
 그 말에 영안실 담당자는 알았다고, 그렇게 하겠다고 하면서 나에게 장례식장 사무실로 가 보라고 해서 사무실로 갔더니 책임자인지 한 분이 나에게 말해 준다.
 "모든 수사 절차가 다 끝났습니다!"
 "내일 정오 이후부터 발인이 가능합니다!"
 "네 알겠습니다!"
 이틀 장을 하게 되더라도 내일 정오 이후에 가능하다는 뜻이다. 그 말을 듣고 나오니 멀리서 가까이서 온 형제들이 도착해 있었다. 처가 식구들도 와 있었다. 나보다 두 살 위인 형님이 서울에서 내려오셔서 장례식 절차 등을 맡아 주셨다. 음식 준비며, 영정과 꽃 등 준비해야 할 일들이 하나 둘이 아니다.

이게 누구의 장례식이냐?

 소식을 듣고 달려오는 분들은 나를 먼저 찾았다. 그분들을 맞이하는 한편 장례식장 식당 음식은 어떻게 준비할 것이며, 도우미는 몇 명 기용할 것인지도 내가 결정해야 했다. 장례식장 도우미는 오후부터 와도 하루 품삯을 주어야 한다는데, 어떻게 할 건지도 나에게 물어왔다. 아내와 보람이도 살펴야 했다.

　세상에 내가 이런 상황에 처하다니!

　그렇게 분주하게 이리저리 오가는데 누군가 자꾸만 뒤에서 얼른 대답하라고 재촉하듯 질문이 들려왔다.

　'이것이 누구의 장례식이냐?'

　뒤를 돌아보니 나에게 묻는 사람이 없다. 그 사이에도 나는 은종이 영정 사진을 위해 내 핸드폰에 저장되어 있던 은종이 대학 졸업 사진을 장례식장 컴퓨터로 다운받아 확대 출력을 돕는 등, 내가 아들을 잃은 애비인지 장례식을 준비하는 일꾼인지 분간이 안 되어 현실감을 잃고 있는데, 환청도 아니고, 그렇다고 모두가 들리도록 크게 나는 소리도 아니고, 계속해서 나에게 묻는다.

　'이것이 예은종이 장례식이냐, 예민하 장례식이냐?'

　나는 버럭 화를 내면서 주변을 돌아본다.

　나를 특별히 지목하면서 질문하는 사람은 없다. 그 질문이 거푸 들려온다. 생전 처음 경험하는 일이었다. 나는 누구에겐지 모르지만 항의조로 대들었다.

　'그 질문이 말이 되는 질문입니까?'

　'이 장례식이 예은종 장례식이지 왜 예민하 장례식이냐고 묻습니까?'

　'예민하는 이렇게 살아있지 않습니까?'

　자식을 눕혀 두고도 나는 살아있다고 주장하고 싶어질까?

　이렇게 이기적인 존재가 나다.

　이렇게 따지듯이 덤비다가 생각하니 아차 싶은 게 있었다. 그렇다. 이렇게 나에게 질문하는 소리를 분별해야 했다. 이 소리를 나에게 들려주는 존재를 확인해야 했다. 하나님이 나에게 질문하시는지, 아니면 사탄이 나를 희롱하는 것인지 영분별을 해야 했다. 얼른 유가족 대기실로 들어갔다. 아내와 보람이가 한 쪽에 지쳐 쓰러져 있다. 잠시 서서 기도했다.

'하나님! 이 불쌍한 애비에게 자꾸 들려오는 이 소리가 하나님의 음성입니까?!'

'아니면 사탄의 음성입니까?!'

'저에게 영 분별하는 지혜를 주십시오!'

그러나 이 질문에는 아무 대답 없이 또 묻는다.

'이 장례식이 은종이 장례식이냐 너의 장례식이냐?'

'그야 당연히 은종이 장례식이 아닙니까?'

'그러면 은종이 장례식으로 치러라!'

그제야 나는 정신이 들었다.

내가 아무리 정신없어도 누구의 장례식인지는 분명히 해야 했다.

가까스로 내가 대답했다.

'알겠습니다. 은종이 장례식으로 치르겠습니다!'

은종이라면 자기의 장례식이 어떻게 치러지기를 원할까?

지금까지는 은종이 입장은 고려하지 않고 내가 일방적으로 모든 것을 결정했다. 특히 은종이 부음을 친척들에게만 알리라고 했었다. 그러나 차분하게 다시 생각했다.

'그렇다. 은종이의 장례식이다!'

아내와 보람이를 불렀다.

은종이의 마지막을 위한 장례식을 치르자고 말하고, 보람이가 가지고 있는 은종이 핸드폰에 저장된 사람들에게 은종이 부음을 전하는 문자를 모두에게 보내도록 했다.

은종이 출신 학교에도 내가 직접 전화를 했다. 체육고등학교 감독 선생님과도 통화를 하고 대학에도 전화를 걸어서 일단은 알고 있으라고 전화를 받은 분에게 말해 줬다. 나도 내가 속한 교단의 지방회 목사님들께 다 알렸다. 그때까지는 내가 매월 회사에 올 때 함께 식사를 했던 목사님께만 전화를 걸어서 이 장례식을 집례해 줄 것을 부탁하여 이미 와 계셨었다.

그리고 나의 지인들에게도 연락을 취했다. 내가 근속했던 기업체 퇴직자 단체에도 알렸다.

예민하 회원의 아들 은종 군 사망.

얼마 되지 않아 전국의 회원들에게 메시지가 전해졌다. 당사자의 핸드폰 번호를 따로 가려내지 않는지 내 폰에도 문자가 들어왔다.

이번에는 장례를 돕고 계시는 친척들, 형님들, 동생들을 불렀다.

"사흘장으로 장례를 치르겠습니다!"

의외라는 표정으로 모두 나를 쳐다본다.

"힘드시겠지만, 부탁드리겠습니다!"

"그리고 알릴만한 곳이 있으면 다 알려 주세요!"

장례식장 사무실에도 삼일장으로 한다고 통보했다. 열심히 돕고 있는 사무장에게도 삼일장을 한다고 얘기해 주고 직원들도 와서 조문하도록 배려하라고 했다.

그리고 잠깐 틈을 내어 아내와 함께 사무장 차를 타고 현장을 가봤다. 내가 용역으로 받은 사업장에는 숙직실이 세 개인데, 그중 하나를 은종이가 쓰고 있었다. 은종이는 그 방에서 결행을 했던 것이다. 이렇게 저렇게 한 것 같다고 사무장이 설명해 주었다. 나로서는 전혀 상상도 못했던 장소에서, 역시 나로서는 알지도 못했던 방법으로 은종이는 결행했다. 출입문 밖 손잡이에 걸었던 비닐 끈이 그때까지도 달려 있었다. 사무장이 그 끈을 라이터 불로 끊고 은종이를 안아내려 심폐 소생술을 시도했다고 했다.

지난 스물여섯 해를 돌아봐라

다시 서둘러 장례식장으로 와야 했다. 장례식장에 와 계셨던 목사님께 부탁하여 예배를 시작했다. 가족과 친지들과 함께였다. 나는 시간이 나면 영안실로 갔다. 문을 따 달라고 부탁하여 내가 들어가면 담당 직원이 늘 입회했다. 나는 은종이 손을 주무르고 얼굴을 쓰다듬으면서 기도를 했다.

'하나님! 아무래도 내가 죄인입니다!
제가 잘못한 것 같아요!
저의 죄입니다!'
'은종아! 아빠가 미안해!
은종아! 아빠가 미안해!'
치솟는 울음을 삼키는데, 두 번째 음성이 들려왔다.

'지난 26년을 돌아보아라!'

'알겠습니다!'

은종이 옆에서 은종이와 함께 한 시간들을 짧은 순간 되새겨 본다.

나는 그동안 보람이와 은종이를 키우는 일이 견디기 힘든 고통이라고 생각하면서 살아왔는데, 이제 와서 생각해 보니 은종이와 함께 지낸 시간들이 천국이었음을 깨달았다. 그런 시간들이 다시 돌아올 수 없음을 알았다. 아이들이 듣지 못해서 소통이 어렵고, 아이들과 밖에 나가면 사람들의 시선과 따가운 눈총 때문에 힘들었고, 은종이가 가출했을 때 힘들어했던 기억들이 주마등처럼 스쳐간다.

'아! 그 시간들이 나에게는 지상천국이었구나!'

온 몸을 떨면서 고백했다.

'하나님! 은종이와 26년이나 함께 지내게 해 주신 것 참으로 고맙습니다! 감사해요. 하나님!'

나 혼자만 영안실을 드나든 것은 행여 아내와 보람이가 더 큰 충격을 받을까봐 차단시키려 한 것이었다. 그런 내 의중을 알았던지 아내와 보람이는 다행히 은종이 영안실에 가겠다는 말을 하지 않았다.

영안실을 나와서 이번에는 은종이의 장지를 결정해야 했다. 화장을 할 건지 매장을 할 건지 결정을 해야 했고, 화장을 한다면 유골을 어떻게 어느 시설에 안치할 것인지도 정해야 했다. 모든 결정이 나의 몫이었다. 내가 결정만 해 주면 바로 위의 형님이 처리해 주는 식으로 장례가 진행되었다.

나는 고향 마을을 지키고 있는 사촌 동생에게 전화를 했다. 마침 선산에 부모님이 들어갈 자리가 비어있었다. 아버님이 6.25 참전 용사이셨기 때문에 부모님 모두 선산으로 가시지 않고 지방의 국립묘지에 안장되었다. 그래서 선산에 빈자리가 있었다. 그곳이 가능할지 아직 고향을 지키고 있는 사촌 동생에게 전화를 했더니 난색을 표한다. 동네 사람들이 고향을 떠나 살다가 죽어서 들어오는 것을 극구 반대하여 운구차를 가로막기까지 한다는 것이다.

그리고 그곳에 조카의 묘를 쓰려면 집안 어르신들의 허락도 얻어야 하지 않겠냐고 한다. 틀린 말이 아니어서 알았다 하고 전화를 끊었다. 형님과 상의해서 시립 화장장에서 화장하고 유골도 시립 봉안원에 봉안하기로 결정을 했다. 이렇게 결정할 수 있도록 장례식장 측에서 여러 가지 정보를 제공해 주었다.

시간이 날 때마다 내가 영안실을 출입하자 장례식장 측에서 싫어하는 기색을 보인다. 어쩔 수 없이 나는 순응해야 했다. 내 생각만 앞세울 수 없었기 때문이다. 나는 영안실에 들어갈 명분을 찾아야 했다.

무슨 일 있었어요?

조문을 오는 분들 중에서 궁금하게 여기는 것이 은종이가 이렇게 되기까지 무슨 일이 있었는가 하는 것이었다.

왜 아니겠는가?

나라도 궁금할 것이다. 형제나 옛 직장 동료들 중에서 묻기도 했다. 나는 내 핸드폰을 보여줬다. 전날 은종이와 내가 나눈 대화 문자가 있었다.

아버지 이번 달까지만 일하게 해 주세요 더 이상 못 하겠어요 아직 사무장 형한테는 말 안 했어요 (오전 8:59)

왜 답장이 없나요? (9:26)

 이제 문자 봤다 무슨 일이냐? (9:51)

 그냥 그만두고 싶어요 다음달 ◇◇이 오니까 제자리 메꿔줄 수 있어서 이번 달까지 일하게 해 주세요 (9:53)

 △△씨가 이달 말에 그만 둔다 (9:54)

◇◇는 △△씨 빈자리의 충원이라는 뜻으로 내가 보냈다.

 왜 저 그만두지 못하게 하나요?? (10:02)

 아빠가 이번 주 중에 중고차 살 계획인데 은종이가 그만 두면 차는 어떻게 할까? 아들아 아빠가 지난 주 설교했듯이 고난이 오거든 기쁘게 여겨야 한다고 했잖아! 사회 생활은 고난 없이 할 수 없는 거란다 (10:31)

제6부 🖋 은종아 아빠가 미안해   171

 제가 그만두면 중고차 살 생각 없어요.. (10:04))

 아빠는 보람이 은종이가 부모 도움 없이도 세상 풍파를 헤치고 나갈 수 있는 사회인이 되도록 하는 것이 소망이야 그러려면 사람들과 어울려 살아야지 자기 혼자 생각에 빠지면 안 된다 그리고 사회 생활은 경제 활동이 기초가 되어야 한다 돈 없이 어떻게 살 수 있겠냐 그래서 힘들고 어려워도 직장 생활을 해야 한다 같이 일하는 선배들을 보아라 누가 일터에서 일하고 싶겠냐마는 그래도 살아가기 위해서 고생하는 거야 (10:13)

그건 잘 알고 있습니다 저 확실하게 말씀드렸잖아요 그만두겠다고요.. (10:20)

아빠도 맨 처음 직장에서 근무할 때 고난이 많았지, 은종이가 짐작할 수 있을거야, 그래도 아빠는 참고 이를 악물고 견뎌냈다 그랬더니 지금 사장님이 되고 목사님이 됐잖아, 세상에 고난 없이 얻을 수 있는 것은 아무 것도 없다 은종이가 아빠 회사 경영 끝날 때까지 고생을 참으면 좋은 열매가 있을 거야 (10:20)

은종아 그 사무실에서 근무하면서 다른 직장을 찾아보자 아빠도 gm 일자리를 알아보마 그리고 다른 가능한 일자리도 많이 생각해 보고 있다 은종이의 장래에 대해서 아빠는 늘 생각한다 세월이 흐르고 은종이가 결혼도 하고 자녀도 생기고 점점 나이도 들어가면 어떤 모습으로 살아야 할지 여러 가지 생각을 한다 그러니 당분간은 아빠의 뜻을 따르면 좋겠구나 (10:30)

gm은 컴퓨터 게임을 모니터링하는 직업이다. 은종이가 그 무렵 gm을 해 보고 싶다고 했었다.

 따르고 싶지만 제가 원하는 일 아니고 억지로 일해야 하나요?? 사장의 아들이라서 아버지의 뜻 따르길(10:32) 바라나요?? (10:32)

 아빠 지금 허리가 불편해서 잘 움직이지 못해 그러니 다음에 또 얘기하자 (10:32)

 왜 자꾸 미룹니까?! 어쨌든 저 이번 달까지만 일할께요 (10:33)

제6부 🍃 은종아 아빠가 미안해   173

 그러면 한 사람 부족하다 당초 ▲▲씨가 9월부터 오기로 했는데 8월 1일에 오도록 해 볼테니 7월 31일까지만 근무해라 (10:38)

 다음 달까지 일하라고요?? 안될 것 같은데요 (11:26)

　은종이와 이 대화를 나눈 날은 은종이가 소천하기 전날이었다. 월말 이틀 전이었다. 내 입장에서는 월말을 코앞에 두고 갑작스런 은종이의 요구라서 당황이 되기도 했고 안타까운 마음에 어떻게든 설득해서 한 달이라도 더 일을 시켜보고 싶은 욕심이 있었다. 그날 오전 대화는 이것으로 일단 마쳤다. 은종이가 안 될 것 같다고 했는데, 나는 적절한 답을 못하고 있었다.

　그날 오후에 은종이에게서 문자가 또 왔다. 이 문자를 나눌 때 나는 허리가 불편하여 정형외과에서 물리치료를 받고 있었다.

 아버지 맡긴 돈 20만원 부쳐주세요 302-011807930-×× (16:47)

 아빠 지금 병원에 왔다 (16:48)

 6시 전까지 입금해 주세요 (16:50)

아니 50만원으로 보내주세요... 6시 전까지 입금해 주세요 (16:50)

나는 병원에서 나와 바로 입금했다. 아이들이 용돈을 달라하면 언제나 즉시 후하게 주었다. 행여 아이들이 돈에 쪼들려 빗나갈까봐 걱정이 되어서였다. 한 시간 쯤 후에 은종이에게서 문자가 왔기에 보냈다는 말을 하지 않고 어디 쓸 거냐고 물었다.

조문 오신 분들 중에 무슨 일이 있었냐고 물으면 핸드폰의 문자를 열어서 보여줬다. 위에 있는 문자가 전날 있었던 은종이와 내가 주고받은 문자이다. 이렇게 엄청난 일이 벌어졌는데, 전날 아빠와 아들 사이에 있었던 일치고는 실망스럽기도 하다. 또 한편으로 어쩌면 이 문자로서 나는 아빠로서 최선을 다했음을 증거 한다는 생각을 하고 있었는지도 모르겠다. 어쨌든 다행스런 것은 은종이가 아빠에게 최후로 남긴 말이 '감사 합니다'였다는 것이 그나마 나에게 위안이 되었다.

은종이의 최후 선택이다 너는 부끄러워하지 말거라!

우리 교회를 개척한 모 교회에서 부목사님들이 왔기에 내가 예배를 청했다. 나는 목사님들이 올 때마다 예배를 청하여 예배를 드렸다. 맨 처음 사무실 근처 교회 목사님이 예배를 인도했고, 내가 속한 교단 지방회 목사님들이 왔을 때도 내가 예배를 청했다. 다음날 입관예배는 처음 예배를 인도했던 목사님께 부탁을 해 두었다.

나는 어떤 큰일을 당하면 내 삶의 여정을 점검하면서 반성하는 습성이 있다. 오래 전 자기 형의 장례를 치른 아우뻘 되는 친척도 조문을 왔다. 나는 그 당시 조문을 가서 이 아우에게 책망하듯 얘기했던 기억이 났다. 그래서 그에게 솔직하게 사죄를 했다.

"아우님 미안해요! 그때 내가 아우님께 '형과 대화를 좀 더 많이 하지 그랬냐'고 나무라듯 했는데, 이렇게 내가 당하고 보니 그럴 일이 아니었네! 미안해요, 사과해요!"

"괜찮아요! 오래 전 일인데요 뭘! 그때 형은 아들을 하나 남기고 떠나서, 우리가 더 힘이 들었지요!"

직접 말은 안 했지만 내가 사과해야 할 또 한 분이 있었다. 그분은 젊어서 아들을 교통사고로 잃었다. 나만 보면 붙잡고 울었다.

'이미 떠난 아들, 미련을 버리고 추슬러야지 왜 이렇게 울까?'

뭐라 말은 할 수 없었지만, 그때 내가 속으로 한 생각이었다. 아마도 그런 나의 생각은 내 얼굴에 그대로 드러났을 것이다. 그것도 나는 사죄해야 했다. 이런 저런 상념에 젖다가도 조문객들이 오면 맞아들여야 했다. 내가 생각한 것보다도 조문객들이 훨씬 많이 와 주었다.

'나 같으면 이런 상가에 가지 않고 조위금만 보냈을 텐데!'

또 이기적인 생각이 든다.

참 이기적이라고 나는 늘 자책한다. 회개하고 자책하면서 나를 식탁으로 부르는 손님들에게 다가가 은종이 이야기를 나누기도 하고, 또 내가 멀리서 보고 식탁으로 다가가 이야기를 나누기도 했다.

신학대학원 동기들도 와 주었다. 그들이 자리한 테이블에 가서 앉아 은종이 삶을 이야기했다. 내가 신학대학원 다닐 때 저녁 모임에 가끔 은종이를 데리고 간 일이 있었다. 대부분의 동기들은 은종이를 기억했지만, 그 당시 은종이의 청각장애를 알아차리지는 못했었다. 이제야 은종이의 삶을 이야기하게 된 것이다. 내 이야기가 끝나자 의사로서 개업하고 있는 중에 신학을 같이한 동기 한 분이 자기 인생의 진솔한 이야기를 풀어놓아 자리가 일순 숙연해지기도 했다. 그렇게 분주하게 이리저리 왔다 갔다 하는데, 어디선가 또 음성이 들려왔다.

'은종이의 최종 선택이다!'

듣고 보니 맞는 말이다. 어쨌든 이 일은 은종이의 최종 선택이었다. 속으로 '맞습니다!' 하고 수긍을 했더니 이어서 음성이 들려온다.

'너는 애비로서 은종이의 최종 선택을 부끄러워하지 말아라!'

'네 알겠습니다. 세상이 아무리 손가락질을 해도 은종이 애비로서 부끄러워하지 않겠습니다. 명심하겠습니다!'

나는 은종이의 최후 선택에 대한 마무리를 하고 있는 중이다.

이제 은종이를 떠나보내야 한다. 싫든 좋든 간에 말이다. 영안실에 있는 은종이가 다시 보고 싶어졌다. 그때 마침 처조카가 왔다. 은종이 외사촌 형이다. 그 조카가 마침 의사이다.

"너는 의사이니까, 은종이를 직접 한번 봐야지?"

처조카가 그러겠다고 고개를 끄덕인다. 처조카를 데리고 사무실로 갔다.

"이 친구가 은종이 사촌 형인데, 의사입니다! 한번 뵈어야지요?"

직원이 마지못해 열쇠를 들고 따라나선다.

영안실로 들어가 냉장실에서 시신을 삼분지 이쯤 끌어낸다.

"이만큼만 내어도 되지요?"

그 심정도 충분히 이해했다.

은종이는 염하기 전이라 알몸으로 있었다. 영안실 측에서 가제를 네모로 접어서 아랫도리 부분만 덮어 놓았다. 처조카는 은종이 시신을 어루만지면서 울음을 토한다. 언젠가 은종이가 실신했다 깨어난 적이 있었다. 그때 처조카가 있는 병원으로 데려가 검사를 받기도 했다.

그러고 보니 은종이는 중학교 때 기절 게임으로 인한 것 말고도, 내 기억에 두어 번쯤 실신했다 깨어난 일이 있었다. 그때마다 병원에 데려가 검사를 받았는데 별 이상이 없다는 소견을 듣고 나오곤 했다.

처조카는 은종이를 어루만지면서 흐느끼다가 영안실 직원의 눈치가 보였는지 잠시 후 한 걸음 뒤로 물러선다. 영안실 직원이 은종이 시신을 밀어 넣었다. 영안실 한쪽에는 수도꼭지와 세면대가 있었다. 그곳에 플라스틱 통이 있었는데, 위를 꾹 누르면 안에 있는 액체가 알맞게 나왔다. 처조카는 능숙하게 그 통 안에서 액체를 짜내어 손에 묻히면서 영안실 직원에게 확인한다.

"알콜이지요?"

"네!"

나는 멀거니 쳐다봤다. 나는 손을 씻지도, 알콜을 묻히지도 않았다. 나오면서 영안실 직원에게 생각난 듯이 물어봤다.

"아까 낮에 보니 은종이 바지가 축축하게 젖어있었는데 왜 그래요? 알콜을 뿌렸던가요?"

"아닙니다! 사람이 숨을 거두게 되면 모든 혈이 열리거든요. 그래서 대소변을 봅니다. 아드님도 아마 소변을 봤을 겁니다. 그래서 바지가 축축했던 것 같아요!"

은종이가 그랬구나!

자식을 먼저 보내고도 잠이 왔다

밤이 이슥해졌다. 자정을 넘긴 시간인데, 은종이가 결행한 날 사무실에서 야간 근무를 했던 주임이 손에 술병 하나를 들고 은종이 영정 앞에 앉은 나에게로 다가왔다.

"사장님! 제가 도저히 잠을 이룰 수가 없습니다. 은종이가 왜 하필 내가 사무실에서 당직 근무를 하고 있는 시간에, 10미터도 안 되는 숙직실에서 그렇게 했는지 모르겠어요! 도무지 마음을 잡을 수가 없습니다!"

괴로운 듯 술병을 입에 댄다.

내가 얼른 안주 접시를 몇 개 가져오도록 했다. 술을 연거푸 마시면서 그날 있었던 일을 대충 말해 준다.

은종이가 여섯 시에 퇴근을 하고 읍내로 혼자 나갔다가 밤 열시 쯤 들어오는데 피자 두 판을 사들고 와서 한 판은 사무실에서 야근하는 직원들 먹으라고 내놓고, 한 판을 들고 자기 방으로 들어가더라고 했다. 은종이가 준 피자를 먹고 있는데, 은종이가 한 삼십 분쯤 후에 사무실에 반바지 차림으로 다시 오기에, 왜 안자고 나왔냐고 했더니 씩 웃으면서 사무실 옆 창고에 들어가서 비닐 끈 롤을 들고 숙직실로 들어갔다고 했다.

그날은 비가 조금 내리고 바람도 제법 불었다고 한다. 새벽 한 시쯤 어디선가 나무가 쓰러지는 듯한 소리가 들렸었다고 했다.

"쿵!"

그 소리가 무슨 소린가 하고 밖을 나가봤지만 아구 일이 없어서 다시 사무실로 들어왔다고 했다. 그리고 아침 교대 시간에 자기는 퇴근을 했는데, 집에서 막 쉬려고 하는데 연락을 받았다고 했다.

내가 말해 줬다.

"나는 당신이 참 고맙다. 당신이 사무실에 있을 때 은종이는 아마도 마음이 편했던가 보다! 그러니 내가 당신에게 고마워해야 맞다! 내 아들이 가는데 가장 가까운 거리에 있었다니 내가 고맙다. 행여 깨름직한 생각이 든다면 털어버려라!"

"내가 목사이지 않냐?"

"앞으로 그런 마음이 들거든 하나님께 기도를 해라! 아직 예수를 믿지는 않지만, 기도해라! 나도 당신을 위해 기도하겠다!"

그 직원의 손을 잡고 기도해 줬다.

한 시간 쯤을 그렇게 이야기를 나눴다.

"은종이가 참 단순하고 착한 애예요! 나에게 장난을 잘 걸었어요! 녀석이 심심하면 도장에 인주를 잔뜩 묻혀서 내 팔뚝에 딱 찍고는 깔깔거리면서 달아납니다. 나에게 장난을 거는 겁니다! 그러면 제가 '은종이 이 놈!' 하면서 함께 웃고 했습니다. 그렇게 단순하고 착한 애인데 이런 일을 저지르다니 도무지 이해할 수가 없습니다!"

아빠인 내가 모르는 은종이의 단면을 그 직원은 많이 알고 있었다.

그 직원은 은종이가 힘들어 하는 것을 알고 있었다고 했다. 듣지 못하면서 듣는 사람들 틈에서 견디려니 얼마나 힘들었겠냐고 말해 준다. 은종이가 그런 스트레스로 인해 무척 힘들어 하는 것을 옆에서 지켜보면서도 사장인 나에게 차마 말해 줄 수 없었다고 했다. 또 한편으로는 힘들기는 하지만 은종이가 잘 견디는 줄 알았다고 했다.

그 직원이 고맙기도 하고 미안하기도 했다. 그 직원이 가고 나니 장례식장은 적막강산이 되었다. 멀리서 온 친척들은 길 건너 모텔에 투숙했고, 은종이 친구들도 모텔에서 잠을 자도록 했다. 장례식장에는 우리 식구와 장례식장 직원만이 남은 것 같았다. 아내와 보람이를 유가족이 머무는 방에 들여보내고 나는 은종이 영정 사진 아래 길게 누웠다.

"하나님 뭐가 뭔지 모르겠습니다. 그러나 오늘 하나님께서 들려주신 음성 잘 새겨두겠습니다. '은종이 장례식으로 치러라!' '지난 26년을 돌아 보거라!' '너는 은종이의 최종 선택을 부끄러워하지 말거라!' 이 세 마디를 잘 새기겠습니다! 하나님!"

그렇게 기도하면서 나도 모르게 스르르 잠이 들었다.

깨어 보니 초여름 새벽 어스름이 걷히고 있었다. 벌떡 일어나 영안실 쪽으로 갔다. 영안실 출입문 앞에 턱이 진 경사가 있었다. 나는 거기에 쪼그리고 앉았다. 내 등 뒤 2~3미터 안에 은종이가 있었다.

'은종아 시릴 터인데! 아빠가 너를 어떻게 따뜻하게 덥혀주랴?'

한 참을 그렇게 앉아 있었다.

날은 이미 밝아온다. 길 건너 모텔에서 잠을 자고 장례식장으로 건너온 서울의 큰 형님이 쪼그리고 앉아 있는 나에게 다가오더니 이것저것 일상적인 질문을 한다. 내 마음을 돌려놓으려는 듯.

네가 목회 하고 안하고는 내가 결정한다

둘째 날이었다. 언제 세워놓았는지 대형 화환 세 개가 눈에 띈다.

'애들 장례에도 이렇게 대형 화환을 보내는 경우도 있나?'

아들 장례식이지만 내 안에 든 생각이다.

한 개는 은종이가 졸업한 체육고등학교 친구들이 세웠다. 또 한 개는 옛 직장 동료가 보내온 것이었다. 누구보다 심정적으로 두터운 교분을 나눴던 동료이다. 세 번째는 처가 쪽 사촌 처남이 보내왔다. 그는 공무원으로 시작하여 지금은 정부투자기관 본부장이 되어 있었는데 화환 한 쪽 리본에 "○○ 공사 본부장 아무개"라고 큼지탁하게 쓰여 있다. 여러 생각들이 겹쳤다.

나라면 이런 장례에 이런 화환을 보냈을까?

사실 아내와 보람이를 데리고 이곳으로 출발하면서 나는 가족에게만 알리고 이틀 장으로 얼른 마무리하려고 마음먹었었다. 어린 시절 동네에 이와 유사한 일을 보았는데, 마을 어르신들이 시신을 가마니에 둘둘 말아 지게에 지고 산으로 들어가 적당한 곳에 묘도 쓰지 않고 묻었다는 소문이 돌았었다. 그러니 은종이가 내 사랑하는 아들이지만 나도 그럴 수밖에 없다고 생각했었다.

둘째 날에는 입관예배가 있었다.

곱게 베옷을 입은 은종이!

수의도 젊은이라 해서 소매 끝단, 발목 대님 부분 그리고 동정에 채색이 들어가 있었다. 수의는 고왔지만 은종이 얼굴은 붉게 상기되어 있었다. 망설여지기도 했다.

'은종이의 변색한 얼굴을 드러내고 예배를 해야 할까?'

그러나 정해진 순서였다.

아내의 친정 식구들도 함께 들어갔다. 예배를 진행하는 목사님을 내가 위로해야 할 만큼 안타까움으로 설교를 하신다. 나는 은종이의 얼굴에 자꾸 신경이 쓰였다. 아무래도 안 되겠다 싶어서 내가 뒷주머니에서 손수건을 꺼내 은종이 얼굴을 덮어주었다.

'은종아, 아빠 손수건이다! 이거 가지고 가거라!'

예배를 마치고 영안실 직원에게 손수건을 걷어내지 말고 그대로 두라고 당부했다. 내가 덮어준 손수건 위로 수의가 감싸졌다.

나는 은종이 영정이 마음에 걸렸다. 급작스레 내 핸드폰에 저장된 이미지를 크게 확대했기 때문에 사진이 엉성했다. 나는 동생에게 부탁하여 집에 걸려있는 은종이 졸업사진을 가져오도록 하여 교체했다. 영정을 교체하고 돌아서는데 막둥이 동생이 다가온다.

"형 사진을 좀 찍겠습니다!"

미국에 있는 동생이 이곳까지 올 수는 없으니, 내 모습을 찍어서 보내달라고 했단다. 미국에 있는 동생은 바로 내 아러 아우고, 사진을 찍겠다는 동생은 막둥이다. 친형제들이니 꺼릴 것은 없지만, 이런 때 내가 어떤 표정을 지어야 하는지 난감하다. 지금까지 그 사진을 나는 보지 못했다.

둘째 날도 분주하기는 마찬가지였다. 목사님들이 어울려서 조문을 올 경우 나는 예배를 청했다. 그리고 꿇어앉았다. 나는 아직도 그분의 대답을 더 들어야 했다. 이제 나는 어떻게 삶을 헤쳐 나가야 하는지 나는 알 수 없었기 때문이다. 지금까지 앞으로 내가 어찌해야 할지 세 가지 대답은 들었다. 그러나 중요한 한 가지가 남아 있다. 그날은 목요일이었으니 이틀이 지나면 주일이다. 나는 주일 예배를 준비하고 이끌어야 한다.

'과연 주일 예배 설교가 내 몫이 될까?'

내가 속한 지방회 목사님들의 공식 조문 예배가 끝나고 모두 돌아가셨다. 그런데 이 예배에 바빠서 참예치 못한 목사님 한 분으로부터 전화가 왔다. 나보다 한 살 위이고, 고등학교 졸업 후 곧장 신학대학으로 진학하여 목회하는 분으로 아버님도 목회자이셨다.

"목사님! 제가 꼭 그곳에 갔어야 하는데, 피치 못할 사정이 있어 못 갔습니다! 죄송해서 전화라도 드려야겠다 싶어서 전화했어요!"

"아닙니다! 목사님! 애들인데요 뭐!"

"목사님! 잘 추스르고 장례식 잘 마치도록 기도하겠습니다!"

이 말 끝에 내가 질문을 했다.

"목사님! 내가 앞으로도 계속 목회를 할 수 있을까요?"

내가 왜 이 질문을 그 목사님에게 했는지 나도 잘 모르겠지만, 어쨌든 그 말이 내 입에서 나오고 말았다.

'힘 내셔서 열심히 하셔야지요! 늦게 시작한 목회인데요!'

아마도 이런 대답을 나는 기대하고 있었는지도 모른다.

그런데 목사님의 대답은 뜻밖이었다.

"목사님! 그건 아무도 모르지요! 목사님이 목회를 계속하고 안 하고는 오직 하나님만이 아십니다!"

참 까칠한 대답도 다 있다 싶었다.

어쩌면 목사란 분들은 이렇게 대답을 할까?

마음에 서운한 생각이 일기도 했지만, 은종이 뉘어놓고 그런 생각을 더 이어나가는 것은 사치스럽고 맞지도 않다.

"잘 알겠습니다! 목사님! 고마워요!"

전화를 끊으면서 속으로 되뇐다.

'고맙긴 …!'

그리고 분주하게 둘째 날을 보내고 있었다.

참으로 많은 분들이 와 주었다. 그러나 고향 마을 사촌 동생은 끝내 모습을 보이지 않는다. 은종이 묘를 선산에 쓰면 어떻겠냐고 물었던 고향 지킴이 아우였다. 다른 사촌들이 내가 궁금해 하고 있음을 알았는지 대신 대답해 준다. 최근에 집을 새로 지었다고 했다. 새 집을 사거나 지으면 두 해쯤은 초상집 출입을 금하는 것이 보통이라고 했다.

예수 믿으면 참 지킬 것이 많다. 예배에 참석해야 하고 교회 행사에 참석해야 하고, 소그룹 모임에 들어서 교제를 나누라고 권면한다.

예수 안 믿으면 이런 번거로움이 없을까?

듣고 보니 집을 새로 지었다고 이태동안 상가 출입을 금하는 것은 여간한 일이 아니었다. 나중에 안 일이지만 중장비를 운전하는 집안의 친척 한 사람은 처음에는 은종이가 교통사고로 사망한 줄 알고 장례식장에까지 아내와 함께 왔다가, 장례식장에 다 왔을 때 자세한 사정을 듣고는 이내 차를 되돌려 갔다고 했다. 살아간다는 것은 그냥 되어지는 것이 아니다. 하나님을 믿든, 토속 신을 믿든, 자기 자신을 믿든지 간에.

나는 하나님을 믿고 사는 목사다. 어쨌든 나는 하나님의 메시지에 귀 기울여야 했다. 둘째 날의 해도 아마 중천에서 기울었나보다. 우리 부부에게 그래도 식사는 해야 되지 않겠냐고 몇 번 권하다가 물이라도 마시라고 생수 병을 옆에 놓아두고 저쪽 테이블에 친척들이 모여 점심을 먹는다. 은종이와 함께 근무하는 직원들은 수시로 다녀갔다. 오전에 갔다가 오후에 또 오기도 하고, 시간을 내어 잔심부름을 해 주기도 했다.

고마웠다.

둘째 날 자정 무렵 사람들도 뜸한 장례식장 안으로 죽마고우 친구 목사가 왔다. 서울에서 목회를 하는데 나처럼 늦게 목사가 되었고, 나와는 목회 영성이 사뭇 다른 친구이다. 이 친구 목사는 신령한 것을 좋아했다. 귀신을 다루고 축귀를 한다. 언젠가 내 발에 무좀이 있어서 발가락 양말을 신은 것을 보더니 그 자리에서 기도를 해 줬던 목사이다. 친구가 장례식장 안으로 들어서더니 아무 소리 안하고 은종이 영정 앞으로 가 섰다. 아내와 내가 옆에 서 있었다. 묵념을 마치고 돌아서면 인사를 나눈다. 그런데 한 참을 서 있다.
 '이 친구 또 무슨 소리를 하려고 이렇게 뜸을 들이나?'
 속으로 생각하면서 기다렸다. 5분까지는 안 되었지만 한참을 서서 기도하더니 돌아선다.
 "와! 나 지금까지 환상을 무척 많이 봤지만, 이렇게 좋은 환상은 처음 보네! 은종이가 환한 얼굴로 가운데 웃고 있는데 그 옆으로 얼마나 아름다운 꽃들이 둘러 쌓여 있는지! 이렇게 멋지고 희한한 환상은 처음 봤어! 정말이야! 꽃들도 그렇게 아름다운 꽃은 첨 봐! 은종이 녀석 얼굴이 어찌 그리 환한지, 싱글벙글하는 거야! 은종이 좋은 데로 갔어! 진짜야!"
 아내도 옆에서 그 소리를 다 들었다.
 나는 그 소리를 듣고 웃으면서 맞이했다.
 "와 줘서 고맙다! 이 먼 길을! 어떻게 왔어?"
 "어떻게 오긴 차 몰고 왔지! 신나게 밟았지 뭐!"
 "그래 고마워! 이리 앉아!"
 은종이 이야기며 늦게 시작한 목회 이야기를 나누다가 새벽 한 시를 넘겨 장례식장을 나섰다.
 그 시간까지 술에 잔뜩 취하여 꽃을 한 양동이 가득 담아 와서 영정 주변에 꽃을 촘촘히 꽂고, 조금 시원치 않다 싶은 것은 빼내어 따로 담는 사람이 있었다. 이 친구는 화훼를 하다가 태풍으로 비닐하우스를 모두 날리고, 신용불량자가 되어 이리 저리 떠돌다가 내가 운영하는 회사에까지 흘러오게 되었다. 두어 달 전 그때도 술에 대취하여 교회 사택으로 나를 찾아왔었다.
 "사장님, 은종 씨로 인하여 다른 사원들이 힘이 듭니다!"

술김에 내 앞에서 무릎을 꿇고 앉아서 말했다. 그 말하고 불과 얼마 안 되어서 은종이가 떠나서였는지, 영정 주변의 꽃을 매만지면서 훌쩍거리곤 했다. 나는 그도 위로해 주어야 했다.

"마음에 담아두지 말게! 자네가 솔직하게 얘기해 주니 고마울 따름이지!"

다시 어제처럼 적막에 휩싸인 장례식장. 은종이 영정 앞에 드러누웠다. 다음날 아침 일찍 발인예배를 하고 화장장으로 향해야 한다. 은종이가 떠난 슬픔을 내가 누리기에는 아직 이르다. 누워서 생각한다. 아까부터 어디선가 들려오는 소리에 귀를 기울여본다. 네 번째 음성인 셈이다.

"네가 목회를 하고 안하고는 내가 결정한다!"

그러고 보니 불참해서 미안하다고 전화해 준 그 목사님과 통화한 이후에 이명처럼 들리기 시작한 음성이었다. 내가 미처 응답을 하지 않으니 꿀벌 소리처럼 귓가를 잉잉거렸다. 텅 빈 장례식장. 은종이 영정 앞에서 슬며시 일어나 무릎을 꿇었다.

"무슨 소립니까?"

"네가 목회를 계속하느냐 마느냐는 내가 결정한다! 결정권이 너에게 있지 않다!"

"무슨 뜻인지 알겠습니다! 순종하겠습니다! 앞으로 은종이 핑계대고 설교를 못하겠다든지, 예배 인도를 못하겠다든지 하지 않겠습니다. 교회의 목회 일정에 어긋남 없이 따르겠습니다. 하나님이 멈추라 할 때까지 하겠습니다! 알겠습니다! 하나님!"

그리고 또 잠이 들었다.

나는 어쩌면 이렇게 잠을 잘 잔단 말이냐?

됐어요? 이제 가도 돼요?

　장례식장의 파장은 참 황량하고 쓸쓸했다. 은종이가 가진 젊음과는 사뭇 달랐다. 은종이 염을 할 때 내가 영안실에서 입회했다. 수의 바짓가랑이 속으로 들어가는 은종이의 튼실한 다리를 바라보면서 이 녀석의 종아리를 바라보는 것도 이것이 마지막이려니 생각했다. 눈물은 흘리지 않았다. 아빠의 손때 묻은 손수건을 얼굴에 덮어쓰고 은종이는 꽁꽁 묶였다.

　'그래, 은종아! 아빠 냄새 나지? 좋아?'

　'아빠가 지금 너에게 줄 수 있는 손수건이라도 있어서 다행이다.'

　'그렇지?'

　'에이! 아빠 냄새 별로예요!'

　씩 웃어주는 모습이 그려졌다.

　은종이는 말끝을 언제나 바닥으로 내린다.

　'그걸 내가 왜 해요?'

　'그래서 결론이 뭐예요?'

　'됐어요? 나 이제 가도 돼요?'

　말은 이렇게 하면서도 말끝은 아래로 향했다.

　그럴 때마다 나는 늘 아쉬웠다. 아빠로서 해 주고 싶은 이야기가 산더미인데 은종이는 언제나 결론을 재촉했으니까. 그런데 이 녀석이 오늘은 진짜로 말한다.

　"이제 됐어요?"

　"나 지금 가도 돼요?"

"글쎄다!"

발인예배를 마치고 은종이가 2년 가까이 근무했던 아빠의 회사 마당을 향했다. 거기를 한 바퀴 돌아서 화장장을 향하기로 했다. 내가 결정한 것이 아니라 회사 동료들이 그렇게 하자고 해서 내가 그러자고 했다. 사무실 앞에 장의 버스가 멈추고 관을 내려 덮었던 덮개가 위로 올라갔다.

"은종아!"

나직이 부르면서 눈물을 떨군다.

은종이 관을 덮은 하얀 천에 재봉 실밥이 달려있다. 가까이 가서 그것을 떼 낸다.

'아빠가 이제 은종이를 위해서 해 줄 수 있는 것이 무엇이냐?'

직원들이 나를 부축하고 숙직실로 데려갔다.

그 현장에서 목사님이 성경 한 구절을 읽고 기도를 하는데, 내가 들어갔을 때는 기도를 하고 있었다. 그렇게 노제를 하고 화장장으로 출발했다.

아내와 보람이와 나는 은종이와 조금이라도 더 가까이 있고 싶어서 장의 버스에 탔다. 장의 버스 안을 돌아보니 은종이와 같이 근무했던 사원들이 동승하고 있었다. 선도 차량에서 영정을 든 은종이 친구는 서울구화학교 때부터 같은 반 친구였다. 은종이에 비해서 청력도 조금 더 좋았고, 그만큼 발음도 좋았다. 고맙게도 그때 친구들 두어 명이 장례식에 와서 하룻밤을 자고 화장장까지 동행해 주고 있다.

버스는 내가 평소에 알지 못하는 우회 도로로 가고 있었다. 한 달에 한 번씩 사무실에 갈 때 다니던 길이 아니라서 잠시 어리둥절했다. 그러나 이 장례를 돕는 이들이 많으니 제대로 가겠거니 하고는 버스에 앉아 있었다. 도착하여 예약된 시간에 은종이가 화구에 들어갔다. 그리고 대기실에서 예배가 시작되었다. 어제 새벽에 서울로 올라간다던 친구 목사가 화장장에 다시 왔기에 예정된 분에게 양해를 구하고 친구에게 설교를 부탁했다.

예배가 진행되는데 박사과정 세미나에서 함께 공부하는 목사님 두 분이 화장장으로 왔다. 아침에야 문자를 보냈기 때문이다. 연락해야 할 사람들이 한 번에 모두 생각나면 좋았겠지만 오늘 아침까지도 연락을 못 드린 분들이 떠올라서 문자를 보냈다. 내 장례식이 아니라 은종이 장례식이었기 때문에.

예배 마치자마자 그분들과 인사를 나누었다.

"목사님! 와 줘서 고마워요!"

한 분과 악수를 나누다가 내가 드디어 폭발했다. 그 목사님과 포옹하면서 절제했던 비통의 벽이 허물어졌다.

"목사님! 미안해요!"

왠지 그렇게 말하면서 내가 곡성을 토해 내기 시작했다.

그 목사님도 말없이 나를 포옹하고 있었다.

나이는 나보다 한참 아래지만 박사과정 세미나에서 진지한 신학적 성찰을 하면서 서로 간에 진한 교감이 오고갔던 것일까?

은종이 보내면서 가족이 아닌 분을 끌어안고 눈물샘을 터뜨린 첫 번째 목사님이다.

그 와중에도 내 바로 위 형님이 부지런히 내 의견을 물어 결정하여 일을 추진하고 있었다. 납골당은 두 곳이 있었다. 오래 전에 지은 실내 납골당이 화장장 바로 곁에 있는데 거기는 옹색하니 얼마 전에 지은 야외 납골당이 있다고 했다. 형님이 다녀오셨는데 아무래도 거기가 낫지 않겠냐고 권하신다. 알았다고 형님이 결정해 주시면 그대로 따르겠다고 할 수 있을 뿐이었다.

화장 시간이 거의 다 되어 가는데, 기독교 TV방송을 통해 설교를 하셨고 나와 이메일로 친교를 하다가 나중에는 내가 설교 모니터링을 해 드렸던 목사님이 황급하게 화장장 안으로 들어섰다.

> 은종이가 그저께 스스로 하늘나라로 갔습니다. 은종이 중학교 때 태릉 사격장에 시합하러 갈 때 내가 데리고 가서 목사님의 기도를 받았던 그 녀석입니다. 오늘 발인합니다.

이렇게 보낸 문자를 보고 서둘러 와 주었다. 그러고 보니 은종이 장례식에 와 주어야 할 분들이 얼추 다 와 주셨다.

화장이 끝났다고 보호자를 찾았다. 나와 아내가 창구로 다가갔다. 유골함에 담긴 속내를 보여 주면서 은종이 이름표를 확인시켜준다.

"맞지요?"

"네 맞습니다!"

확인해 주자 뚜껑을 덮고 보자기로 잘 싸매어 우리 쪽으로 내민다. 내가 유골함을 당긴다.

"당신이 들지 말고 다른 사람 시켜요!"

아내가 어떤 걱정이 들었는지 나에게 말했다. 내가 잠시 쭈뼛거렸다.

"아버지가 들어줘야지요!"

유골함을 내 주는 화부가 권했다.

'그래, 맞아, 내가 들어야지 누가 들어?'

나는 은종이 유골이 든 자기 항아리를 끌어당겨 안았다.

납골당은 불과 5백여 미터 거리였는데 모두가 버스를 타고 함께 이동했다. 처음 보는 시설물 앞에 버스가 멈추어 모두 내렸다. 은종이 친구가 영정을 들고, 나는 은종이 유골함을 들고 계단을 오른다. 이미 7월에 접어든 햇살이 따끈따끈했고, 대리석 계단에는 비늘처럼 운석이 붙어서 햇볕을 반짝이고 있었다. 영정을 든 은종이 친구 녀석이 듬직하게 느껴진다. 그 뒤를 따라 올랐다. 유골함을 안장하기 위하여 시설공단 직원이 미리 준비하고 있었다. 은종이가 들어갈 곳은 맨 아래층이었다.

속으로 중간쯤이면 더 좋았을 것을 하는 아쉬움이 들었지만 형님의 결정을 따른다. 나는 어려서부터 둘째 형의 이야기를 잘 들었다. 나는 신 음식을 싫어해서 잘 먹지 않았는데, 둘째 형은 신 김치를 좋아했다.

"신 것을 잘 먹어야 힘이 세!"

둘째 형은 신 김치를 맛있게 먹으면서 나에게 말해 주곤 했다. 나는 그 말을 들은 이후 평생 신 음식을 먹으려고 노력해 왔다.

봉안예배 중에 서울에서 황급히 내려오신 목사님의 기도를 내가 청했다. 은종이가 중학교 사격부에 있을 때 은종이 머리를 가슴에 안고 기도해 주시던 그때처럼 기도를 해 준다.

2박 3일 일정의 은종이 장례식은 그렇게 끝을 맺었다. 모두들 흩어지고 우리 형제들이 교회 사택으로 왔다. 조위금 정산 내역을 둘째 형으로부터 듣고 남은 조위금을 받아서 형님과 아우님들, 조카들에게 수고비로 내 딴에는 듬뿍듬뿍 봉투에 담아드렸다. 옆에서 쳐다보고 있는 아내를 흘깃 보면서 탄식의 한마디를 했다.

"자식 내다 버리고 이깟 돈 있으면 뭐해?"

전혀 새로운 세상

2박 3일의 은종이 장례식이 모두 끝났다. 형제들도 모두 돌아갔다. 이제 집에는 세 식구가 남아서 정리할 일만이 남았다. 장례식에 썼던 영정을 누군가가 교회 안에 놓아두었다. 영정을 보고 내가 두 손으로 가슴에 안았다. 액자는 내 가슴보다 컸다.

은종이를 내 가슴에 품기에는 은종이가 너무 컸던 것일까?

은종이가 집에서 회사로 오갈 때 쓰던 가방도 있어서 열어 보니 그 안에 은종이 유품이 들어있었다. 영안실에서 은종이가 입고 있던 옷을 벗겨서 넘겨받았었나 본데, 그것을 형제 중의 누군가가 집 옆 공터에서 태웠다고 했다. 내가 가보니 다 타고 한 가닥 가늘지 연기가 솟아오르고 있었고 타고 남은 재는 마치 프라스틱을 태운 것처럼 작게 오므라들어 있었다.

어느덧 어둠이 내려앉고 있다. 대충 정리를 마치고 샤워를 하고 거실 바닥에 방석을 깔고 앉았는데 머리끝부터 발끝까지 온 몸이 저릿저릿하면서 마치 발이 저린 것처럼 온 몸이 저렸다. 거실 등불이 필요 이상으로 밝았고 나의 생각도 현실감이 전혀 없이 얄궂기만 했다. 세상의 모든 시선이 나를 향하는 것 같다가, 모든 시선이 나를 외면하는 것 같기도 했다. 내가 주인공인 것 같았다가 철저히 잊혀진 배우 같다는 느낌도 들었다. 내 몸이 붕 뜬 것 같기도 해서 방석을 붙잡아 본다.

무엇을 어떻게 해야 할까?

그런 중에서 은종이는 이제 예전의 은종이가 아니라는 점이 어렴풋이 느껴지고, 꿈에서조차 상상해 볼 수 없었던 상황에 처했음이 감지되면서 이 상황을 헤쳐 나가야 할 상처 입은 작은 배의 선장은 나라는 자각만이 현실로 여겨졌다. 아내와 보람이도 각자 정리할 것을 정리하고 샤워를 하고 있었다. 아내와 보람이가 얼추 정리가 끝난 듯해 보여 내가 불러 앉혔다.

"여보! 울음소리가 밖으로 나가는 것은 조심하는 것이 좋을 것 같아! 그러니 집에서는 울지 말자고! 보람이도 알았지?"

보람이가 이해할 수 있도록 입 모양과 손짓을 섞어가면서 이야기 해 줬다.

아내와 보람이를 바라보고 있는 나는 두려워하고 있었다. 특히 보람이가 불안했다. 보람이는 은종이와 여건이 비슷하다.

은종이의 선택에 대하여 아빠인 내가 만분의 일의 가능성이라도 있었다고, 미리 한 번이라도 생각했다면 나는 은종이를 붙잡을 수 있었다. 그러나 꿈에서도 상상 속에서도 오늘의 현실은 나에게 전혀 뜻밖이었기 때문에 이제는 모든 가능성을 다 예상하지 않으면 안 될 것 같았다. 보람이도 나에게는 두려웠고 아내도 두려웠다. 그리고 나 자신도 두려움의 대상이 되고 말았다.

이 두려움에서 벗어나는 길은 무엇일까?

두 사람을 내 시야 밖으로 내보내지 않아야 했다. 그리고 나도 아내와 보람이의 시선에 묶여 있어야 했다.

"보람아! 앞으로 매일매일 저녁 식사 후에 아빠랑 엄마랑 보람이랑 셋이서 가정예배를 드리자!"

"어때? 그렇게 하는 것이 좋겠지?"

보람이도 위기의식이 있었던지 알았다고 고개를 끄덕인다. 아내도 마찬가지였다. 넷에서 셋으로 줄어든 가족 공동체는 서로가 서로를 자기 시야로 한정하고 가두어 두는 것이 일차적인 대책이었다. 나는 그 일환으로 매일 저녁 가정예배를 시작했다.

목회자라면 가정예배는 기본이다. 그러나 보람이 은종이와 예배하기는 참으로 어려운 과제였다. 내가 아이들 어렸을 때 훈련시키지 못한 게으름과 나태함에서 비롯한 결과이다. 아이들이 아빠 손아귀에 있었을 때 자연스럽게 가정예배 훈련을 시켰어야 했는데 그러지 못했다. 아이들이 머리가 굵고 나서, 나나 아내가 가정예배 드리자 하면 주일날 했는데, 교회에 갔다 왔는데 왜 또 하냐고 하면서 자기들 방으로 들어가 버린다. 그러면 다시 불러내지 못했다. 아내도 늘 이점을 불만스러워하고 있었다. 그런데 한 사람 궐이 나고서야 본격적으로 시작하게 되었다. 은종이 없는 첫 밤은 그렇게 깊어 갔다.

God is not silent

제7부

/

고난을 기쁘게 여기라 [1]

---

[1] 제7부에서 저자는 경어체를 구사하면서 하나님께 탄원한다. 그리고 먼저 하늘나라로 떠난 아들 은종이에게 차마 다 하지 못한 이야기를 건넨다.

네가 이래도 고난을 기쁘게 여길 수 있겠느냐?

은종이를 회중석에 앉히고 드린 마지막 예배에서 저의 설교는,
"고난을 기쁘게 여기라!"(벧전 4:12-13)였습니다.

> 사랑하는 자들아 너희를 연단하려고 오는 불 시험을 이상한 일 당하는 것 같이 이상히 여기지 말고 오히려 너희가 그리스도의 고난에 참여하는 것으로 즐거워하라 이는 그의 영광을 나타내실 때에 너희로 즐거워하고 기뻐하게하려 함이라(벧전 4:12-13).

그랬더니 하나님이 은종이를 데려가셨습니다.
나에게 엄청난 고난을 주셨습니다.
"네가 이래도 고난을 기쁘게 여길 수 있겠느냐?"
아마도 제가 생애 중 겪을 수 있는 고난 중에서 초고강도입니다.

장례 후 첫날 토요일 아침, 시들어가는 강대상 꽃꽂이 속에서
작은 해바라기 한 송이 뽑아 은종이에게 들고 갔습니다.
노란 해바라기와 실버 벨 예은종
제가 지금까지 은종이에게 선물한 것 중 가장 정성을 담은 꽃입니다.

하나님은 저의 품을 넓게 하라 하셨습니다.
보람이와 은종이를 선물로 주셨습니다.
장례 마치고 은종이 영정 가슴에 품고 기도하다 알았습니다.
은종이를 품어주기에는 저의 가슴이 너무나 옹색했습니다.
그러나 이것은 핑계이지요!

감사해요 하나님!
26년이나 은종이를 저에게 허락해 주셨잖아요.
대답을 버린 은종이를 끌어안고,
"은종아 미안해!" 통곡하다가 알았어요.
은종이와 같이 지낸 꿈같은 26년이 행복이었어요.
은종이는 축복이었어요. 그리고 은종이는 천사였어요.

하나님 고마워요!
저는 은종이를 잊기 위한 노력은 하지 않을 겁니다.
아마도 그것은 무망한 것일 테니까요.
은종이를 충분히, 많이 생각하겠습니다.
은종이가 축복이었음을 또, 앞으로도 영원히
축복의 통로임을 확인하겠습니다.

"고난을 기쁘게 여겨라!"
"어찌 그리 할 수 있습니까?"
"그럼 네가 어찌 할 건데?"

"슬퍼하고, 비통하니 어찌합니까?"

"세상이나 원망해 볼까요?"

"너는 이미 한번 그렇게 한 적이 있지 않느냐?"

"언제요?"

"내가 너에게 보람이와 은종이를 청각장애아로 주었을 때 말이다."

"그때는 그랬지요"

"그랬더니 좋았더냐?"

"나만 손해 봤잖아요?"

"그래서 수그리고 하나님께 왔잖아요?"

"그런데 또 고난입니까?"

"그래도 네가 나를 사랑할 수 있는지 보겠다."

"저도 같은 실수 두 번 하지 않겠습니다. 이번에는 세상으로 향하지 않겠습니다."

"그럼 어찌 할 테냐?"

"그럼에도 하나님을 변함없이 사랑해야지요!"

"두고 보리라!"

"하나님 좀 살살 해 주세요."

"알았다."

"감사해요, 하나님. 은종이를 부탁해요"

"허허, 그거야 내가 알아서 하니, 염려 말거라"

"하나님, 감사해요, 그리고 은종이에게 '아빠가 미안하다'고 꼭 전해 주세요."

"은종이는 이미 알고 있지, 너의 마음을!"

나도 아버지입니다!

　은종이 보내고 두 번째 주일 예배입니다. 지난주에는 찬송하다가 울먹이고, 설교하다가 한동안 말을 이어가지 못했습니다. 오늘 예배 시작 전, '나의 하나님 나의 하나님 나와 함께 하신 하나님'으로 시작하는 복음성가를 불렀습니다. 곡조도 그렇고 가사 내용도 그렇고, 지금 제대로 부르기에는 좀 이른 감이 없지 않은 곡이었습니다. 한 번을 그런대로 성도님들과 함께 불렀습니다. 그리고 짧게 간증을 했습니다.

　은종이를 그렇게 보내고 나서, 아내에게는 일말의 불안감이 있었나 봅니다. 기독교에서 전통적으로 가르쳐 온 교리에 의하면, 사람이 스스로 떠난 경우 구원을 확신하지 못한다는 생각 때문입니다. 제가 그래서 하나님께 이렇게 기도를 드렸습니다.

　하나님!
　은종이에게 아버지는 하나님만이 아닙니다.
　저도 아버지입니다.
　은종이는 제 허리에서 나왔잖아요.
　'아 · 버 · 지.'
　한 글자도 틀리지 않습니다.
　하나님은 '하나님 아버지'이시고요,
　저는 은종이의 '육신의 아버지'입니다.
　하나님, 그러니 은종이 건을 다루실 때는,
　'하나님 나라 회의'에 저도 참석시켜 주시고요,

저에게도 발언권을 주시고,
저에게도 일정 부분 의결권을 주셔야 합니다.

'아 · 버 · 지.'
참으로 얼마나 벅찬 분이십니까?
하나님 아버지도, 육신의 아버지도 ….

이렇게 기도했다고 간증하고, 그 복음성가를 한 번 더 부르자고 했습니다. '나의 하나님 나의 하나님 나와 함께 하신 하나님~' 노래를 시작하는데,
"네가 이 곡을 끝까지 울지 않고 부를 수 있나 보자!"
"끝까지 울지 않고 부르면요?
저를 참석시키시고, 발언권, 의결권도 주시렵니까?"
반문하면서 불렀습니다. 울지 않고 잘 불렀습니다.
"예배를 끝까지 잘 진행하나 보자. 설교도 울지 않고 하는지 보겠다."
축도를 마치면서,
"하나님 저 울지 않았습니다."

하나님, 은종이는 고난이 많았어요. 하나님도 아시잖아요.
비장애인들이 한평생 겪음직한 고난을,
아니 그보다도 훨씬 많은 고난을 은종이는 겪었습니다.
주님도 아시잖아요?
그런 은종이가 하나님 앞에서 또 고난을 당하는 일은 없어야 합니다.

하나님, 은종이를 부탁합니다. 하나님!

네가 사랑을 아느냐?

하나님!
하나님이 나를 사랑하듯이
나도 은종이 사랑했어요.

하나님만 오래오래 사랑하시고,
나는 은종이 더 사랑하면 안 되나요?
왜 은종이 데려가세요?
하나님, 은종이 돌려주세요!
왜 하나님만 사랑하세요?

네가 사랑을 아느냐?
네가 사랑할 줄 아느냐?
네가 제대로 된 사랑을 했더냐?

스스로 뒤돌아봅니다.
'내가 은종이를 제대로 사랑한 것일까?'
오, 주여!

소나기라면 좋겠다 쏟아지는 눈이라면 좋겠다[1]

철이 들면서 눈이나, 비 오는 것을 좋아하는 자신을 발견했다. 장마철 불어난 강물, 무서운 소용돌이를 구경하는 것도 좋았다. 겨울이면 눈이 두툼하게 쌓인 신작로에 자동차 바퀴가 낸 자국을 따라 미끄럼 지치는 것도 좋았다. 그래서 주변 사람에게 여쭤본 적이 있다. 비 오면 좋으냐고, 그랬더니 꿉꿉하고 축축하고 뭐가 좋으냐고 되레 핀잔을 받았다.

그때부터 그 사람과 달리 나는 왜 비가 좋을까?

스스로 궁금해졌다.

어느 날 소나기가 억수같이 퍼붓는데, 창가 잔디밭 고랑으로 투명하게 내를 이뤄 흐르는 빗물을 바라보면서 원인 규명에 나섰다.

나는 이 비가 왜 좋은가?

그때 찾아낸 이유는 비나 눈이 나에게 안식을 준다는 사실이었다. 세상 사람들은 눈만 뜨면 치열한 경쟁의 마당에서 줄창 달음박질쳐야 한다. 그래야 남에게 뒤떨어지지 않는다. 그렇게 앞만 보고 달리다가 비가 오면 다들 우산 속으로 숨어든다.

'비 오는 날은 공치는 날.'

나는 우산 속에서 '공치는' 것을 즐기고 있었던 셈이다. 눈도 그렇다. 다들 멈춰 서서 일상을 접고 잠시 쉬게 된다. 억지일망정 그렇다. 나는 쉼을 갈망하고 있었다. 철이 들면서부터. 그러나 세월이 흐를수록 쉴 수 있는 짬은 줄면 줄었지 늘지 않았다. 내가 휴식하는 시간에 남들이 저만

---

[1] 이 글은 종합병원에서 원목으로 시무하는 목사님이 필자에게 병원교회에서 발행하는 책자에 실을 글을 하나 보내달라고 해서 적어 보낸 글이다.

치 앞서 갈 것을 생각하면 잠시도 틈을 가질 수 없었다. 그러나 비나 눈이 옴팍 쏟아지면 다들 멈춰야 한다. 그러면 안심하고 조금 쉰다. 그래서 비가 좋았다. 눈이 좋았다. 여기에 낭만을 곁들여 더 좋았다.

그러나 삶이 이런 것이라면 억울하다.

남들과 경쟁하느라 곁눈질 한 번 못하다가 삶의 끈을 놓아야 하는 것이라면, 도대체 살아가는 의미는 무엇인가?

요즘은 뱃속에서부터 경쟁이 시작된다. 태교부터 일류가 아니면, 일류 인생을 기대하기 어렵다고 극성스런 엄마들은 임신 전부터 설친다.

어쩌다 병을 얻어 병상에 누우면, 그 사람은 꼼짝없이 꼴찌이다. 그러니 마음이 편할 리 없다. 마음이 편치 못하면 회복에 도움이 되지 않을 것이다.

속에서 열불이 치솟으면, 어찌 건강을 되찾을 수 있을까?

병상 창 밖을 보면 여전히 자동차들은 쌩쌩 달리고, 사람들은 눈동자를 반짝반짝하면서 잰 걸음으로 달아난다. 그 대열에서 낙오되어 하얀 시트 위에 하염없이 누워있어야 하는 분들의 염려, 걱정, 근심이 눈에 보이는 듯하다.

한편 생각해 보면, 병의 원인 또한 무한 경쟁에서 비롯했지 싶다. 벌어먹고 살려고 끼니도 제때 챙기지 못하고, 충분히 잠도 못 자고, 스트레스가 쌓여도 적당히 풀어내지 못한 채, 내 분수에 넘치게 뛰다가 병이 왔을 것이다.

병환은 어쩌면 소나기 아닐까?

폭설이 아닐까?

모든 이들의 발을 묶는 소나기, 한 겨울 폭설, 그 속에서 오도가도 못하고 꼼짝없이 갇혔다고 여기고, 언젠가는 뚫리겠지 하는 느긋한 기다림이 병환을 얻은 이들에게 꼭 필요한 '당의정'일지도 모른다. 지금 앓고 있는 이 고통들이 소나기라면 좋겠다. 폭설이라면 좋겠다. 내남없이 쉬어가야 하는 ….

예수 믿었는데, 왜 이런 일이

>주 예수를 믿으라 그리하면 너와 내 집이 구원을 받으리라(행 16:31).

새벽기도를 마치고 일어서려는데, 이 말씀을 묵상하게 하셨습니다.
이 대목에서 저의 교만이 또 한 번 발동합니다.
'아니, 저를 어떻게 보시고 이 말씀을 주십니까?'
'이 말씀은 처음 예수 믿을 때 주시는 말씀이잖아요?'
'알겠습니다. 목양하면서 새 신자를 돌보라는 말씀으로 알겠습니다.'
그러나 이 말씀은 저에게 주시는 말씀이었습니다.

예수 믿고, 구원받는 것은, 한 순간에 확정이 되지만, 구원의 이루어짐은 그때 종결되는 것이 아닙니다. 우리가 육신을 가지고 있는 한 완전한 구원을 누리지는 못합니다. 완전한 구원은 우리가 육신의 몸을 떠날 때 받는 선물입니다. 육신을 갖고 있는 동안 구원의 기쁨을 맛보는 것은 불완전하고 부분적인 구원의 '맛보기'입니다. 그나마 구원의 '맛보기'는 '예수 믿음'이 언제나 전제가 되어야 합니다. 믿음이 약해지면 그만큼 구원의 누림도 약해집니다. 지금 저에게 필요한 것이 바로 '믿음'입니다.

한때 저는 '구원'이 완전한 모습으로 나에게 왔다고 착각하고 있었습니다. 하나님이 보람이와 은종이를 귀가 잘 안 들리는 아이로 주셨습니다. 저는 외쳤습니다.

'이것은 제가 받은 구원과 틀리지 않습니까?'라고 반발했습니다.

이렇게 반발한 것은 저의 과오였습니다. 오히려, 하나님이 주신 선물 보람이와 은종이의 구원을 구하는 믿음으로 나아가야 했습니다. 구원은 예수 처음 믿을 때 거쳐 가는 하나의 단계로서 끝나는 것이 아니었습니다. 삶의 전 과정, 순간순간 꼭 붙들어야 하는 말씀입니다.

"예수 믿었는데, 왜 이런 일이 일어납니까?"

이렇게 묻는 일은 합당하지 않습니다.

주님이 믿음을 주신 목적은 이후로도 올 수 있는 고난에 그때 받은 믿음으로 이겨내라는 뜻이 있습니다. 고마우신 주님께서는 은종이가 떠남으로 인한 고난의 때를 당한 저에게 주신 말씀입니다.

주 예수를 믿으라 그리하면 너와 내 집이 구원을 받으리라(행 16:31).

처음부터 다시 시작하라 하십니다!

주님!
믿음으로 설 수 있도록 도와주세요.
은종이 떠나보낼 때 주신 하나님의 말씀을 더욱 의지하도록 해 주세요.
순간순간 치솟는 슬픔의 포로가 되지 않도록 도와주세요.
제가 아비로서 베풀어 은종이가 누린 평강보다

하나님이 베푸시는 평강이 은종이에게 참 평안이 됨을 깨달아
안타까움, 슬픔, 애통이 평안이 되고 기쁨이 되게 해 주세요.
예수님 이름으로 기도합니다. 아멘.

삶도 인생도 제 것이 아니었네요?

지금까지 내 삶, 내 인생, 내 것인 줄 알았는데 이게 뭡니까?
내 것이 아니었잖아요? 하나님!
제 삶에 하나님이 일일이 간섭하고 계셨다는 증거인가요?
차라리 감사를 드리겠습니다!

장애인?
"당신은 장애인이군요! 후유~ 나는 아닌데!"
"어쩌다 장애인이 되셨나요?"
"나는 아닌데, 나는 반듯한데 …."
그랬더니 하나님은 나에게 장애인 자녀 둘을 주셨습니다.

자식을 가슴에?
어쩌다가, 어쩌면, 어떻게 하면, 어찌 그리 ….
당신은 자식을 가슴에 묻게 되었나요?
나는 아닌데, 나는 반듯한데, 우리 집안은 안 그런데,
그랬더니 은종이가 나를 앞섰습니다.

이제야 알았습니다.
내 삶, 내 인생, 내 계획대로 된 게 없습니다.
젊은 날의 푸르른 꿈들, 그대로 되지 않았습니다.
알겠습니다.
내 것이 아니었습니다. 내 인생이 아니었습니다.
삶이 내 것이 아니었습니다.

오늘 아침도,
국화 한 송이 '가슴'에 꽂으러 가는 길, 차 안에서

내 것이 아니었네요?
나는 소유가 없네요?
나는 가질 수가 없네요?
내 것은 하나도 없네요?

이제 걱정되는 것은,
내가 내 신분 망각하고
또 무언가 소유코자 할지 모를
언젠가의 나를 걱정합니다.
그런 나를 걱정합니다.
얼마나 더 부서져야 나를 깨달을까요?

주님!
제발 여기서 멈추어주시고
내가 나를 제대로 알았으니,
착각하지 않게,
망각하지 않게,
욕심내지 않게,
주제넘지 않게 ….

부디 저를 불쌍히 여기시고,
긍휼히 여기시고, 자비를 베풀어 주시옵소서!

은종이가 자동차에 주유할 때마다 알뜰살뜰 모아 종이 백에 넣어두었다가, 제 방 한 구석에 유품으로 남겨진 화장지도, 물 티슈도 이제 몇 장 남지 않았습니다. 주님!

은종아, 아빠가 미안해

넷이었는데, 셋이 되어, 넷이서 갔던 해변으로 여름휴가를 갔습니다. 은종이가 고등학교 다니던 시절 백사장에서 자동차 운전을 해 보고 싶다기에 해 보라 했던 그곳입니다. 오늘은 제가 운전하고, 아내는 옆에 타고, 뒷좌석에 보람이가 혼자 앉아 있습니다. 구불구불 포장된 농로를 따라갑니다. 그때 갑자기 하나님의 음성이 들립니다.

"지금 뒷좌석에 옛날처럼 은종이가 와서 앉아 있으면 좋겠느냐?"
"아니오!"
순식간에 질문과 답변이 이어졌습니다. 저는 깜짝 놀랐습니다. 저의 대답에 놀랐습니다.
'아니오'라니요, '아니오'라니요!
기습 질문에 허를 찔렸습니다. 이내 저의 변명이 줄줄이 이어집니다.
하나님! 은종이가 제 품을 벗어나기 전 그 상태로 되돌아가서는 아니 된다는 뜻입니다. 은종이 떠난 지 45일, 그동안 제가 얼마나 많이 깨닫고 변했는데요, 그것 다 물리고 과거로 회귀하는 것은 아니라는 말씀입니다. 제가 이만큼 깨닫고 변하고 새로워진 상태에서 은종이가 와야지요. 옛날처럼 그대로 은종이가 뒷좌석에 앉아 있으면 어떻게 합니까?
"그게 어떤 건데?"
듣지 못하는 아이들에 대한 부담감에서 아버지로서 단 한 순간도 자유로움을 누리지 못했습니다. 늘 불안불안했습니다. 자동차 운전을 할 때도 뒷좌석에 앉아 있는 두 아이들 상황에 대해서 신경을 쓰면서 묵직한 불안감으로 운전을 했습니다. 그렇다고 운전하는 아빠의 뜻이 전달이 되지도 않습니다. 정 답답하고 화가 나면 옆에 있는 아내에게 짜증을 냈지요.
"당신이 좀 아이들에게 알아듣게 이야기를 해 줘야지?"
그러나 아내라고 해서 별달리 수가 있는 것도 아닙니다.
은종이 떠나는 순간까지, 저는 아버지로서 은종이 보람이의 장애에 대한 부담을 극복하지 못한 얼굴로 대했습니다. 밝은 모습으로 아이들을 대하지 못했습니다. 늘 근심, 늘 초조했습니다. 물론 겉으로야 안 그런 척 가장을 했지만, 지금 생각해 보니 속으로는 조바심을 달고 살았습니다. 그런 아빠의 얼굴을 보아야 했던 은종이, 이제 생각하니 제가 참으로 모진 애비였습니다.

머리로는 보람이와 은종이가 우리 부부에게 하나님께서 주신 귀한 선물, 천사라는 것 알고 있었습니다. 장애는 하나님의 실수가 아니라는 것도 알고 있었습니다. 듣지 못함 자체가 아름다움이라는 것도 어렴풋이 알고 있었습니다. 듣지 못함 그 자체가 하나님의 목적이고, 섭리라는 것도 알았습니다. 그래서 보람이와 은종이로부터 '자유로움'이 가능하다는 것도 알고는 있었습니다. 그러나 지금 생각해 보니, 정작 그 자유로움을 아빠인 제가 누리지는 못했습니다. 특히 은종이 앞에서 편한 얼굴을 하지 못했습니다.

하나님이 허락하신 아이들에 대한 충만한 기쁨, 아이들에 대한 가슴 뿌듯한 긍지의 포만감.

왜 그걸 누리지 못했을까요?

"은종아 아빠가 미안해!"

그러니 할 말이라고는 이 말 뿐입니다.

수백 번 외쳐도 부족합니다. 골백번 부르짖어도 부족합니다.

용서

월요일 새벽기도회, 짧은 설교를 마치고 잔잔한 음악이 흐르는 가운데 각자 기도합니다. 저의 기도 자리는 강대상 뒤입니다. 며칠 전부터 은종이와 관련된 참회의 기도는 기도의 맨 뒤 순서가 되었습니다. 은종이가 떠난 지 55일, 돌아보면, 저의 참회 기도가 비중 면에서도, 순서에서도, 점점 작아지고, 뒤로 밀려나고 있습니다. 오늘은 저의 참회 없이 끝이 날지도 몰랐습니다. 그런데 참회의 기도가 나옵니다. 한참을 기도하는데, "은종이를 용서했느냐?"라고 하십니다.

아버지가 자식을 용서하는 일, 돌아보니, 자식이라서 용서랄 것도 없이 때로는 묻어두고 덮어두고 지났습니다. 아버지와 자식 간에 용서는 어색한 절차였습니다. 그래서 대충대충 하고 넘기는데, 더구나 은종이는 저로부터 떨어질래야 떨어질 수 없고, 멀리하려고 해도 멀리할 수 없는 아들입니다. 늘 안타깝고, 늘 걱정이고, 늘 불안했던 아들입니다.

용서는 무슨 용서입니까?

용서는 사치였습니다.

"용서했느냐?"

이렇게 물으십니다.

아마도 이 시점에서 제가 해야 할 일이 용서라는 깨우침인 듯합니다. 은종이를 용서해야 할 일들, 굳이 나열하자니, 이것저것 있었습니다. 용서라는 과정을 거침으로 치유하고 넘어가야 했을 것을 그러지 못했음을 알았습니다.

'자식인데, 애비가 용서고 뭐고 할 것이 있는가?'

그냥저냥 넘긴 일들이 썩 현명하지 못했음도 알았습니다. 그래서 용서의 절차에 들어갔습니다.

"은종아 아빠가 용서한다!"

하나하나 나열하면서 선포했습니다. 그러다보니 은종이로부터 제가 용서받아야 할 일도 그에 못지않게 많았습니다. 아버지 자격도 제대로 구비치 못한 채, 서투른 아버지로 출발한 점부터가 용서거리입니다. 당분간 용서하고, 용서받는 일이 제가 해야 할 과제입니다.

"아들아 용서한다. 그리고 아빠도 용서해다오!"

나는 틀리고 은종이가 옳았다!

가끔 은종이와 나눈 문자를 봅니다. 전화 속의 문자를 안 지우고 두었는데, 은종이 보내고 살펴보니 6개월 치 문자가 남아 있었습니다. 은종이와 문자로 나눈 대화는 대부분 간단합니다. 주로 자정을 넘어 안 들어온 은종이에게 "어서 들어와 자자" 하면, 은종이는 "먼저 주무세요!"라고 답이 왔지요. 어쩌다 길게 문자를 나눈 것은 은종이가 타고 다니던 자동차에 문제가 생겼을 때 처리 문제 등으로 주고받은 것이 있었습니다. 그리고 은종이가 떠나기 전날 회사를 그만두겠다고 하면서 시작된 꽤 긴 문자를 자주 들여다봅니다.

'내가 아빠로서 은종이에게 할 수 있는 일은 다 한 거 아닐까?'

이런 마음으로 되풀이 하여 읽어 보다가 어느 날 그렇지 않음을 깨달았습니다. 은종이는 할 수 있는 만큼 견디고 버티다가 도무지 안 되겠다 싶어서 아빠에게 회사를 그만두겠다고 했는데, 나는 은종이의 의사 표시를 내 입장에서 재해석하면서 곡해했음을 깨달았습니다. 해석이 뒤집힌 것이지요! 뒤집힌 것이 아니라 그제서야 바로 볼 수 있게 된 것이라고 해야 맞을 겁니다.

회사 직원들로부터 은종이가 보낸 하루하루를 자세히 알게 되고, 구화인으로서 건청인들 사이에서 소외되어 소망을 잃어버린 은종이는 아빠에게 구원 신호로서 문자를 보냈는데, 나는 그것을 그렇게 받아들이지 못하고, 회사의 사정과 부모로서의 기대를 내세워, 은종이에게 할 수 없는 일을 바라고 강요한 셈이 되고 말았음을 깨달은 순간, 또 한 번 전율해야 했습니다. 그 다음부터 문자를 들여다보기가 겁이 났습니다.

문자는 덮어두었지만 핸드폰을 바꾸는 것은 가능하면 뒤로 미뤘습니다. 자칫 문자가 사라질 수도 있기 때문입니다. 그리고 나의 죄를 기억하기 위해서 언젠가 문자를 기록으로 남겨두어야 다짐을 하면서도 차마 다시 열어 볼 용기를 내기가 쉽지 않았습니다.

그동안 내가 은종이와 나눈 대화는 매양 이런 것이었을까요?

대부분 나는 틀리고 은종이가 옳았다는 것을 알았습니다!

어린 시절 부모님으로부터 꾸지람을 받을 때, 꾸짖으시는 부모님이 전적으로 옳고 내가 잘못된 것이라고 수긍한 일은 아주 드뭅니다. 그럼에도 끝까지 내 입장을 주장하지 못했던 이유는, 부모님이시고, 어른이시니까 참아야 한다고 생각했기 때문입니다. 또 있습니다. 부모님 앞에서 내 잘못이 아니라고 이해시킬 수 있는 언변도 없었고, 끝까지 들어주시지도 않을 것 같았기 때문입니다. 그래서 고개 푹 수그리고 있었던 때가 훨씬 많았습니다.

지금 생각하니 은종이와 내가 의견이 상충되었을 때도 그와 같았을 것입니다. 어른이라서 옳고, 부모라서 옳고, 키워줬으니 옳은 것은 아니었습니다. 은종이가 맞고 아빠인 내가 틀리다는 것을 은종이 떠나고도 한참이 지난 후에야 알게 되었습니다.

육신 이후를 알아가다

은종이 장례를 치르고 달포가 지났는데 박사과정 2년차 2학기 등록 통보가 왔습니다.

'아들 보내고 신학 공부 더 해서 뭐하나?'

'그까짓 박사 학위 받아서 뭐해?'

이런 생각이 얼른 듭니다. 그래서 덮어두고 넘기려고 하다가 모든 문제를 내 마음대로 하지 말고 기도하고 결정해야지 하는 생각에 기도로 하나님께 물었습니다.

"저는 그만두고 싶은데요! 어떻게 할까요?"

"시작한 건데 해야 되지 않겠냐?"

"알겠습니다!"

등록하고 수강을 시작했습니다. 마침 신약신학 과목에서 바울 강해가 있었습니다. 바울을 읽다가 고린도후서 5장 16절을 딱 만났습니다.

> 그러므로 우리가 이제부터는 어떤 사람도 육신을 따라 알지 아니하노라 비록 우리가 그리스도도 육신을 따라 알았으나 이제부터는 그같이 알지 아니하노라(고후 5:16).

사람들은 육신을 따라 아는 것만으로 사람을 인식합니다. 그러나 예수님의 십자가 이후 부활하신 그리스도를 알아야 하듯이, 하늘 보좌 우편에 앉아계신 그분을 알아야 하듯이, 무덤 저편의 공동체에 있는 은종이를 알아가야 했습니다.

"은종아, 아빠가 이제는 은종이를 육신을 따라 알지 않고, '은종이의 육신 이후'를 알아가야 하겠지?"

"그렇게 하고 있다. 아들, 은종아!"

만질 수 없는 은종이는 아빠를 향한, 엄마를 향한 그리고 누나를 향한 간절한 바람이 있을 것입니다. 육신으로 있지 않다고 해서 영혼까지 없는 것은 아닙니다.

세상에서 소망을 잡지 못하고 떠났는데 세상을 향한 안타까움이 왜 없을까요?

은종이도 세상에서 다른 이들 못지않게 부모에게 기쁜 아들이고 싶어 했음을 우리 부부는 잘 압니다. 그런 은종이의 육신이 아닌 영혼의 소리를 이제부터 들어야 합니다.

힘들다고 삶을 내려놓은 것을 은종이도 스스로 잘했다고 하지는 않을 터입니다. 은종이의 최종 선택은 아빠인 나에게 가장 강렬한 메시지를 주었습니다.

분명히 은종이 일은 나로 하여금 견디기 어렵게 한 최고의 사건입니다마는, 나는 은종이가 아니라 은종이 아빠입니다!

아버지는 아들이 감당하지 못한 것을 감당할 수 있어야 아버지일 겁니다!

은종이가 육신으로 있을 때는 그것을 해내지 못했습니다. 그때 나는 은종이에게 가부장적 아빠로서 기성세대였으며 '꼰대'에 지나지 않았을 수도 있었겠지요. 그러나 이제는 해야 합니다. 육신을 따라 아는 은종이가 아닌, 장례 이후의 은종이에게, 은종이의 아빠로서 분명히 감당해야 할 몫이 있습니다.

그것을 찾아 감당해야 아버지가 아니겠습니까?

"아빠는 이제 내 아빠 아니에요!"의 진실

은종이 떠나고 우리 세 가족은 매일 저녁 탁자에 둘러앉아 예배를 드렸습니다. 설교 시간에는 그동안 마음속에 아이들에게 전해 주고 싶었던 이야기들도 했습니다. 어느 날은 지구본을 갖다놓고 공전과 자전에 대해 설명해 주기도 했지요. 축이 23.5도 기운 채 자전하면서 공전하는 지구의 궤도는 보통 아이들도 이해하기가 쉽지 않습니다. 설명을 듣고 난 보람이는 너무 기뻐했습니다.

B.C.와 A.D.에 대해서도 자세하게 풀어 줬습니다. 또 학교에서는 잘 가르쳐 주지 않는 육십갑자를 가르치면서 국사에 대한 개략도 설명해 주고, 세계사도 공부를 했습니다. 성경을 이해하자면 세계사가 필수이기 때문에 차근차근 가르쳐 주었는데 이때마다 보람이는 아빠에게 고마워하는 모습을 숨기지 않고 기꺼이 드러내 보여 주었습니다.

한편 그동안 아빠로서 잘못한 일들에 대해서도 아내와 보람이 앞에서 고해성사하는 심정으로 토로하기도 했습니다. 은종이가 떠난 일에 대해 아빠로서의 자책하고 있음도 감추지 않고 고백한 적이 있었는데, 그때 보람이는 뜻밖의 말을 저에게 해 주었습니다.

"그건 아빠 책임이 아니야! 은종이의 선택이야!"

"그러니 아빠가 죄책감을 가질 필요 없어요!"

'이 녀석이 내 딸이로구나!'

그 말을 듣는 순간, 이렇게 속으로 감격했지만, 그렇다고 해서 내 책임이 경감된다고는 여기지는 않았습니다.

하루는 은종이가 "아빠는 이제 내 아빠 아니에요!" 하면서 가출했던 때의 이야기를 꺼냈더니 보람이도 그때 무슨 일이 있었는지 자세히 듣고 싶어했습니다. 그래서 소상히 이야기해 주는데, 은종이가 시내에 있는 한 제과점에 취업했다가 사흘 만에 그만두게 된 배경을 설명하게 되었습니다.

은종이가 청각장애인이라서 공장장이 함께 일할 수 없다는 것이 원인이었다고 은종이에게 설명해 주었다고 말하는데, 그때 갑자기 보람이가 버럭 성을 내고 벌떡 일어났습니다.

"나쁜 인간이네, 왜 청각장애인이라 안 된대?"

"자기는 얼마나 잘 났대?"

그리고는 보람이가 자기 방으로 들어가 문을 '쾅!' 하고 닫아버립니다. 아내와 나는 깜짝 놀랐습니다.

은종이에게 해 줬던 이야기를 다시 전하는 것일 뿐인데, 보람이가 잘못 들은 것일까?

아내가 보람이 방으로 가서 달래어 데리고 나왔습니다. 보람이는 눈물까지 흘리면서 분개했던 마음을 가라앉히고 말하기 시작했습니다.

"청각장애인에게 '네가 게을러서 같이 일하지 못하겠다. 네가 기술이 부족해서 같이 일할 수 없다' 그렇게 말하면 농인들이 '아하, 그렇구나, 내가 부지런해져야 되겠다' 혹은 '내가 기술을 더 배워야 되겠다'라고 다짐을 하지만, '네가 청각장애인이라서 같이 일할 수 없다'라는 대답을 들으면 청각장애인들은 절망을 하는 거지. 그런 대답을 듣게 되면 청각장애인들은 슬럼프에 빠져!"

보람이의 이 말을 들으면서, 나는 심한 충격을 받았습니다. 실력이 없다거나 게으르다거나 경험이 부족하다고 지적을 받으면 자신이 고치려고 노력하면 되지만, 청각장애라서 너와 일할 수 없다고 하면 청각장애는 자신이 어떻게 해도 고치지 못하는데, 그러면 어떻게 하라는 말이냐는 것입니다. 그제야 정신이 번쩍 들었습니다.

'아하, 그렇구나, 이것이 청각장애인들을 비롯한 장애인들의 아킬레스건이로구나, 절대 그렇게 말하지 말았어야 하는데, 아빠가 장애인의 아킬레스건을 건드리고 말았구나.'

'이런, 이런! 청각장애인을 둘이나 둔 아빠가 아들 앞에서 해서는 안 될 실언을 했다니, 오호 주님, 이를 어쩌면 좋습니까?'

아빠의 사려 깊지 못한 그 말에 은종이가 절망을 하고, 아빠까지도 그렇게 말하면서 공장장을 두둔한다고 생각한 은종이가 그래서 "아빠는 내 아빠 아니예요!"라고 말했던가 봅니다!

그때서야 깨달았습니다.

"은종아~ 이 아빠의 악하고 게으름을 어찌해야 한단 말이냐?"

나는 통한의 눈물을 속으로 삼키고 있었습니다. 그때 보람이가 내 무릎을 툭 치면서 엄마를 가리킵니다. 옆에 앉아 있던 아내가 고개를 푹 떨구고 눈물을 줄줄 흘리고 있었습니다. 우리 부부는 그때까지도 은종이의 그 말을, 철이 없고 이치를 잘 몰라서 하는 말로 치부하고 있었습니다. 그러나 이제 보니 철이 없고 이치를 몰랐던 것은 은종이가 아니라 나였습니다.

은종아! 아빠가 이 중요한 것을 왜 알지 못했을까?

은종이 있을 때, 잘 깨달아 알 수는 없었을까?

새삼 은종이에게 아빠가 죄인이구나, 통회하고 자복한다.

은종이와 하늘나라에서 만나게 될 때 '미안해!'라는 말은 은종이가 아빠에게 해야 할 말이 아니라, 아빠가 은종이에게 해야 할 말이구나!

아빠가 그때까지 기다리지 않고 지금 사죄한다!

은종아! 아빠가 미안해!

아빠가 참으로 죄인이로구나. 청각장애인 자녀의 아빠로서 너무 큰 죄를 지었다.

아빠가 은종이에게 용서를 빈다!

은종아, 내 아들 은종아!

그 후로 나는 슬퍼하는 것조차 사치라는 생각이 들기 시작했습니다.

내가 슬퍼할 자격이나 있을까요?

슬프다고 슬퍼하는 것도 죄가 될 수 있습니다.

슬픔이라고 아무나 슬퍼하는 것이 아닌 듯합니다!

슬픔을 조절하는 스위치

은종아! 이제 아빠도 슬픔을 조절하는 능력이 조금 생겼어. 은종이로 인한 슬픔에 빠지는 한계선을 알았다. 넘어서면 위험한 한계선을 찾아냈어. 그래서 그 선에 접근하게 되면 얼른 돌이키는 거야!

'여기까지다! 더 가면 위험해, 안 돼!'

그리고 돌아선다. 은종아, 아빠가 이렇게 해야 되겠지?

우는 것이 무척 힘들다는 것도 알게 되었다. 은종아! 한 번씩 울고 나면 온 몸에 힘이 다 빠져나간다. 그냥 눈물만 줄줄 흐르는 그런 울음이 아빠는 잘 안 돼.

온몸에 힘을 쓰면서 울게 되는구나! 그러니 그 직전에 멈춰야 해!

이제는 익숙해졌어! 은종이 생각에 한없이 가라앉다가도 '여기 까지다! 더 깊어지면 안 돼' 하고 얼른 돌아선다. 그러다가 아빠가 아빠 감성을 가지고 유희하듯 이렇게 해도 괜찮은 건지 걱정이 되기도 한다.

어쩌다 은종이 이야기를 하게 되는 때가 있다. 가능하면 다른 사람과 만나서 은종이 이야기를 꺼내지 않으려 하지만 간혹 하게 되는데, 그때도 아빠는 은종이에 대한 비애의 감성을 마치 스피커 음량 조절하듯 하면서 이야기하는 요령도 터득했다.

은종아! 오늘 김 집사님과 성경 공부를 했는데, 김 집사님이 라디오에서 들었다면서 이야기 하나를 전해 주셨다.

은종아! 왜 그랬어!

기억나지?

은종이 장례식 때 조위금 봉투에 이렇게 적으신 분이야!

김 집사님이 그날 아침 라디오에서 들었는데, 발명왕 에디슨이 청각 장애인이었다는구나. 에디슨이 어렸을 때, 열차 안에서 신문팔이를 했는데, 열차에 불이 났었대. 그때 역무원이 어린 에디슨을 열차 밖으로 던졌는데, 그때 에디슨이 청각을 상실했대. 그런데 나중에 에디슨이 그렇게 고백을 했단다.

"오히려 청각장애로 인해서 더욱 집중할 수 있었습니다. 또 소리는 들을 수 없었지만, 건청인으로 살 때는 알지 못했던 소리로 인한 진동을 감지하고 감동을 느낄 수 있었습니다."

김 집사님의 그 이야기를 전해 들으면서도 아빠는 슬픔의 조절기를 돌리고 있었다. 괜찮은 척, 견딜만한 척, 그런 이야기 들어줄 수 있는 척 한다. 그렇게 할 수 있게 되었다. 엄마와 은종이 이야기할 때도 그렇게 하고, 누나가 은종이 이야기를 꺼낼 때도 그렇게 한다. 봉안원에 가서도 그렇게 한다. 하나님 앞에서도 그렇게 하고 있어!

며칠 전 아빠는 다른 날들처럼 꽃을 들고 봉안원에 갔다. 그날 하나님의 음성을 들었다.

'네가 은종이 봉안원에 그렇게 꽃으로 아름답게 꾸미면 나는 무엇을 할꼬?'

맞다! 은종이는 이미 하나님 곁에 더 가까이 갔는데, 아빠가 이렇게 아름답게 가꾸면, 하나님이 하실 일이 줄어드는 거구나!

아빠는 은종이를 하나님께 맡겼는데 ….

그래서 이제는 꽃 없이 봉안원에 가려고 해, 특별한 날이 아니면 말이다.

은종아! 아빠가 그냥 간다고 섭섭해 하지 말거라! 슬픔도 조절하고 꽃도 적당히 해야지!

꽃

은종이와 아빠 사이에
한동안
꽃이 있었습니다.
꽃은 아름다웠으니까요.

은종이와 아빠 사이에
이제는
꽃이 없습니다.
은종이에게 더 가까이
아빠가 다가갔기 때문입니다.

은종이와 아빠 사이에
아무것도 없는 것이
아빠는 더 좋습니다.

아들과 아버지 사이
아무것도 없으니 더,
더 아름답습니다.

은종이가 아빠보다 먼저 알게 된 것

봉안원에 도착했습니다.

은종아, 아빠는 아직도 뭐가 뭔지 잘 몰라.
은종이가 떠난 일이 어떤 의미인지 잘 몰라.
모르니까 지금까지 견디고 있지.
그런데, 은종이는 이제 알고 있겠구나,
은종이가 아빠보다 먼저 안 것이 이것이구나!
네가 아빠 앞서 먼저 떠난 것이 어떤 의미인지 말이다!
아빠는 모른다, 아빠는 몰라.
아빠는 모르는 것을, 아빠는 뭐가 뭔지 아직도 모르는 것을,
은종이는 알겠구나!

모르니까 살지요!
모르니까 살지요, 알면 어찌 살겠습니까?
은종이가 무얼 했는지,
은종이가 어떤 일을 했는지,
은종이가 이 현실에서 어떤 의미인지,
모르니까 살지요.
죽음이 무엇인지 모르니까 살지요.
그동안 알고 있던 그 죽음이라면 어찌 삽니까?
죽음이 무엇인지 모르니까 살지요.

모르니까 살지요.

은종이 봉안원에서 되돌아오는 길에,

모르니까 살지요.

뭐가 뭔지 모르니까 살지요.

알면 어찌 삽니까?

알면 어찌 삽니까?

삶이 뭔지, 죽음이 뭔지, 모르니까 살지요.

은종아!

이제, 너는 알고 있겠구나!

구리거울 바라보는 것처럼 희미하다가, 이제 은종이는 알겠구나!

은종이가 아빠보다 먼저 알았겠구나!

아빠는 아직 모른다. 아빠는 아직 우둘투둘한 구리거울 들여다보고 있다. 그저 희미할 뿐, 그런데 은종이는 알겠구나. 아빠보다 먼저 알았구나!

은종아,

알았으니, 아빠 마음도 이제는 알겠구나, 아빠 마음 속 훤히 들여다보겠구나!

아빠의 눈물도 보고 있겠구나!

아빠의 가슴도 보고 있겠구나!

은종이에게 아무 일도 일어나지 않았다!

"은종이에게 아무 일도 일어나지 않았다."

은종아! 오늘 하나님이 아빠에게 들려주신 음성이다.

세상 그 누구가 아빠에게 이렇게 말해 줄 수 있겠냐?

그럴 사람 아무도 없다.

그래서 한동안 아빠는 중얼거리면서 다녔다.

"은종이에게 아무 일도 일어나지 않았다."

그러다가도 하나님, 은종이 어찌해요?

은종이 어떻게 해요?

은종이하고 아버지와 아들로서 진지한 대화 한 번 해 보지 못했는데요, 하나님!

은종이가 듣지 못하고, 아빠를 미덥지 않게 여긴 탓에,

참으로 진지한 대화 한 번 나누지 못했어요!

세상에 이런 아빠와 이런 아들도 있습니까?

은종아, 너와 내가 진정 아빠와 아들이기나 했던 거냐?

아빠의 진솔한 마음을 아들에게 제대로 한 번 전하지 못하고,

아들의 속내를 제대로 한 번 들어 보지 못한 너와 내가 아니냐?

하나님의 말씀보다 은종이의 말을

하나님!

생각해 보니, 하나님의 말씀, 성경 구절 이해하는 것도 쉽지 않아요! 그래서 저는 어떻게 해서든지 성경 말씀을 제가 이해하고 성도들에게 전해 줄 욕심으로 말씀에 죽기 살기로 매달렸어요. 그런데요, 하나님, 이제 생각하니, 성경 말씀보다 더 어려운 것이, 아들 은종이의 말이었어요.

위로 하나님 말씀을 이해하기 위해 애를 쓰는 만큼. 아래로 은종이 보람이의 말을 이해하기 위해서도 애를 썼어야 했어요. 그런데 은종이 말은 이해하려 하지 않고, 그냥 성경 말씀만 붙들고 씨름했어요. 제가 균형을 잃었어요. 주님이 그걸 원하시지 않음을 이제 알았어요. 주님 말씀 이해하는 만큼 자식의 말도 이해하려고 노력해야 했어요.

하나님, 이제 제가 할 일이 뭡니까?

은종이는 하나님이 데려가셨고요. 제 곁에 없어요. 제가 은종이의 언어를 이해하려는 노력도 이제는 기회가 없어요(이렇게 적는 순간, 26년간의 은종이 언어가 고스란히 있습니다. 그것만 이해하려 해도 버겁다는 생각이 스칩니다).

하나님, 제가 이제 할 수 있는 것은 무엇입니까?

용서, 사랑, 이해, 너그러움, 포용, 관용.

그런 것들은 알겠는데요, 더 설득력 있고, 더 절실한 것 뭐 없나요? 하나님!

제가 은종이를 위해 할 수 있는 것이 있으면 좋겠어요, 하나님!

'은종아 이제 아빠가 은종이를 위해 할 수 있는 것이 무엇이 있을까?

말해 다오. 아빠가 다 할게. 은종이가 원하는 것이라면 아빠가 다 할게.'

은종이가 떠났다고 해서 은종이를 위해 할 수 있는 일이 없어진 것은 아닙니다. 은종이가 떠난 이후 은종이를 위해 해야 할 일은 더 많아졌습니다. 육신으로 알던 은종이가 아닌 새로운 은종이가 아빠를 향해 바라는 일은 이전에 비해 결코 적지 않을 것입니다.

박사과정 계절학기 게스트 룸에서[2]

교수님께!

먼저 고맙다는 인사부터 해야 되겠습니다. 고맙습니다.

이번 겨울 계절 학기 수강을 위해서 게스트 룸에 들었는데, 은종이가 마지막 밤을 맞이한 은종이의 직장 숙직실 분위기와 너무 흡사했습니다.

"아차, 내가 이거 혼자 이렇게 게스트 룸에 드는 것이 아니었는데…."

두려운 것은 아빠인 내가 아들이 한 대로 따라하게 되지나 않을까 하는 자신에 대한 불신입니다. 그날은 마침 자동차도 집에 두고 갔으니 그 환경에서 벗어날 마땅한 방법이 없었습니다. 그래서 교수님께 전화를 했었지요.

혼자 해결하려고 하지 말라는 교수님의 조언대로 계절학기 강의를 위해 내려와 함께 학교 게스트 룸에 든 강사 교수님과 저녁 식사를 하면서

---

[2] 이 글은 은종이를 보내고 주기적으로 상담을 받아 온 교수님께 쓴 편지글이다.

자연스럽게 이야기를 나눴습니다. 다음날 저녁 시간에는 제가 그 교수님 숙소로 방문하여 두 시간 이상 대화를 했습니다.

이렇게 진지하게 이야기하고 나면 기분이 한결 나아집니다. 기분이 나아진 상태에서 제가 생각해봅니다.

왜 내 기분이 나아졌을까?

이렇게 적극적으로 이야기를 하다보면, 마치 은종이가 옆에 있는 것처럼 여기지기 때문이 아닐까?

그렇다면 이 기분도 실상은 허구가 아닐까?

그러나 어쨌든 기분이 한결 나아졌습니다.

6개월이 지나가는 시점에서도 은종이를 떠나보내지 못하는 이유가 있습니다. 은종이 있을 때, 저의 삶의 태도 때문입니다. 아이들이 장애 판정을 받았을 때, 저의 마음속에 아빠로서 이 아이들을 위해서는 어떻게 해야 될 것이라는 길이 보였습니다. 아이들을 위해서 헌신하는 삶을 살아야 된다는 당위성이지요. 또 아이들이 일반 학교에 통합교육을 받게 되었을 때는 제가 나서서 학교에 다녀온 아이들을 끼고 가르쳐야 될 거라는 생각이 들었습니다. 그러나 저는 그 길을 가지 않았습니다. 아이들이 특수학교 다닐 때는 아내가 그 역할을 했습니다.

특수학교 수업 시 아내는 교실 뒤편에서 교사가 아이들 가르치는 것을 참관합니다. 그리고 집에 데리고 와서 교사의 가르침을 흉내내어 반복시키는 역할입니다. 아내는 헌신적으로 잘 해냈습니다. 아내는 거의 전문가가 되었지요. 그러나 아이들이 일반 초등학교에 통합교육을 받게 되면서부터는 아이들은 아내의 영역을 벗어났습니다.

일반 학교는 매일같이 수업을 참관할 수도 없을 뿐더러, 초등학교 교육내용이 이미 상당한 수준에 있었기 때문입니다. 사실 그때부터라도 제가 바통을 이어 받았어야 했습니다. 마음속에 그렇게 해야 한다는 울림이 있었습니다. 지금 생각하면 성령님의 음성이었습니다. 그런데, 저는 그 음성을 애써 외면했습니다.

그리고 저는 직장 일에 몰두했습니다. 일종의 일중독을 자청한 것입니다. 사흘들이 늦게 들어오고, 새벽에 나가는 생활이 상당 기간 지속되었습니다. 저는 그렇게 함으로써 아버지의 역할을 다 한 것이라고 아내에게 종종 큰소리 쳤지요. 그러나 내면에서는 아닌 줄 알고 있었습니다.

그동안은 아내가 헌신해 왔습니다. 그때부터는 저의 차례였습니다. 그러나 저는 아이들 이외의 것에 가치의 비중을 두었습니다. 그리고 아이들을 망각함으로써 세월을 보내는 것이었습니다. 친구나 직장 동료가 술 한 잔 하자 하면 열 일 제쳐 두고 나갔지만, 아이들이나 아내가 어떤 도움이라도 청할라치면, 귀찮아했습니다.

"그 정도는 당신이 좀 해야지!"

늘 자기 합리화에 급급했습니다. 그러면서도 아이들이 다친다거나, 아이들에게 사소한 일이라도 생기면 불같이 화를 내곤 했지요. 그렇게 하는 것이 '엄부'로서 잘 하는 태도라고 생각했습니다.

그러다보니 장애 자녀의 아버지로서 청각장애아의 특징도 알지 못하는 엉터리가 되었습니다. 사실 은종이 있을 때는 그런 것이 필요하다는 생각조차 하지 못했습니다. 그저 속 알맹이 없는 겉치레만 가지고 살았습니다.

은종이를 보내고 알았습니다. 청각장애아들은 일반인들의 표정을 읽는데 대단히 뛰어나다는 것을 알았습니다. 청각장애학교 교사 경험을 가진 어떤 목사님 사모님의 경험담을 들었지요. 교실 한 켠에 서서 대화

나누는 선생님들을 흘깃흘깃하면서도 그 대화가 어떤 대화인지를 기가 막히게 안다는 것입니다. 저는 그 말을 들을 때, 소름이 돋았습니다. 그 아이들이 바로 은종이와 보람이라는 사실을 그때야 절감했습니다.

장애학교 교사들이 고개를 돌리는 동작 하나, 표정 하나만으로도 자기를 싫어하는지, 좋아하는지, 이유가 무엇인지를 대번에 안다는 것입니다. 그 얘기를 듣고 보니 저희 아이들이 그랬습니다. 저도 어렴풋이 의식은 했었습니다.

'설마 그렇기까지야 할까?'

저는 내면의 소리를 애써 덮어버렸습니다.

저는 아이들 앞에서 뭔가 못마땅한 표정을 지을 때가 훨씬 많았습니다. 사실 집에 들어가면 유쾌함보다는 언짢은 일들이 훨씬 더 많이 눈에 띄었습니다. 제가 악했지요. 하나님이 허락하신 환경 가운데서 즐거움을 찾고, 만들고, 즐겼어야 했는데, 그렇게 하지 못했습니다.

은종이 떠나간 이후, 저는 저의 표정 하나하나, 저의 몸짓 하나하나를 다 들키면서 살았다는 것을 깨달았습니다.

아빠인 제가 그런 표정, 그런 몸짓을 했으니, 아이들이 어땠겠습니까?

그 녀석들도 아빠 보기를 소 닭 보듯 한 거지요.

'아빠에게는 기대할 것이 없다.'

'아빠는 진짜로 우리를 사랑하지 않는다.'

'아빠하고는 아무 것도 통하지 않는다.'

'아빠는 자기 자녀들이 장애아인 것에 대해서 대단한 불만을 가지고 있다.'

'아빠는 마지못해서 우리를 보살핀다.'

조금 과장되었을 수도 있지만, 아이들은 이렇게 아빠를 알고 있었을 것입니다. 이 모든 자각을 은종이 이전에는 전혀 못했습니다.

　내가 추구한 가치가 무엇이었을까?

　무엇을 중요하게 여기면서 세상을 살았을까?

　도대체 내 손아귀에 쥐고 있었던 것이 무엇이란 말인가?

　지금 생각하니 그것은 모래였고, 바람이었고, 헛된 세상의 썩어질 것뿐이었습니다. 진짜 중요한 것이 옆에 있는데도, 그것이 그토록 중요하고 그토록 사랑스러운 것이었는지 자각하지 못하고 살았습니다. 마음 저 밑바닥에는 아이들을 향한 사랑, 아내를 향한 사랑이 두툼하게 가라앉아 있었지만, 애써 그런 진정을 짓누르면서 가식으로 살아왔습니다.

　제가 은종이를 이토록 사랑하고 있다는 것도 알지 못했습니다. 그 녀석이 저에게 어떤 의미인지도 이해하지 못했습니다. 이해하려고 하지도 않았습니다. 그냥 아버지로 불리면 되었을 뿐입니다.

　세상에 이런 아버지도 있을까요?

　물론 압니다. 세상 대부분의 아버지들이 대충 그렇게 살아간다는 것을 알고 있습니다. 그렇다고 제가 그 대열을 따라가야 한다는 당위성은 없던 것이었지요. 그럼에도 '남들도 그렇게 하니까' 하면서 대책 없이 따랐습니다.

　은종이 떠난 후 처절하게 반성하고 있습니다. 회개하고 있습니다. 그동안 하지 못했던 '청각장애인 아빠'로서의 임무, 늦었지만 보람이에게 최선을 다하자고 다짐하고 있습니다. 은종이 떠난 다음 아내와 함께 매일 셋이서 가정예배를 드립니다. 보통 한 시간 반 정도를 매일 드리고 있습니다. 이 시간에 성경 말씀을 근거로 한 설교, 성경의 내용 그리고 일반인들의 대화 습관, 어휘에 대해서, 줄임말에 대해서, 하나하나 접근하고 있습니다. 그동안 좋을 때도 많았지만 몇 차례 보람이가 버거워 반발하기도 했습니다.

"더 이상 뭘 바래?"

보람이가 간혹 이 말을 하고 자기 방으로 들어가 버린 일도 없지 않았습니다.

"난 청각장애인이야, 그런 것 이해할 수도 없고, 이해할 필요도 없어. 청각장애인은 이렇게 살아!"

"엄마 아빠가 이제 와서 더 이상 뭘 바래?"

가슴이 미어지곤 했습니다.

26년 동안 하지 못했던 일이었기에, 그쯤은 얼마든지 참아낼 수 있습니다.

은종이까지 보냈는데, 어떤 고통이 그보다 크겠습니까?

보람이 앞에서 철저히 낮아져서 눈높이에 맞추려고 노력했습니다. 보람이도 동생을 잃은 아픔과, 부모의 아픔을 모르지 않기에 인내하면서 잘 따라오고 있습니다. 지난 6개월 동안에 보람이는 이런 면에서 괄목할 만한 성장을 했습니다. 때로는 아빠가 이렇게 자상하게 설명하고 가르쳐 주는 것에 희열을 느끼기도 합니다. 그런 날이면, 예배를 마치고 목양실로 들어와 웁니다.

"아버지, 은종이 있을 때, 제가 이렇게 못했습니다. 이렇게 한 번도 못했어요. 제가 악했어요 아버지!"

"은종이에게도 이렇게 가르칠 수 있는 기회가 이제는 없는 겁니까? 아버지?"

소리 죽여 웁니다.

은종이에게 아빠가 만회할 기회가 없다는 사실, 은종이를 향한 아빠로서의 뜨거운 가슴, 이것들이 복합적으로 회한이 되어 겹쳐옵니다.

은종이는 지금도 손을 뻗으면 잡힐 것만 같은 거리에 있는 것처럼 여겨집니다. 그런데 제가 아빠로서 하지 못한 것, 다시 할 수 있는 기회가 없습니다. 아빠의 이런 사랑을 경험하지 못하고 떠난 은종이가 너무 안타깝습니다.

그러니 어찌 은종이를 떠나보내겠습니까?

교수님!
죽음에 대한 저의 관념이 확 바뀌었습니다. 그동안 제가 인식한 죽음은 '끝'이었습니다. 종결이었습니다.
'죽고 나서 애통하면 뭣해?'
'죽은 자식 불알 만지기지!'
'살아있을 때 잘하지!'
저도 그랬습니다.

그러나 그런 것이 아닙니다. 죽음은 그냥 죽음일 뿐입니다. 죽음이 과거까지도 죽이지는 못합니다. 은종이의 26년은 저의 가슴에 고스란히 있습니다. 죽음이 그것까지 다 소멸시키지 못합니다. 은종이가 떠났다고 녀석이 아빠 가슴에 남긴 26년까지 떠나지는 않습니다. 저는 그 26년을 충분히 즐길 권리가 있다고 생각합니다. 아마 은종이가 살아있다 하더라도, 때로 저는 은종이와 과거에 있었던 추억으로 인해 즐거워하기도 하고, 슬퍼하기도 하고, 괴로워하기도 했을 겁니다.

그런데 은종이가 떠났다고 해서 그런 것까지 하지 않아야 한다는 것은 오히려 억지입니다. 살아서 옆에 있어도 은종이의 과거와 대화를 합니다. 그와 마찬가지로 은종이가 떠났어도 저는 은종이와의 과거 속에서 그것을 즐길 수 있습니다. 이것까지 억지로 다 털어 버려야 한다는 생각은 하지 않습니다.

제가 은종이 봉안원에 매일 가다시피 하는 것은, '죽고 나서 그렇게 하면 뭐해?' 하는 차원이 아닙니다. 그것은 제가 은종이 없는 세상을 살아가는 일입니다. 은종이 없는 세월의 톱니를 하나하나 맞물려서 굴리는 작업입니다. 그러나 세상은 그렇게 보지 않는다는 것을 저는 너무나 잘 알고 있기에 그저 혼자만의 방식을 찾아서 그 방식을 취하고 있는 것입니다. 아내는 아내대로 나름의 방법으로 극복하고 있는 것 같습니다. 서로 자기의 방식을 강요하지 않습니다.

특별한 날이 아니면 저 혼자 은종이 봉안원에 다닙니다.

그 앞에 앉으면서 첫 마디는 대개 둘 중의 하나입니다.

"아버지!"

"하나님 아버지, 제가 은종이 애빕니다. 아버지, 제가 죄인입니다. 아버지! 아버지! 아버지!"

이렇게 시작하여 기도하고 돌아옵니다. 이런 날은 거의 울지 않습니다.

"은종아, 아빠가 왔다."

이렇게 되면 그날은 한참을 울고 오는 날입니다.

은종이 생일이 있고, 저희 부부의 결혼기념일이 있고, 성탄절이 있는 12월에는 조금 달라졌어요. 쓰다듬고, 어루만지다가 옵니다.

교수님!

저의 심리 상태, 특히 죽음을 바라보는 시각의 엄청난 변화는 어떤 진단이 필요하지 않을까 하는 생각도 해봅니다. 그래서 비교적 상세하게 저의 심리를 서술했습니다.

은종이는 참 단순한 아이입니다. 듣지 못했기 때문에 정보 입력이 상당히 제한되어 있었습니다. 저는 압니다. 은종이가 자기의 최종 결단으로 인해 아빠가 이렇게 힘들어 한다는 것을 알았다면 절대 그럴 아이가 아니지요. 은종이는 아빠 엄마 걱정되는 일을 가장 싫어했습니다. 보람이도 그렇고요.

은종이의 마지막 길, 아빠가 제일 잘 알지요. 화장 후 유골함을 제가 들었습니다. 버스 안에서 제 무릎 위에 놓고 있었습니다.

"상당히 뜨거울 텐데!"

저희 형님이 그러시더라고요.

그 말을 듣고 보니 조금 뜨뜻한 것 같았습니다. 따뜻하게 느껴졌지요.

장례 사흘 동안 영안실에서 어떤 일이 일어났는지 아빠만 압니다. 아내도 모릅니다. 은종이를 그렇게 챙겨서 아빠가 보냈습니다.

'아버지와 아들.'

이렇게 굵은 줄로 매여 있는 줄 몰랐어요. 아버지의 아들을 향한 사랑이 이렇게도 '지독스러운지' 몰랐지요. 그래서 간혹 생각합니다.

'하나님이 우리를 위한 사랑하심이 이렇겠거니' 짐작해 봅니다.

오히려 하나님 사랑이 저의 은종이를 향한 사랑보다 훨씬 크겠지요.

이렇게 적고나니 기분이 한결 나아집니다. 은종이를 향한 저의 사랑 고백을 은종이가 들었을 테니까요.

은종이 있을 때는 제가 그렇게 하지 못했어요. 집사님들 기도모임 인도하는 금요일 오후에, 은종이가 퇴근하여 교회로 으면, 아빠에게 퇴근 인사를 합니다.

"아붕."

은종이가 저에게 손을 흔듭니다.

'아붕'은 은종이가 기분 좋을 때 아빠를 부르는 애칭입니다.

그런데 저는 은종이를 흘끗 한 번 바라보고 최소한의 눈짓만 보내고 하던 일에 집중했습니다.

은종이가 얼마나 섭섭했겠습니까?

일간 다시 한 번 찾아뵙겠습니다. 고맙습니다!

들리지 않는 고통, 못 듣는 고통

보람이와 은종이를 키우면서도 아버지인 저는 들리지 않는 고통, 못 듣는 고통을 알지 못합니다. 짐작하는 것과 아는 것은 다릅니다. 오래 전 혼자 집에서 텔레비전을 보다가 아이들을 생각하여 음량을 제로에 두고 연속극 보기를 시도해 본 적이 있었습니다. 그 답답함은 뭐라 형언키 어려웠습니다. 짜증이 버럭 나기도 했습니다!

'이런 거 해서 뭐하나?'

'그런다고 달라질 것도 없는데!'

10분을 넘기지 못하고 소리를 키웠습니다. 오늘은 은종이의 그 고통, 듣지 못하는 고통을 아빠가 몰랐다는 사실이 뼈저리게 다가옵니다. 내 아들 은종이가 듣지 못하고 살아온 26년. 그 고통을 나는 알지 못하고,

'안 들릴지라도 세상을 살아야 한다'라는 당위성만 생각했습니다.

세상을 살아야 한다는 것과 듣지 못한다는 것, 이 둘은 어떤 상관관계가 있을까요?

저는 듣지 못한다는 것은 사소한 조건일 뿐이고, 세상을 살아야 한다는 것은 누구도 거부할 수 없는 커다란 명제로서의 '당위'로 인식했습니다. 때로 듣지 못한다는 것은 '핑계'라고 생각하기도 했습니다. 그러다가 은종이에게 "아빠는 이제 내 아빠 아니예요!"라는 말까지 듣고 말았습니다.

어쩌다 은종이를 데리고 외출할 때는 은종이 고통은 안중에도 없이,
'이 세상은 네가 어떻게든 이기고 나아가야 하는 곳이다.'
'동정도 기대하지 말라, 숨을 곳도 찾지 말라.'
'어설프게 했다가는 꼴찌로 전락하고 말 것이다.'
'차라리 듣지 못함을 적당히 숨겨라.'
'드러내 보아야 세상이 너를 이해해 주지 않는다.'
'때로는 적당히 숨길 수 있어야 한다.'
'때로는 전략상 드러내는 것도 괜찮겠지.'
'드러내서 유리하다면 그렇게라도 하려므나!'

나는 참 이기적인 아빠였습니다.

'은종아, 너의 어설픈 발음을 섣불리 드러내는 것은 자제하자! 주변 사람들이 알아봤자 눈총만 따가울 뿐, 득 될 것이 없다. 그러니 필요 없는 곳에서는 아예 말하지 말거라!'

이런 마음이 없지 않았던 것 같습니다. 그럼에도 은종이는 스물여섯 해나 견뎌냈습니다.

은종이가 내려놓은 것

은종이가 내려놓은 아침
아빠가 집어 들었네.

은종이가 내려놓은 삶
아빠가 집었네.

아빠는 사네
은종이의 삶으로.

제8부

/

날이 날들에게

목양실

　모든 것이 달라졌다. 은종이를 태워 봉안원에 넣어 두고 돌아서니 모든 것이 달라졌다. 내가 목회를 하고 안 하고는 내가 결정하지 않고 전적으로 하나님이 결정하신다 했으니, 토요일을 맞이하여 목양실로 들어왔다. 눈에 띄는 모든 것들이 어제의 것이 아니다.
　그때 떠오른 생각이 지금 이렇게 달라졌는데. 내일을 어떻게 맞이할 수 있을까?
　과연 나에게 내일이 있을까?
　또 일주일 후를 내가 맞이할 수 있을까?
　한 달이, 일 년이 나에게 가능할까?
　은종이 없이 하루를 보내는 것이 나에게 가능할까?
　그것은 만분지일의 가능성도 없었던 선택지였다. 온갖 상상 중에서도 그것은 아예 없었다. 분명히, 확실하게 없었다. 그런데 지금 눈앞에 벌어졌다. 은종이 없는 날들이 나에게 가능하다는 것은 기적일 수밖에 없었다. 그러나 이미 나흘이나 지나갔다.
　내일은 나에게 어떤 날일까?
　"세월이 가야 혀! 세월이 가야 혀!"
　장례식 동안 수많은 위로의 말들을 들었다.

그중에서 생각나는 위로의 말은 세월이 가야 한다는 먼저 겪은 이들의 경험담이었다.

나에게서 세월은 어떻게 갈 수 있단 말인가?

그게 가능하기나 할까?

내일 아침이 오늘 아침처럼 오기나 할까?

나에게 가장 시급한 것이 세월을 보내야 하는 것으로 다가왔다.

나는 어떻게 시간을 보낼 수 있단 말인가?

장례 날이 금요일이었으니 토요일 목양실에 앉아서 주일 설교와 예배 준비를 해야 했다. 토요일은 너무나 할 일이 많은 날이었으니 어찌어찌하여 시간을 흘려보내기는 하는데 순간순간 책상을 치며 한탄했다.

'은종이를 충분히 붙잡을 수 있었는데!'

간발의 차이로 버스를 놓친 것 같은 기분이었다. 딱 한 번만 생각을 했더라도 은종이를 붙들 수 있었는데 놓쳤다는 아쉬움이 밀려와 전율했다.

주일을 보내고 월요일 아침 침대에서 눈을 떴는데 내가 마치 한여름 땡볕 아래 바닷가 모래밭 그늘도 없는 곳에서 온몸에 모래 알갱이를 묻히며 잠들다 깬 기분이었다. 이런 기분은 아침마다 한동안 계속 이어졌다. 아침에 눈을 뜨는 것이 두려울 지경이었다. 그럼에도 날짜는 하루 이틀 가고 있었다. 그때마다 깜짝깜짝 놀랬다.

이렇게 날이 가다니, 이렇게도 날이 갈 수가 있다니!

일주일이 지나고 다음 토요일이 왔는데, 한 주가 나에게서 지나갔다는 사실이 불가사의한 일로 다가왔다.

은종이 없이 내가 일주일을 살았다니!

이런 경우가 다 있나?

장례식 이후부터는 나에게 와서 위로하려는 분들은 없었다. 그러나 아내에게는 나이 많으신 여 성도님들이 이런저런 이야기들을 많이 해 주신다고 했다.

"그래도 남편 죽은 것보다는 나으니까, 사모님 힘내야 해요!"

뜻밖에도 참척의 고통을 지닌 분들이 꽤 계셨다.

6.25를 겪은 직후 절대 빈곤 속에서 집집마다 내다 버린 자식들 경험이 없지 않았다. 자식을 서넛은 족히 내다버렸다는 여든이 넘은 집사님 한 분이 그때의 경험을 아내에게 이야기해 주시며 아내에게 남편이 죽은 것보다는 나으니 힘내라고 하셨단다.

어쨌든 나는 하루하루 견디기 위한 대책을 강구하지 않으면 안 되었다. 며칠 동안 국화를 사들고 은종이 봉안원에 다니다보니 꽃집 단골 손님이 되는 것이 달갑지 않아 일주일 치를 한꺼번에 사다 목양실에 놓아두었다가 날마다 가지고 갔다. 목양실은 국화 향기로 가득 찼다. 꽃병도 있어야 했다. 백화점에 가서 크리스탈 꽃병을 하나 샀다. 꽃병은 고급으로 사고 싶었다. 한동안 그 화병에 국화를 잔뜩 꽂아 두고 매일 아침 몇 송이씩 빼어들고 다녀왔다. 하루는 초등학교 6학년짜리 주일학교 학생이 목양실에 놀러왔다.

"웬 국화꽃?"

"누가 죽었어요?"

순간 나는 움찔했다.

이걸 어찌할까?

은종이의 최종 선택

아들 은종이가 그렇게 떠났는데 아버지로서 나는 은종이가 왜 그런 선택을 해야만 했는지 그 연유를 밝히기 위한 행보를 하고 있었다.

죄송합니다. 철없는 예은종 올림.

은종이가 그날 현장에 남겨놓은 열 세 글자이다.

은종이의 직장 생활은 우리 가족만이 아는 우여곡절이 없지는 않았지만, 은종이가 아빠의 회사에서 그런대로 적응하고 있는 줄 여기고 있었다. 그해 2월 은종이가 가출했다가 보름 만에 돌아와 다시 출근하면서 보름간의 가출 사건으로 인해 회사 분위기도 그만큼 어색해져 있었을 것이었다.

사원들은 사장 아들이고, 또한 듣지 못하는 장애를 갖고 있으니, 안타까운 마음도 없지 않았지만, 업무를 추진해야 하는 면에 있어서 은종이로 인한 불만이 없을 수 없었다. 그런 일들에 대해 사무장을 비롯한 몇몇 나이 지긋한 분들에게 부탁을 해 두었지만 결과적으로 그것은 기대할 수 없었던 부탁이었다.

시간을 내서 사원들의 이야기를 들어 보았다. 은종이는 사원들에게 장난을 걸 때에는 뒤로 가서 등을 '탁' 치면서 장난을 시작했다고 한다. 자신이 듣지 못하니 그렇게 해서 자기를 향하도록 하고 입모양을 보면서 농담도 해야 했기 때문이다. 자연히 다른 사원들도 은종이에게 장난을 걸 때에는 은종이 등을 치거나 어깨를 건드리면서 장난을 걸었다.

그런데 이때 은종이가 기분이 좋으면 돌아서서 활짝 웃으며 대화도

하고 농담도 하지만, 만약 은종이 기분이 언짢을 때는 다른 사람이 다가 와서 자기 등을 치거나 몸에 손을 대면 돌아서면서 상대를 쏘아보았다 고 한다. 그 눈빛을 한 번 경험하고 나면 다시는 은종이에게 다가설 마 음이 사라진다는 것이다. 그러니 은종이는 점점 고립을 자초한 셈이 되 었다.

"은종 씨 이것 좀 같이 합시다!"

"내가 왜 그걸 해요?"

다른 직원들이 함께 일을 하자고 했을 때, 은종이가 자기 기분이 좋으 면 흔쾌히 거들지만, 마음에 안 내키고 속상한 일이 있을 때면 거절한다 고 했다. 이러한 은종이의 거부를 몇 차례 경험하게 되면, 시간이 걸리 고 힘이 들더라도 혼자 하고 말지, 은종이에게 다시 도움을 청하지 않 았다고 한다. 은종이는 자기 본연의 업무인 컴퓨터에 자료를 입력하는 일 말고는 한 사무실에 있으면서도 직원들과 함께 어울리지 못하고 점 점 소외되기 시작했다.

나중에는 출근해도 할 일이 없다고 느낄 만큼 직장 안에서의 자기의 존재감도 잃게 되었던 것 같다. 그래서 출근 시간에 사무실에 얼굴을 비 친 다음에는 다시 숙직실이나 사업장의 어느 한 곳에서 잠을 자기 일쑤 였다.

점심 시간이 되어서 식사하자고 깨울 때까지 자는 날이 많았다고 하 니 얼마나 은종이가 견디기 힘들었을까?

이러한 은종이의 직장 생활에 대해 대부분의 사원들은 그냥 넘겼다. 사장 아들이고 또 의사소통도 힘드니까 없는 셈치고 지나쳤다고 한다. 이런 상태를 보고 나이 든 직원 한 분이 나서서 직원들에게 독려했다.

"사장님이 은종이를 저렇게 놔두라고 여기 보낸 것이 아니다!"

"그러니 자꾸 불러내서 일을 시켜야지 이러면 안 된다!"

그러나 그렇게 얘기해 봤자 그때뿐이었다.

그런 상황에서 은종이는 아침이 오는 것이 싫었지 않았을까?

아침이 와 봐야 자기 할 일도 없고, 누가 다가와서 자기와 대화해 주는 이도 없다. 한마디로 은종이가 소망을 잃었던 것이다.

그래서 아빠에게 회사를 그만두겠다고 문자를 보냈는데, 아버지인 나는 그런 저간의 사정을 전혀 알지 못하고 설득해서 어떻게라도 적응하기를 바랐으니 내가 얼마나 악한 아비인가?

내가 관여하는 세상의 모든 것들은 원활하다고 단정하고, 오로지 목회에만 전력 질주하고 있었던 나는 유구무언이다. 목회도 결론적으로 어리석은 목회였다는 평을 받을 수밖에 없다.

늦게 시작한 만큼 목회가 나에게 가벼운 짐일 수는 없었다. 설교 한 편을 준비하더라도 전력 질주해야만 했다. 젊어서부터 목회를 시작한 경우와 여러 면에서 부족함을 드러냈기에 나는 그만큼 교회에 온 신경을 쏟아 부었다.

그러나 그 사이 은종이는 아빠의 회사에서 자기의 존재감도 상실하고, 소망도 잃어버렸던 것이 아닐까?

'은종이의 최종 선택이다!'

'너는 은종이의 최종 선택을 부끄러워하지 말라!'

하나님이 나에게 하신 말씀을 뼈에 사무치게 절감했다. 하나님도 물론 은종이의 그런 선택이 잘 된 것이라고는 하시지 않을 것이다. 그럼에도 은종이는 견디고 이겨내기를 하나님도 바라셨을 터인데, 육신의 아버지인 내가 게으르고 내가 악했다.

이 고백 말고 다른 어떤 고백을 하나님 앞에 내가 내놓을 수 있단 말인가! 오, 주여!

보람이가 신학을 시작하다

은종이가 아침이 오는 것이 두려웠고, 소망을 잃어버리고 그렇게 떠났음을 알고 나는 보람이를 보았다. 보람이는 대학을 마치고, 양재학원을 수료한 다음 의류 회사에 잠깐 취업을 했다가 다시 나와서 컴퓨터를 일 년 정도 공부한 다음 취업을 시도했으나 여의치 않았다. 아빠가 지방에서 목회를 시작한다고 할 때 자기는 따라 내려오지 않겠다 하여 서울 쪽에 원룸을 하나 얻어서 기거하게 하고 내려왔는데, 보람이는 서울과 아빠 목회지를 오가며 지내고 있었다. 보람이를 은종이에 견주어 살펴보니, 보람이도 소망을 찾지 못하고 있기는 마찬가지였다. 그제야 나는 화들짝 놀랐다.

은종이 보내고 시작된 매일의 가정예배를 통하여, 은종이가 이렇게 소망을 잃어버렸기 때문에 그런 선택을 한 것 같다고 말해 주고 보람이의 소망을 찾기 위해 기도했다. 보람이가 언젠가 기도 중에 하나님으로부터 '수어를 배워서 수어인을 도와주어라.'는 음성을 듣고 수어를 배우기 시작했다고 했던 것이 생각났다.

구화와 수어를 모두 사용하는 보람이가 어떻게 하면 수어인을 도울 수 있을까?

아내와 상의한 끝에 보람이에게 신학대학교 편입을 제의해 보기로 했다.

보람이가 전문대학을 졸업했기 때문에 신학대학교 3학년에 편입할 수 있었다. 가정예배 시간에 보람이에게 권유를 했다. 보람이는 신학대학교 졸업하면 무얼 할 수 있는지를 물었다. 교회에서 전도사가 되어 사역하게 되며, 특히 농아인 예배를 인도하고 장차 농아교회 목사가 될 수 있다고 했더니, 보람이는 관심을 가지고 이것저것 물어온다. 가능한 한 많은 것을 말해 줬다.

다음날 보람이는 신학대학교에 편입하겠다고 했다. 그리고 아빠 말을 듣고 지난밤에 가슴이 설레어서 잠도 제대로 못 잤다고 했다. 보람이는 자기 사명과 일로 바쁜 사람들이 부러웠다고 했다. 자기도 일로 바쁜 생활을 해 보고 싶었는데, 아빠의 권유를 듣고 가슴이 부풀었다고 이야기했다. 그때부터 봄 학기가 다가올 때까지 나는 신학대학교 신학과 편입을 알아보기 시작했다.

충청권에 있는 한 신학대학교는 장애인들이 많이 등록하고 다니는 학교로 잘 알려져 있었다. 그리고 다른 신학대학교들도 청각장애인이 입학할 경우 수업시간에 수어 통역을 해 주고 있음도 알게 되었다. 보람이는 충청도 지역에 있는 학교에서는 청각장애 학생이 원할 경우 도우미가 노트북을 지참하고 수업에 함께 들어가 교수의 강의 멘트를 한글프로그램으로 즉석에서 입력하여 볼 수 있도록 해 주는 서비스가 수어 통역보다 나을 것 같다고 그쪽을 지망했다.

편입학 원서를 내고 면접이 있는 날 우리 부부와 보람이가 함께 학교에 갔다. 처음에는 자녀의 대학교 편입학 면접날 함께 가는 부모가 어디 있냐며 싫은 내색을 하다가, 이내 함께 가는 데 찬성했다. 보람이도 은종이를 떠나보낸 아빠 엄마의 심정을 어떻게든지 이해해 보려고 노력을 했다.

　은종이가 떠나기 전에 아빠 엄마는 보람이와 은종이가 어디를 가든지, 들어오든지 별 신경을 쓰지 않았다. 이미 다 큰 성인들이었고, 또 본인들도 싫어했었다. 우리가 마마보이냐며 반발한다. 그래서 오면 오는가 보다, 나가면 나가는가 보다 하면서 지냈다. 그러나 은종이를 잃고 나서는 완전히 바뀌어졌다.

　보람이는 은종이가 떠난 이후 서울에 있는 자기 원룸을 비워두다시피 했다. 엄마 아빠 시야에서 벗어나면 아빠가 두려워하는 것을 눈치 챘는지 좀처럼 서울에 올라가 있겠다는 말을 안 했다. 그렇게 지내다가 편입학 문제로 서울을 올라 다니기 시작했다. 보람이가 열차를 타러 갈 때는 우리 부부가 항상 역까지 배웅했다. 열차 타는 것을 보고 되돌아오고, 집에 올 때는 어김없이 차를 가지고 역에 마중을 나갔다.

　한번은 보람이가 서울의 원룸에서 며칠 기거하게 되었다. 나는 아침 저녁으로 보람이와 문자로 안부를 주고받았다. 주로 밥은 먹었느냐고 질문하는 형식을 띄었다. 그런데 하루는 오전 내내 문자에 대한 답신이 없었다. 나는 점점 초조해지고 불안해졌다. 정오를 넘겼는데도 아무런 답신이 없다. 자세히 보니 어제 저녁 아홉시 이후로 문자 교신이 없었다. 아내와 나는 불안해졌다. 결국 119에 전화를 했다.

　사정 이야기를 했다. 불과 6개월여 전에 동생을 그렇게 잃었고, 아빠 앞에서 자기도 극단적인 생각을 했다는 말도 한 적이 있는 아이다. 우리가 경기도에 살 때 아파트 8층에 살았는데 보람이는 8층 창문을 열고 내다보기까지 했다는 말을 했었다. 어느 날인가는 은종이와 스스로 떠나는 일에 대해 대화까지 했다는 것이다. 그런데 그렇게 하는 것은 엄마 아빠에게 못할 일이라고 서로 이야기하고 우리는 그러지 말자고 다짐까지 했었다는 이야기를 들려줬다. 자초지종을 들은 소방관도 심각하게 받아들였다.

"그러면 지금 주소지로 출동을 할까요?"

옆에서 아내가 듣고 있다가 나를 말렸다.

보람이가 한번 잠이 들면 깊이 드니까 더 기다려 보자는 것이다. 나도 소방대원이 보람이 거처까지 출동하는 것은 나중에 보람이로부터 어떤 말을 듣게 될 지도 모르고 또 그렇게까지 하는 것은 지나치다는 생각에 좀 더 기다려보겠다고 말하고 끊었다. 그 후 삼십분 쯤 지나 보람이의 문자가 왔다. 엊저녁 친구를 만나 늦게까지 이야기하고 들어와서 그때까지 잤다고 했다.

"그랬구나!"

답장을 보내면서 가슴을 쓸어내렸다.

보람이는 신학대학교 신학과 3학년에 편입했다. 서울에 있는 원룸에 기거하면서 학교에 다니겠다고 했다. 숙소를 학교 가까이 옮겨주겠다고 했지만 전철로 다니면 된다고 마다했다. 학교 인근으로 가면 자기의 사생활이 학교 친구들에게 너무나 노출이 된다는 것이다. 보람이가 그렇게 한번 생각을 굳히면 우리 부부가 좀처럼 바꿔주지 못한다. 그냥 두고 볼 수밖에 없다.

청각장애 학생 도우미

보람이가 입학한 학교에서는 학기가 시작되기 전에 재학생을 대상으로 청각장애 학생 도우미 지원 신청을 받았다. 그 학교에는 수어학과도 있었는데, 수어학과 학생들이 청각장애 학생 도우미 아르바이트를 지원했다. 도우미로 선정이 되면 노트북을 들고 보람이의 모든 수업에 따라 들어간다. 나란히 앉아서 노트북을 열고 도우미 학생이 14포인트 크기의 글씨로 교수가 수업 중 하는 말을 그대로 옮겨준다.

보람이는 거의 모든 과제물 제출에 있어서, 나에게 도움을 청했다. 그래서 나는 도우미가 녹취한 녹취록을 가끔 보게 되는데, 토씨 하나까지 모든 말을 워드로 찍어준 것이 참으로 놀라웠다.

청각장애 학생 한 사람을 위하여 대학에서 이렇게까지 지원을 하다니!

우리나라의 복지제도에 감동했다.

너무 고마워서 학교에 직접 전화를 걸어 물어보았다. 도우미 학생에게 지급되는 예산의 규모는 물론 그 예산을 어떻게 확보하는지 알아봤다. 그 당시는 정부 지원이 70%이고 나머지 30%는 학교에서 충당해야 하는데 장학금이 있어 어려움이 없다고 한다. 다른 학교들도 그렇게 하냐고 했더니 그렇다고 한다. 모든 학교에서 청각장애 학생이 신청하면 학교에서는 응당 그렇게 해 주어야 한다고, 법에 그렇게 되어 있다고 했다.

헤아려 보니 은종이가 호텔제과제빵학과에 다니던 때에도 그런 신청을 할 수 있었는데 아빠인 내가 게으르고 몰라서 못했다.

이 얼마나 악하고 게으른 아빠인가?

생각해 보니 내가 맨 처음 자동차를 취득할 때, 청각장애 2급, 3급 두 자녀를 두고 있으면서도 일반인들처럼 자동차를 샀다. 장애인 면세 혜택이나 LPG로 뽑을 수 있는 혜택이 있음에도 그런 쪽에는 아예 관심조차 없이 그저 일반인 자격으로 차를 뽑았다. 그렇게 차를 뽑아 무려 7년 동안 자동차세까지 꼬박꼬박 내고 타면서 장애인 혜택에는 귀도 기울이지 않았다.

처음 산 자동차를 폐차시킬 때까지 타고 두 번째 자동차를 뽑으면서, 비로소 아이들로 인한 면세 혜택과 LPG용 자동차를 구입했다. 권리 위에 잠자고 있었던 셈이다. 권리라기보다는 사회보장제도를 외면하고 있었던 셈이다. 변명의 여지없는 무지와 게으름이다. 이런 내 행동의 저변에는 아이들을 건청인처럼 키워서 건청인 사회에 진입시키려는 부모로서의 욕심이 깔려 있었다. 그 욕심은 정작 당사자인 보람이와 은종이에게는 전혀 쓸모가 없는 허영심이었다.

이러고도 내가 아빠라 할 수 있을까?

봉안원의 은종이 이름 앞에서 뒤늦은 회개를 한다. 은종이 시선에서 은종이가 살아가야 하는 세상을 바라보고 은종이가 헤쳐 나가야 할 문제점을 발견하여 극복하도록 했어야 하는데, 모든 것을 내 관점에서 보고, 내 마음대로 했다.

세상에 나 같은 아빠가 또 있을까?

나는 은종이에게 너무 부족하고 모자란 아빠였다.

"아빠, 미안해요!"

은종이가 떠난 이후 한동안은 장차 은종이 만나면 은종이로부터 이 한마디는 들어야겠다고 생각했다. 어쨌든 은종이가 아빠를 두고 떠나 아빠에게 커다란 상심을 안겨 주었으니 말이다. 그러나 그 생각이 점차 바뀌었다. 가만히 생각하니 내가 들어야 할 말은 그게 아니었다.

"아빠! 괜찮아요!"

이 말은 은종이의 아빠를 향한 용서의 말이다.

시간이 조금씩 흐르면서 '내가 얼마나 부족한 아빠였는가?'를 깨닫게 되면서 은종이로부터 들어야 할 말, 듣고 싶은 말이 바뀌었다.

은종이는 대학을 졸업하고 운전면허를 취득하고 제과점 서너 군데를 거치면서 청각장애 도우미 서비스를 한 번도 경험하지 못했다. 은종이가 어느 날 나에게 질문했다.

"아빠, 그때 왜 나를 삼성학교에서 일반 학교로 옮겼어요?"

"응! 그거야 학교 측에서 보람이 누나와 너를 일반 학교에 통합시켜도 될 것 같다고 해서였지!"

"아빠, 나 그때부터 아무 것도 안 했어요! 공부 하나도 안 했어요!"

은종이의 그 말을 듣고 나는 소스라쳤다.

농아학교에서 일반 학교 통합교육을 해도 좋다고 해서 옮긴 것이 은종이가 초등학교 4학년 때였다.

그런데 그때부터 아무것도 안했다니!

이를 어쩌면 좋단 말인가?

그 이후 은종이는 중학교, 고등학교, 대학교를 마쳤다. 중학교 때는 사격부에서 사격을 하고, 체육고등학교에 진학하여 공기권총을 쐈다. 은종이는 이거 말고는 다른 공부는 전혀 안 했다는 뜻이다.

대학 제과제빵학과에서도 마찬가지였다. 은종이가 대학 다닐 때 내가 은종이 책을 한 번 본 적이 있는데, 그 책들은 제빵 관련 화학식과 생물학 내용들이었다. 그런 내용을 공부해서 자격증을 취득해야 하는데 은종이는 자격증 하나 취득하지 못했다.

은종이 입에서 이런 실토가 나오기까지 아빠로서 내가 한 일은 도대체 무엇인가?

나는 너무나 기가 막혔다. 그럼에도 나는 은종이 앞에서 심각한 표정을 지을 수 없다. 늘 대수롭지 않은 듯한 태도를 견지해야 했다. 그때도 내가 농담처럼 물었다.

"그럼, 은종이 영어 알파벳 같은 거 하나도 모르겠네?"

"에에! 그런 거는 알아요!"

깔깔 웃으면서 대답한다.

나는 도대체 은종이에게 어떤 아빠일까?

아빠가 사장인 회사에 은종이를 취업시키고 한 달에 한 번 급여일에 가고, 또 봄가을로 직원 야유회에 참석해 왔다. 회사 인근의 관광지로 가서 단체 사진을 찍었는데, 우리 부부는 그 사진 파일도 챙기지 않았었다. 나중에 은종이 떠나고 나서 회사 직원에게 부탁해서 은종이가 함께 찍은 사진 파일을 모두 보내달라고 해서 보았는데, 유독 시선을 끄는 한 장의 사진이 있었다. 그 사진 맨 뒷줄에 아내와 내가 나란히 서고, 나로부터 한 사람 건너 은종이가 잘 따랐다는 직원이 있었는데, 은종이는 그 직원의 어깨 위로 무등을 타고 있었다.

그 직원은 나보다 두어 살 아래로서 술고래에 학력은 국졸이었고 본처와 이혼하고 지금 사는 부인과는 혼인 신고도 되어 있지 않았으며, 말투에도 무지와 무식이 줄줄 흐르는 직원이었다. 사장으로서 가까이 하기에는 좀 그런 사원이었다. 그래서 나는 적당히 거리를 두고 있었는데, 은종이가 그 '아저씨'를 잘 따랐다고 했다. 심지어 은종이는 "아저씨, 나 여자 소개시켜 주세요!"라고 할 정도였다고 했다. 그 아저씨가 "사장님이 은종이 여기 보낸 것은 저렇게 은종이 팡팡 놀리라고 한 게 아니다. 자꾸 불러서 일 시켜라!"라고 했던 그 '아저씨'이다.

나는 목사로서, 배웠다는 엘리트로서, 가졌다는 중산층으로서 이 무식한 '아저씨'에 비해서 뭐가 낫다는 것인가?

마음속으로 그분에게 깊이 머리를 조아렸다. 그때부터 그 아저씨를 가까이 했다. 가끔 은종이 이야기를 들려준다.

"사장님이 은종이에게 술을 가르치지 말라고 했다는데, 내가 보기에는 차라리 은종이가 술이라도 마셨으면 했어요!"

"은종이가 스트레스에 치여 지내는데, 술로라도 풀었으면 하는 마음이 늘 있어서 은종이를 가끔 술자리에 불러냈는데, 옆에서 사무장이 절대 안 된다고 해서 술을 가르치지 못하고 안주만 먹였어요!"

그 아저씨가 나에게 해 준 말이다.

신앙과 술과 음식 그리고 청각장애와 그로 인한 중압감!

이런 파도를 헤치고 나가는 길에 누가 누구를 돕는 도우미인가?

나는 어쨌든 목사이다! 하나님의 종이다!

한때는 나도 술고래였지만 목회를 결심하면서 술은 딱 끊었다. 어느 날부터 술잔에서 그 어떤 의미도 찾을 수 없었다. 은종이를 떠나보내고도 술은 입에 대지 않았다. 그러나 내가 술을 입에 안 대는 것을 자랑으로 내세울 생각은 없다. 그런 소소한 문제들에서 답을 찾는 것은 어리석은 일인지도 모른다.

중요한 것은 누가 누구를 어떻게 돕느냐가 아닐까?

아버지이면서도 은종이에게 도움이 안 되었던 나는, '아저씨'로서 은종이의 깊은 영혼의 아픔까지 헤아렸던 그에게 빚진 자가 되었다.

설교냐 광고냐, 이것이 문제다!

　나는 늘 누구를 어떻게 도울까보다는 누가 나를 도와야 하는가를 생각하고 주장하면서 살아 온 이기주의자였다. 그 증상은 더 심화되었다. 은종이 떠나고 나는 도움을 더 많이 받아야 할 위치에 서게 되었다고 생각했다. 나는 참척의 고통을 껴안은 긍휼히 여김을 받아야 할 자였으니 말이다.

　은종이가 그런 선택을 할 수도 있다는 생각을 단 한 번도 하지 않다가 갑자기 당한 일은 참으로 견뎌내기 어렵다. 그럼에도 나는 살아야 한다.

　여기서 내가 쓰러지면 아내와 보람이가 어찌되겠는가?

　안간힘을 다 해 버텨내야 했다.

　어떻게 해야 내가 살아남을 수 있을까?

　하나님은 하실 일을 미루시는 분이 아니다. 장례식 사흘 동안 하나님은 나에게 내가 살아가야 할 길을 분명히 보여 주셨다.

　"예은종의 장례식으로 치러라!"

　"은종이와 함께 한 지난 26년을 뒤돌아보아라!"

　"은종이의 최종 선택을 부끄러워하지 말아라!"

　"너의 목회는 내가 결정한다!"

　대단히 분명하고도 명쾌한 결론이다.

　나는 앞으로 이렇게 살면 되었다. 나는 이 네 가지 하나님의 말씀을 뼈에 새겨야 했다. 어떻게 하면 이 말씀이 내 삶이 될 수 있을까를 강구해야 했다.

> 만일 그리스도인으로 고난을 받으면 부끄러워하지 말고 도리어 그
> 이름으로 하나님께 영광을 돌리라(벧전 4:16).

장례를 치르자마자 첫 번째 맞는 주일에 위의 구절을 근거로 하여 "부끄러워 하지 말고"라는 제목으로 설교했다. 은종이 떠나고 닷새 만에 한 주일 설교이다.

그 무렵 매월 한 차례씩 모이는 목사들의 모임 날짜가 다가오고 있었다. 목사 부부들 30여 명이 모이는 공동체이다. 그달 모임에 내가 설교를 자원했다. 모인 목사들은 은종이 장례식에 모두 다녀간 분들이다. 또 은종이 장례의 순서마다 예배를 주관하고 설교하고 기도했던 목사님들이다. 그들과 만난 자리에서 나는 은종이 보낸 후 첫 주일에 했던 설교를 들고 섰다.

은종이 장례식을 치르면서 하나님으로부터 들은 음성을 전하는 설교였다. 자식을 잃은 아비의 설교였다. 자식을 잃고 아비로서 살아가기 위해 몸부림치는 설교였다. 목사들 앞에서 설교를 하는데 제대로 할 수가 없었다. 울먹이기를 거듭하다가 겨우 설교를 마쳤다.

마치고 자리에 앉는데 좌중의 한 목사님이 말한다.

"예 목사님이 신학적으로 정리 안 된 내용으로 설교를 하시니, 내가 이 자리에 앉아 있는 것이 거북했습니다. 예 목사님은 광고 시간을 통해서 그 이야기를 했더라면 좋을 뻔 했습니다!"

속으로 순간 당황이 되었지만 은종이 떠나보낸 후 3주 밖에 안 된 시점이라 경황이 없던 때였다. 아직도 온 몸이 저린 듯 하고 현실감을 느끼지 못하고 있었다. 게다가 나는 어떤 사안에 대하여 반응이 더딘 편

이다. 그 목사님의 말을 듣고서도 나는 아무 소리 없이 앉아 있었다.

그날 모임 이후부터가 문제였다. 그날 그 목사님의 이야기가 내 귓가에 맴돌면서 서서히 끓어오르기 시작했다. 더구나 그 목사님은 은종이의 봉안예배 사회를 맡았었다.

신학적으로 구원을 받았는지 못 받았는지 확실히 정리가 안 된 '죽음'의 장례예배에는 동참했지만, 마치 내가 '은종이가 천국에 있는 것처럼 설교했다'는 의혹을 정면으로 제기했던 것이다. 하루 이틀이 지나면서 내 속에서 화가 끓어오르기 시작했다. 자다가도 벌떡벌떡 일어나곤 했다. '참자! 참자!' 하다가도 참아지지 않았다.

은종이처럼 스스로 떠난 사람은 구원받지 못한다는 기독교 안의 일부 주장은 꽤 오래된 것이었다. 이번 일을 계기로 조사해 봤더니 5세기 성 어거스틴이 발설하면서 '스스로 떠난 사람은 천국에 못 간다'라는 주장이 시작되었다. 예수 믿는 사람들은 이 주장에 반박하기가 쉽지 않은 줄 안다. 그래서 가족 중에 그런 사람이 있는 경우 상당한 번민과 갈등에 빠지게 된다. 그리고 마치 죄인이 되어 기가 죽는다. 교회 안에서도 손가락질 받기 일쑤다.

어떤 면에서 '스스로 목숨을 끊은 사람은 천국에 갈 수 없다'라는 주장은 자살 예방에 기여한 공로가 없지 않다. 문예부흥 이후 염세주의가 대두되고 자살의 광풍이 몰아칠 때는 '어거스틴'이라는 이름값에 기대어 자살을 죄악시하는 기독교의 태도가 기여한 바가 적지 않다.

자기 목숨이라 해서 자기의 뜻대로 하는 것은 하나님의 창조 섭리에 부합하지 않다는 주장도 틀리지 않다. 자기 목숨이라 해서 자기 맘대로 해서는 안 된다.

그런 면에서 은종이의 결행에 하나님이 얼마나 가슴이 아팠을까?

충분히 짐작하고도 남음이 있다.

은종이는 목사의 아들로서 일찍부터 주님을 영접하고 구원받아 천국 시민권을 얻었으니 천국에 있다고 주장하려는 것은 아니다. 모든 것은 하나님이 하시고 하나님이 아신다. 나는 단지 아들의 장례를 치른 장본인으로서 내가 들은 하나님의 음성에 기초하여 내가 목사로서 살아가야 할 방향성을 설교를 통해서 이야기하고 나눔으로서 아들 잃은 아버지의 삶을 바라봐 주기를 청했고, 그날 그 목사님의 갈마따나 아직 명쾌하게 정리되지 않은 신학적 주제에 대하여 더 깊은 묵상과 기도와 신학적 접근을 위해 천착해야 할 기회를 제공할 수도 있기 때문에 나는 감히 설교했던 것이다.

물론 나는 당사자로서 하나님과 교제를 통한 느낌은 분명히 가지고 있다. 하나님이 자기의 종으로 고용한 목사의 아들이 그렇게 세상을 떠났는데 침묵하고 외면하실 리는 없다. 하나님이 만일 그 상황에서, "네 아들은 교리를 어기고 그렇게 했으니 나에게 묻지 말라!"고 하신들 나는 할 말이 없다. 그러나 하나님은 사랑의 하나님이시다. 아들을 잃고 창자가 끊어지는 고통 속에 있는 목사를 보면서 하나님은 나보다 더 아프셨을 것이다.

하나님은 그런 나에게 살아갈 길을 보여 주셨다. 나는 그 길에서 벗어나지 않으려고 기회 있는 대로 내 입을 통하여 발설하면서 중심을 잡고자 했다. 어쩌면 이 참회록을 쓰는 목적도 거기에 있을 것이다.

자기 아들이 그렇게 떠났는데, 신학적으로 교리 정립이 안 되었으니 모르쇠로 지내겠다는 아버지가 있다면 그 얼마나 비인간적, 비인격적, 비신학적 태도일까?

그보다는 어쨌든 장례식을 통하여 들려주신 하나님의 말씀에 의지하여 그것을 간증하면서 살고자 하는 태도를 비난할 자격은 세상 그 누구에게도 없을 것이다. 그러나 세상은 그렇지 않다.

나도 물론 성급함이 있었다. 침묵으로 시간을 좀 더 보냈으면 좋았을 수도 있었을 것을 그런 처지에서도 설교하겠다고 나선, 오지랖 넓은 태도도 환영할 만한 자세는 아니었다.

그 상황에서 목사인 내가 내 아들이 그렇게 세상을 떠났으니 이제부터 그렇게 세상을 등지는 모든 사람들에게도 구원이 있고 그들도 천국에 간다고 선포한다면 나는 하나님의 권한을 침범하는 것이다. 단지 내가 입을 벌려 발설할 수 있는 것은 나의 실존에 기초한 경험일 뿐이다.

나의 경험이 설교로 선포되었을 때, 그 자리에 앉아 있다는 사실이 거북할 수도 있다. 그것은 자신이 가지고 있는 교리에의 확신에서 그럴 수도 있지만, 자식 앞세우고 어렵게 설교하는 이웃 목사에게 '아직 정리 안 된 교리'임을 내세워 그렇게 말할 수는 없는 일이라고 생각되었다.

그날 그 목사님의 말대로 신학적으로 정리 안 되었다는 것은 아직 우리가 그 일에 대한 하나님의 뜻을 충분히 알지 못한다는 것을 의미한다. 그런 주제일수록 나와 같은 이들의 간증이 간절하다. 이런 간증이 누적되어 하나님의 뜻을 헤아릴 수도 있을 것이 아닌가. 그럼에도 즉석에서 그렇게 대놓고 반박했다는 사실에 분노가 치밀었다. 함께 만나 교분을 쌓아가는 입장에서 그렇게까지 말했던 태도에 화가 점점 끓어올랐다.

그 일이 있고 한 달이 지날 무렵 그 공동체 안에서 내가 공식으로 문제를 제기했다. 신학적으로 교리를 밝히자는 의도가 아니라 '신학적으로 정리가 안 된 내용으로 한 설교'라는 말에 대해서 문제를 삼았다. 사실 목사들의 모든 설교, 설교의 모든 내용이 신학적으로 정리된 것만으로 채워질 수는 없었다. 하나님은 영이시고 우리는 육신으로 있는 존재이다. 분명한 것은 우리는 피조물이고 하나님은 창조주시라는 것이다. 우리의 하나님을 향한 모든 행위는 영이신 하나님께로 조금씩이나마 다가가려는 몸짓이다. 그 과정에서 '너의 그런 발걸음은 틀리다'라는 말은 매우 조심스럽다.

내가 그날 설교하고 문제를 제기한 이후 주변의 목사님들은 '어쨌든' 그 목사님이 사과하는 편이 낫겠다는 의견을 냈다. 그날로부터 그 목사님의 공식 사과를 받기까지 5개월이 걸렸다.

사과를 받은 날 나는 어떤 생각을 했을까?

내가 그 목사님으로부터 사과를 받았다고 해서 하나님의 일하심이 달라진 것은 없을 것이다. 그러나 나는 그 기간 동안 은종이를 잃은 상실감에서 비롯하는 고통보다, 그 목사님에 대한 분노로 시간을 채워왔다는 것을 느꼈다. 은종이가 아빠를 떠났다는 사실 때문에 자다가 벌떡 일어나기보다, 그 목사님이 그 말을 했음으로 인한 분노 때문에 벌떡벌떡 일어났다. 분노가 상실로 인한 비통함을 앞질렀다.

그 목사님의 사과를 받는 순간 내 안에서는 새로운 걱정이 시작되었다. 이제는 비통함을 덮어줄 이불이 없어졌다. 얻은 것이라고는 은종이가 떠난 이후 수개월을 지냈다는 현실뿐이었다. 분노의 날이 비통의 날들에게 말을 걸었다. 그래서 비통함이 잠시 잦아들었었다.

그러나 이제 다시 밀물처럼 다가오는 비통함을 어떻게 삭혀낸단 말인가?

하나님은 또 나에게 어떤 날들을 주시어 비통을 잠재우실까?

하나님! 왜 하필 나입니까?

비통에 젖어들 때면 나는 습관적으로 하나님께 투정을 시작한다.
"하나님, 왜 그랬어요?"
"하나님! 이게 뭡니까?"
이 투정이 다시 시작되었다. 사과 받기까지 물고 늘어진 내 성미가 이제는 하나님을 향한다.
"왜 하필 나입니까?"
고통을 당하는 사람들의 하나님에 대한 첫 번째 불만이다.
다른 형제들의 자녀들은 멀쩡한데 왜 나의 자녀들만 청각장애입니까?
내가 뭘 잘못했습니까?
내가 남들보다 더 많이 지은 죄는 무엇입니까?
"왜 나냐고요? 하나님!"
'왜 하필 나입니까?'라고 연거푸 질문하고 하나님의 응답을 기다린다. 그 목사님이 사과할 때까지 내가 포기하지 않았던 것처럼, 이번에는 하나님이 대답하실 때까지 포기하지 않는다.
"왜 하필 나입니까?"
생각해 보니 이 질문이 이번이 처음이 아니었다. 아이들이 청각장애라는 것을 알게 되었을 때에도 치열하게 했었다. 어디 그때뿐이랴, 나는 걸핏하면 하나님께 이렇게 대들어 왔다. 더 깊이 생각해 보니 이 질문은 태어날 때부터 시작된 질문이었다.

사람은 질문하는 동물입니다

질문이 없으면 살아있다 할 수 없지요!
"이 세상에 나가서 살아라!"
모태에서 태어나기 전 하나님이 나에게 하신 말씀입니다.
하나님이 나에게 이 말씀하셨을 때,
나는 감지덕지하고 나왔을까요?
아닙니다. 나는 분명히 질문했을 겁니다.
내가 누굽니까?
의심덩어리, 불신덩어리 아닙니까?
태어나자마자 울음을 터뜨린 것도,
하나님의 보내심이 달갑지 않았기 때문입니다.
내가 먼저 살겠다고 하지 않았어요!
그리고 미지의 세상도 두려웠어요!
때가 차서 선택하시고 예정한 나를 하나님이 보내실 때,
"왜 하필 나입니까?"
그때부터 회의(懷疑)했습니다.
"왜 하필 나입니까?"
이후로도 걸핏하면 이렇게 대드는
내 모습을 보니 그렇습니다.
"왜 하필 나입니까?"
이렇게 질문을 하라고 아무도 부추기지 않았습니다.
그럼에도 습관처럼, "왜 하필 나입니까?"

부르짖습니다!
인간은 "왜 하필 나입니까?"라고 질문하는 존재입니다.
우리가 그렇게 질문할 때마다,
하나님은 뭐라 말씀하십니까?

예민하: "왜 하필 나입니까?"
하나님: "세상에 나가서 살아 보아라!"
예민하: "왜 하필 나입니까?"
하나님: "지금이 시작할 때다. 출발 하거라!"
예민하: "왜 하필 나입니까?"
하나님: "힘을 내서 뛰어라, 주저앉지 말고 일어나라!"
예민하: "왜 하필 나입니까?"
하나님: "출발해라! 시작해라! 주저앉지 말라! 힘내어 살아라!"

내 입에서 터지는 "왜 하필 나입니까?"
이 소리는 출발선상에서 터지는 총소리입니다!
이 소리는 출발신호요, 시작하라는 표지요,
힘을 내라는 하나님의 방아쇠 당김 소리입니다!

하나님!
이거였어요?
시작하라고요?
힘내라고요?

출발하라고요?

일어나라고요?

하나님의 총소리가 내 입에서 터져 나옵니다.

"왜 하필 나냐고요?"

내가 누려도 되는 슬픔

은종이가 떠난 이후 나는 슬픔을 선별하는 습관이 생겼다. 아무거나 슬퍼하지 않았다. 은종이로 인한 슬픔도 버거웠기 때문이다. 그런 중에 세월호 사태를 접했다. 참으로 기가 막힌 사건이다. 고등학생 250여 명이 한번에 그렇게 세상을 떴다. 그럼에도 나는 냉정했다. 그 사건에 일정한 거리를 설정하고 바라보았다.

내가 그 사건에 눈물을 흘리다가는 자칫 거기에 은종이로 인한 슬픔이 보태져서 차마 견디지 못할 것이 두려웠기 때문이다.

그 무렵 초등학교 교장으로 있는 친구를 만나 차 한 잔 했다. 그 친구는 은종이 장례식장에도 왔었고, 화장장까지 찾아와 주었던 친구다. 그를 만났더니 6학년 아이들 수학여행을 계획하고 있다가 취소했다면서 세월호 얘기를 꺼낸다.

"세월호를 보면서 예민하 목사가 자기 아들 생각하고 많이 울겠네!"

친구의 그 말을 들으면서 나는 속으로 놀라고 있었다.

'어? 나는 세월호로 인해서는 그때까지 한 번도 울어본 적이 없는데? 나도 세월호를 보면서 울어도 되는 거야? 그렇게 해도 돼?'

그때부터 내 가슴에서 눈물이 흘러내리기 시작했다. 친구가 나에게 세월호를 보면서 울어도 된다고 허락을 해 준 셈이다. 집에 돌아와 세월호 관련 보도를 꼼꼼히 읽기 시작했다. 읽다보니 울고 있다. 울다 보니 내가 은종이로 인해서 흘리는 눈물인지 세월호 아이들로 인해서 울고 있는 것인지 알 수 없었다.

내가 사는 곳에서 멀지 않은 곳에 중고등학교가 있다. 그 학교 옆으로는 왕복 10차선 도로가 있다. 등하교 시간에 횡단보도를 건너다보면 끌끌한 중고생 녀석들이 횡단보도를 가득 메우고 건너간다.

'이런 녀석들 250명이?'

횡단보도를 건너면서 나오는 탄식이다.

가슴에서 눈물이 흘러내린다. 그리고 길을 건너는 학생 수를 헤아려 본다. 불과 100명도 안 된다.

'이보다도 훨씬 많은 아이들이 한꺼번에 그렇게 되었어?'

그리고 운다.

보도를 통해서 세월호 유족들의 단식이라든가, 진상규명을 위한 활동을 접하면서 '저 슬픔을 어이 견뎌내고 있을까?'라는 생각이 든다.

더구나 세월호는 일부 국민들로부터 입에 담지 못할 소리로 공격을 받으면서 수세에 몰리기도 한다. 세월호 희생자 유족들에게도 상실의 고통을 능가하는 분노의 날들이 있다. 세상은 이렇다!

그래도 나는 세월호 유족들보다는 낫다는 생각도 해 본다.

자식 잃고 일부 국민들로부터 오해를 받고 있으니 말이다!

나는 가끔 내 슬픔과 세월호 유족들의 슬픔이 혼합되는 혼동을 겪기도 한다.

세월호 유가족이 원인 규명하겠다고 나서는 것은 너무나 당연하다. 나도 은종이가 왜 그런 선택을 해야만 했는지 나도 모르는 중에 파고들었었다. 자식 보내고 할 수 있는 첫 번째 일은 그것뿐이다. 첫 번째를 하지 않고는 두 번째를 할 수 없다. 첫 번째를 생략한 두 번째는 기실 의미가 없다.

내가 몰랐던 하나님!

내가 착하고 충성된 종이라고 자부할 수는 없다. 그러나 끈질김은 가지고 있다. "왜 하필 나입니까?"라고 하나님께 수없이 질문한 끝에, 내 입에서 나오는 탄식, "왜 하필 나입니까?"는 하나님이 출발을 알리는 총성이라는 응답을 들은 이후에 나는 또 시작했다.

세상에서 자식을 앞세운 이들은 죄인처럼 기를 못 편다. 하기야 나도 그런 사람이 있으면 한 번 더 쳐다봤다.

'아, 저 사람이 자식을 앞세운 분이구나!'

내가 그랬으니 다른 이들도 나를 한 번 더 쳐다보겠지?

이번에도 하나님께 당돌하다.

"하나님! 참척의 고통을 당한 이들에게는 어떻게 위로하실 건데요?"

나 혼자만이 아니니까, 곁에 있는 아픈 사람들까지 대변하는 척하면서 따진다.

은종이를 보내고 나서 주변으로부터 많은 책들을 소개받았다. 위로가 될 것이라며 권하는 책들이다. 숱한 책들을 읽었다. 그 책들 중에 작고 한 어느 유명한 여류 소설가가 의사인 아들을 교통사고로 잃고 쓴 책이 있었다. 제목이 『한 말씀만 하소서!』이다.

그 책을 끝까지 읽는 동안 작가가 하나님으로부터 한 말씀이라도 들었다는 언급은 없었다.

그렇게 절규하는 데 왜 하나님은 한 말씀도 하지 않으셨을까?

"제발 한 말씀이라도 좋으니 들려주세요! 뭐라고 좀 해 보세요!"

지금도 참척의 고통 중에 있는 많은 부모들은 하나님을 향해 부르짖는다.

하나님은 단장의 비통함 속에 있는 자식 잃은 부모들에게 뭐라고 대답하실까?

하나님은 우리가 부를 때 대답하는 분이다.

그렇지 않다면 우리가 왜 기도를 해야 하는가?

하나님은 우리가 굳이 묻지 않아도, 다그치지 않아도 대답하신다.

우리가 듣지 못하고, 보지 못하고, 알아채지 못할 뿐이다!

하나님은 모르쇠 하시지 않는다고 나는 믿는다. 그래서 나는 부르짖었다.

"한 말씀 해 주세요!"

도중에 포기할 수 없다. 그 소설가는 외치다가 지쳐 포기했는지 모르지만 나는 아직 더 따지고 대들만한 힘이 있었다. 하기야 내가 멈추고 싶다고 해서 멈추어지는 것도 아니다. 눈 뜨고 의식이 있는 한 멈추어지지 않는다.

"하나님, 자식을 앞세웠어요! 한 말씀 해 주셔야 하지 않겠습니까?"

하나님도

하나님도
자식을
앞세운 분입니다.

하나님도
기가 막혀
세상이 뒤집혔어요!

하나님도
자식을
가슴에 묻었어요!

하나님도
사흘 만에
자식을 살려냈어요!

어느 날 발견했다. 컬럼부스가 신대륙을 발견하듯이, 아르키메데스가 목욕하다가 아르키메데스의 원리를 발견하듯이, 하나님도 자기 아들을 앞세운 분이란 것을 발견했다.

내가 찾아냈다! 이것은 놀라운 발견이라고 생각한다!

그동안은 솔직히 몰랐다. 하나님도 나처럼 아들을 앞세운 분이시라는 것을.

아, 이제보니, 하나님은 그럴 듯한 말로 위로하는 분이 아니다. 하나님은 몸소 우리보다 먼저 겪으심으로 위로한다.

우리가 몰랐을 뿐이다! 하나님도 참척을 보신 분임을 몰랐었다!

그러나 이제 알았으니 됐다. 그러면 됐다. 눈빛만 보아도 된다.

하나님도 우리처럼 자식을 앞세운 분이시다!

"하나님! 하나님은 그때 어떻게 하셨어요?"

나는 참 질기다!

하나님과도 끝장토론을 해야 한다.

첫째, 경악 驚愕

외아들이 십자가에 매달려 숨을 거두었을 때,
하나님은 성소 휘장을 찢어버립니다.
중천에 떠 있는 해를 먹통으로 만들었습니다.
바위를 깨뜨립니다.
무덤들을 열어젖혔습니다.
얼마나 경악했으면요!

둘째, 전환 顚換

자식을 앞세우고 창자가 뒤집어지고 끊어졌습니다.
세상인들 어찌 뒤집히지 않겠습니까?
아들이 살아 있는 세상에서 아들이 떠난 세상으로 뒤집어집니다!

주전(B.C.)에서 주후(A.D.)로 뒤바뀐 이유가 뭐겠습니까?
하나님에게도 세상은 뒤집어진 세상입니다.

셋째, 수긍 首肯

정신 줄을 되잡고,
아들이 왜 채찍에 맞아야 했나?
왜 가시관을 썼나?
왜 조롱당하고 십자가에 달려야 했나?
왜 숨을 거두어야 했나?
하나님은 수긍이 될 때까지 알아봤습니다.
독생자가 그렇게 하지 않고는 이 땅의 죄인들 구원할 방도가 없었습니다.
하나님은 수긍했습니다.
그렇게 될 수밖에 없었음에 끄덕이면서 수습의 길로 들어섭니다.

넷째, 초청 招請

자식이 돌무덤 속에 있는데 그 앞에서 돌아설 부모는 없습니다.
제 정신으로는 자식 무덤으로부터 돌아서지 못합니다.
하나님은 다시 살려내십니다. 하나님의 전능하심으로!
하나님은 아들을 살려 자기의 우편 보좌로 불러 올렸습니다.
하나님의 형상을 닮은 우리!

사람들도 차디찬 무덤 속의 자식을 다시 꺼냅니다.
그리고 가슴에 묻지요!
사람들은 가슴 왼편 심장에 자식을 불러 앉힙니다!

하나님 우편 보좌가 생명이듯!
사람의 좌편 심장도 생명이죠!

4월은 해마다 온다. 언젠가부터 한국의 4월은 경악하고, 뒤집히고, 수긍하고, 초청해야 하는 계절이 되었다. 자식 잃은 사람들, 이들 모두 하나님의 형상을 따라 지음 받았다. 그러니 우리도 하나님처럼 해야 되지 않을까?

내 가슴과 색깔이 같아야 위로가 된다

위로는 누구에게나 필요하다. 위로에서 예외인 사람은 없다. 자식을 잃은 사람들도 위로를 받아야 한다.
누가 이들을 위로할까?
이들을 위로하겠다고 감히 나서는 사람들이 간혹 있다. 은종이 장례 이후 어렵게 문자를 보내 주신 분들이 계신다. 나는 그분들의 문자를 은종이의 문자와 함께 지금까지 보관하고 있다.
그런데 아직도 지워지지 않는 위로 아닌 위로의 전화에 대한 기억이 남아 있다. 직장 생활할 때 가까이서 모신 선배 중 한 분이었다. 그분은 내가 보람이와 은종이를 청각장애아로서 키우는 과정을 비교적 소상히 알고 있었다. 그런데 미처 연락을 받지 못해서 장례식에 오지 못했다면서 장례 이후 며칠이 지나 전화가 왔다.

"예 목사가 은종이 키우면서 고생한 거 내가 다 알지!"

"고맙습니다!"

"은종이 차라리 잘 갔다!"

" … ."

"예 목사! 차라리 잘 됐어! 자네도 그렇게 생각하지?"

" …?"

뜻밖의 이야기를 하는 것이었다.

이런 때 나는 어떻게 대답해야 하는지 전혀 알지 못했다. 그저 얼버무리다가 전화를 끊었다. 그 이후 나는 한동안 시달려야 했다.

왜 그때, 그렇지 않다고, 그런 것이 아니라고, 숨만 쉬고 있더라도 자식은 살아있어야 한다고 큰소리로 말해 주지 못했을까?

그 이후로 그분과 만나게 되면 나는 숨고 싶어진다. 외면하고 싶어진다. 그러나 그럴 수 없다. 그런 이야기 나눈 일이 없었던 듯, 괜찮은 듯, 아무렇지 않은 듯 얼굴을 꾸민다. 그리고 혹시 내가 맨 나중에 "네!"라고 대답하지 않았는지 의심한다. 나 자신을 의심한다.

그러나 진정 위로가 되는 분들도 있다. 은종이 장례식장에 커다란 화환을 보내 준 처가 쪽 친척이 있었다. 나는 그때 '아이들 장례에 웬 대형 화환?' 하면서 의아해했었다. 나중에 알았다. 그분은 고등학생 아들을 익사 사고로 잃은 분이었다. 그때 몰랐던 것이 참으로 미안하다. 그러나 그 화환과 그분의 심정으로 나는 지금도 위로받는다.

은종이 장례 치르고 열흘쯤 되었을 무렵인가, 먼 친척 내외분이 우리 집을 방문해 주었다. 그때 나는 경황이 없었다. 아내는 뜻밖에도 은종이가 입던 옷을 빨리 어떻게 좀 해 보라고 나를 안달했다. 나는 의외였다. 오히려 그대로 두자고 할 줄 알았는데, 얼른 없애라고 재촉하고 있었다. 그때 나는 아내에게 내 의견을 말할 용기를 내지 못했다. 모든 것이 두려웠다. 그래서 밤을 도와 은종이 옷을 동네에 있는 헌옷 수거함에 집어 넣기로 했다.

집 가까운 곳에 수거함이 있어서 비닐 봉투에 하나 가득 넣어서 들고 가 수거함에 넣고 있는데 수거함 옆에 사시는 폐지 줍는 할머니가 창 밖으로 내다보고는 수거함에 넣지 말고 그 옆에 그냥 놓고 가라고 말하는 것이었다. 그러나 그렇게 할 수는 없었다. 그랬다가는 은종이 일이 동네에 소문이 날지도 몰랐다. 어차피 소문이 나겠지만 이런 일로 소문을 재촉하고 싶은 마음은 없었다.

다시 들고 돌아왔다. 다음날 밤에 집에서 멀리 떨어진 헌옷 수거함으로 가져가서 넣었다. 그렇게 하면서 하루하루 보내고 있는데 그 부부가 우리 집에 왔다. 나는 그분들을 극진히 모실 상황이 아니었다. 오는 손님을 반겨 맞을 정서적 여분이 조금도 없었다. 어떻게 그분들을 대했는지 지금은 잘 기억이 나지 않는다. 그러나 그분들이 돌아가고 난 며칠 후에야 생각해 냈다. 수년 전 그분들은 서른 살 따님을 암으로 잃은 분들이었다. 생각해 보니 그 장례식에 우리 내외도 다녀왔다. 그럼에도 까맣게 잊어버리고 있었다.

나중에야 알게 되고, 하도 미안한 생각이 들어 그분들 집을 방문할 계획을 세웠다. 그러나 그때의 형편이 여의치 않았던지 방문 계획은 실현되지 못했다. 지금도 그 내외분을 생각하면 너무 미안하고 죄스럽다.

나는 어찌 이렇게 이웃을 이해하고 사랑해 주지 못하고 오로지 나만 생각하면서 살고 있을까?

그러나 지금도 그분들을 생각하면 위로가 된다.

매스컴을 통해서 유명인들 중에서도 자식을 일찍 여읜 분들의 기사를 접하게 될 때 서로 대화는 할 수 없지만 저 분의 가슴도 내 가슴 색깔이려니 하고 생각한다. 나 같은 안타까운 사람이 나 혼자만이 아니다. 하나님을 바라볼 때도 달라졌다. 하나님도 아들 예수를 잃었으니 하나님 가슴도 내 가슴 색깔일 것이다. 예수의 어머니 마리아의 가슴 색깔도 자식을 잃은 어머니들의 가슴 색깔이다.

왜 아니겠는가?

우리 가족이 믿는 신앙의 정식

은종이 장례 후 한 일 년간은 매일같이 봉안원을 다녔다. 봉안원에서 돌아 나오면 이내 삼거리이다. 거기서 집으로 오는 길은 좌회전을 해야 한다. 좌회전 신호를 기다리는데, '그냥 우회전을 해서 무작정 어디론가 달려 가볼까?' 하는 유혹이 밀려왔다. 어디든 하염없이 달리고 싶었다. '가다보면 운 좋게 은종이를 만날 수 있지 않을까' 하는 작위적인 유혹도 고개를 들었다.

'내가 흔들리면 안 되지!'

잘 참았다.

그 삼거리에서 어느 날인가는 '좌회전도 아닌, 우회전도 아닌 직진을 해 볼까?'

'마치 급 발진하는 차량처럼 그렇게 가보면 어떨까?'

이런 유혹도 밀려왔다. 그런 생각이 불쑥불쑥 드는 내 자신이 두렵기조차 했다.

'내가 흔들리면 아내와 보람이가 어찌 살까? 안 되지!'

그때도 잘 참았다. 잘 참아냈다.

유혹은 끝이 없었다. 은종이를 보내고 두문불출 목회 외골수 길을 걷는 나를 몇몇 목사님들이 등산을 같이하자며 이끌었다. 첫 등산을 하는데 등산로가 기암절벽 백척간두에 나 있다. 일행은 그런 아찔한 경치를 즐겼다.

'여기서 한 발짝만 내밀면 은종이를 만날 수 있을까?'

나는 그런 상상에 빠지다가 얼른 돌이킨다.

나를 위로하겠다고 함께 산에 올라 주시는 분들이 무슨 죄인가?

정신 차리자! 정신을 잘 차렸다.

어느 날 날씨가 꾸무럭하고 비가 추적추적 내렸다. 어두워질 시간이 아닌데 안개가 자욱해지면서 마치 해진 저녁 무렵 같았다. 문을 열고 손을 내밀어 처마의 낙수 물을 맞아 보았다.

'은종아!'

부르면서 갑자기 한 발을 더 내밀고 싶은 유혹이 목구멍까지 차올랐다.

맞아도 좋을 정도로 내려주는 빗속으로 신발 신을 필요도 없이 나서서 한없이 찾아가면 어디선가 은종이와 마주치게 되지 않을까 하는 유혹이었다. 거기서 한 발 두 발 내딛다 보면 다시 돌아오기 어려우리라는 예감이 들었다.

'아, 이래서 거리의 부랑자들이 있나 보구나!'

한 여름에도 씻지 않고 누더기를 잔뜩 걸치고 목적지 없이 방황하는 이들이 이렇게 시작해서 그렇게 되는가 보구나 짐작할 수 있었다. 그 유혹에서도 잘 견뎌냈다.

나를 위해서도 그렇고 아내와 보람이를 위해서도 이런 잡스러운 유혹을 확실히 끊어낼 뭔가가 있어야 했다. 내가 은종이 봉안원을 다니면서 하는 기도가 이를 위한 것이었다. 간혹 아내와 보람이가 은종이 봉안원에 동행할 때, 나는 분명한 기도를 해야 했다. 가정예배를 통해서 듣는 말씀도 분명한 메시지여야 했다.

먼저 하늘나라로 간 은종이가 아빠를 향한 바람이 무엇일까?

아빠가 어떻게 살기를 바랄까를 생각했다. 은종이의 엄마를 향한 바람, 누나를 향한 바람, 우리는 그것을 간파해야 했다. 그리고 은종이가 바라는 삶을 살아내야 한다.

하나님!
우리 가족이 은종이 먼저 떠나보내고 비통 중에 있습니다!
우리를 위로해 주시고요!
하나님이 부르실 때까지 은종이가 바라는 엄마, 아빠, 누나의 모습으로, 열심히 살다가 나중에 은종이와 기쁘게 만나도록 도와주세요!
은종이로부터 '아빠 왜 그랬어요?'라는 원망 듣지 않고
'아빠 고마워요!'라는 말을 듣고 서로 얼싸안을 수 있도록 힘도 주시고, 언제나 성령으로 인도해 주세요!
은종이가 바라는 엄마,

은종이가 바라는 아빠,
은종이가 바라는 누나,
그 모습이 곧
하나님이 바라시는 우리의 모습인 줄 믿고 삽니다! 아멘!

손주를 위한 기도

　보람이는 같은 처지에 있는 청각장애인을 도우라는 하나님의 음성을 듣고 수어를 배웠다. 그리고 아빠의 권유로 신학대학교에 편입하여 졸업했다. 졸업과 동시에 배우자를 만났다. 나이도 있고 하니 결혼은 시급했다. 결혼하여 딸을 낳았다. 손녀 유미는 태어나자마자 종합병원에서 일주일간 입원했다가 산후조리원을 거쳐 엄마 아빠의 집으로 왔다.
　첫 밤을 지내고 다음날 유미가 누워있는 요람 옆에 내가 조용히 무릎을 꿇었다.
　"하나님! 이 아이가 나에게 어떤 의미인가요?"
　"…."
　"이 아이가 저의 외손녀인 줄은 압니다! 그러나 하나님 보시기에 이 아이가 저에게 어떤 의미인지 말씀해 주시면 고맙겠습니다!"
　"…."
　"이 아이는 제가 이 세상에서 맞이하는 첫 손주입니다! 세상 사람들이 그저 알고 있는 손주가 아니라, 하나님께서 할아버지 되는 저에게 해 주시고 싶은 말씀, 그 말씀을 꼭 듣고 싶습니다!"

"이 아이가 너보다 크다!"

처음에는 의아스러웠다.

이 아이가 나보다 크다는 짧은 한마디가 무슨 의미일까?

왜 하필 이런 응답을 주실까?

그러나 일단 머리를 조아렸다. 대답해 주셨으면 얼른 알겠다고 해야 한다. 사무엘처럼 하나님이 부르시는데, 엉뚱하게 엘리 대제사장에게 가서 '부르셨습니까?' 하면 안 된다. 짧은 말씀이지만 잘 기억했다가 점차 뜻을 음미하고 헤아려 새기면 될 일이다!

"알겠어요! 하나님! 이 아이가 저보다 크다고 하시니 그런 줄 알겠습니다! 고맙습니다!"

그리고 그때부터 묵상하기 시작했다.

하나님이 왜 손녀 유미가 나보다 크다고 하셨을까?

가장 먼저 떠오른 생각이 유미가 살아갈 날이 나보다 훨씬 길다는 것이었다.

'그렇지! 이제 태어났으니 회갑을 맞이한 나에 비할 바가 아니지! 이제 세상은 내 세상이 아니라 갓 태어난 아이들의 세상이 되어야지!'

또 유미가 해야 할 일이 내가 해야 할 일에 비해서 월등히 많았다. 돌아보니 나는 사실 게을렀다. 해야 할 일들을 늘 뒤로 미루다가 예순이 되었다. 또 유미는 내가 살아온 세상보다 더 많은 일을 해야 하는 세상을 맞이하게 될 터이다. 유미는 늙은 부모님을 모시면서 기여해야 할 뚜렷한 부분이 있는 아이다. 사실 나는 이 세상에서 너가 어떤 일을 해야 하는지 잘 모르고 살아왔다. 누가 가르쳐 주지도 않았다. 그저 남들 어깨 너머로 보이는 대로 살았다. 유미는 그렇게 살 아이가 아니다! 유미는 작지만 내가 힘껏 도와서 나보다 큰사람이 되어야 할 아이다.

그러고 보니, 내 머리 속에는 힘센 자가 더 크고, 오래 산 자가 더 크고, 촌수 높은 자가 더 크다는 터무니없는 고정관념이 있었다. 부모라고 자식보다 더 크지 않다. 낳았다고 태어난 아이보다 더 크지 않다. 하나님이 보실 때는 살아야 할 날이 많은 자가 더 크고, 해야 할 일이 있는 자가 더 크다! 내가 낳았다고 작게 생각하는 것은 하나님의 뜻이 아니다!

나는 항상 손녀보다 작은 자로서 손녀를 도와야 한다!

유미의 첫돌 맞이 선물

'이 녀석이 나보다 더 크다!'

유미를 보면서 마음속으로 이런 자세로 대하려고 노력한다.

녀석을 볼 때마다 대견함이 가득하다. 하루하루 달라지는 모양이 감히 나에게 견줄 수 없다.

역시 나보다 크다!

하나님이 허투루 말씀하셨을 리가 없다.

유미는 무럭무럭 자라 첫돌이 다가온다.

'나보다 더 큰 이 아이에게 어떤 선물을 해 줄까?'

우리 부부가 유미 첫돌 선물로 '이것은 어떨까? 저것은 어떨까?' 하고 보람이에게 물어보면, 늘 실용적으로 대답한다.

"그건 있잖아!"

"에이! 그런 것은 필요 없어!"

애미 마음에 차지 않아서 그런 것일까, 첫돌 선물을 찾기가 쉽지 않다. 그래서 큰맘 먹고 핸드폰 문자로 보람이에게 제안해 봤다.

보람 : 에이! 그건 아직 일러! 그리고 집에 놓을 곳도 없어!

사실 피아노 선물 제의는 조심스럽기도 했었다.

아이 부모가 모두 농인이다! 그러나 유미는 아니기 때문에 사실 큰맘 먹고, 어떨까 물었던 건데, 돌아 온 대답에 어안이 벙벙하다.

도대체 무엇을 선물해야 한단 말인가?

이런 때는 또 하나님께 여쭤야 한다!

"하나님! 유미가 곧 첫돌을 맞이합니다!

저희 부부가 어떤 선물을 해야 할까요?"

" … "

"피아노를 사준대도 싫다고 하니, 무엇을 해야 할지 감이 잡히지 않아서 그래요!"

" … "

"유미에게 꼭 필요한 선물을 하고 싶어요!
말씀해 주시면 그대로 하겠습니다!"

"유미에게 가장 큰 선물은 '아빠' '엄마'다!"

하나님의 대답은 늘 예상 밖이다.

내가 평소에 생각조차 할 수 없는 대답을 해 주신다. 그 대답을 듣고 한참을 생각해야 했다. 더 기도하고 묵상하지 않으면 안 된다! 유미에게는 이미 엄마 아빠가 있다. 그런데 하나님은 나에게 엄마 아빠가 최고의 선물이라고 말씀해 주셨다.

무슨 의미일까?

사실 농인 부부로서 자녀를 양육하고 가정을 잘 꾸려나가는 일은 만만한 일이 아니다. 건청인 부모들도 자녀 앞에서 제대로 서지 못하는 것이 세상의 실상이다. 걸핏하면 분란 속에서 정서적으로 불안한 가운데 자녀를 키운다. 외할아버지로서 유미에게 해야 할 일이 있다면 보람이 부부가 건실한 신앙의 가정으로 서도록 돕는 일이다.

친정 부모로서 딸의 가정을 돕는 일은 여간 조심스런 일이 아니다. 자칫하면 쓸데없는 분란을 일으키는 원인을 제공할 수 있다. 그동안 그런 사례가 없지 않았다. 딸 시집보내고 여러 면에서 사리 분별을 바르게 하지 못해서 겪은 시행착오도 있었다. 손녀를 위해서 이제는 정신 바짝 차려야 한다는 하나님의 엄중한 말씀이다.

손녀에게 피아노보다 귀한 선물은 엄마, 아빠이다!

에필로그

은종이의 결행은 나를 완벽하게 사로잡아 맸다. 그때부터 은종이 이외의 다른 생각은 도무지 할 수가 없었다. 하루 온종일 은종이 생각뿐이었다. 그러다가 누가 부르기라도 하면 대답할 때, 잠깐 은종이 생각으로부터 벗어났다가 다시 되돌아왔다. 교회 담임으로서의 사역을 위해 꼭 필요한 시간에 잠깐 은종이 생각에서 떠났다가 이끌림에 따라 되돌아왔다. 은종이를 그리워하거나 과거를 회상하는 것만이 아니라 그냥 은종이 생각에 붙들려 있었다.

은종이는 완벽하게 내 안에 들어와 있었다. 나와 은종이는 정확하게 하나가 되어 있었다. 나의 스물네 시간은 모두가 은종이 것이었다. 돌아보면 은종이가 장성한 이후로는 하루에 한 번도 은종이 생각을 안 하고 보낸 날도 많았다.

'친구들하고 있겠거니, 직장에 있으려니, 피시방에 있겠거니.'

늘 그랬다. 이는 부모와 자녀와의 당연한 분리일 것이다. 그렇게 부모와 자녀가 각자의 삶을 개척하면서 각각의 인격체가 되어가야 할 터이다.

그러나 은종이의 결행으로 나는 은종이와 거의 완벽하게 하나가 되어버린 느낌이었다. 녀석이 애초에 나의 '허리'에 있다가, 아내의 태로 옮겨가서 열 달 자라 세상에 나와서 별개의 인격체가 되었는데, 은종이는 다시 내 안에 완전히 자리를 잡았다. 은종이를 생각하는 것 말고 다른 생각들은 나에게 아무런 의미가 없어보였다. 의도한 것이 아니지만 그렇게 되어 있음을 자각했다. 뭔가 잠깐씩 다른 생각을 하다가 이내 은종이 생각으로 되돌아오곤 했다.

　은종이의 떠남은 역설적으로 아버지인 나에게로의 완벽한 귀환이었다. 그만큼 은종이가 아버지에게 남긴 메시지는 강하고 질긴 것이었다.

　이것을 깨달은 것은 은종이가 떠나고 일 년이 훨씬 지났을 때로 기억된다. 은종이가 있는 봉안원에서다. 그날도 은종이 이름 앞에 앉아 있는데, 내가 은종이와 전혀 상관 없는 생각을 하고 있음을 처음 발견했다. 나는 그때 적이 놀라지 않을 수 없었다. 더욱이 은종이의 유골이 있는 봉안원을 향해 출발하여 되돌아오는 동안만은 그 어떤 생각의 침입도 있을 수 없었다.

　'어? 내가 여기서 이 생각을 했어?'

　그 자리에서 나는 전혀 엉뚱한 생각에 골몰하다가, 스스로 깜짝 놀랐다.

　그날 비로소 은종이와 나 사이에 뭔가가 서서히 침입하고 있음을 느꼈다. 세상을 살아감에 있어서 감당하지 않으면 안 될 사건들이 은종이와 나 사이에 잠입하기 시작하고 있었다. 그것은 분명히 나에게 당황스러웠고 혼란스러웠다. 나는 나도 모르게 은종이를 꽉 붙잡고 있었던가 보다. 그래야 한다고 여기고 그것이 당연하며 자연스러운 것으로 생각했는데 틈새를 비집는 것이 있었다. 은종이와 나 사이에 끼어들어 둘을 떼어놓는 것은 뭐니 뭐니 해도 시간이었을 것이다. 시간이 흐르면서 나와 은종이의 합일에 금이 가고 있었다.

　은종이를 보내고 3년 지나서 보람이 결혼식이 있었다. 보람이 결혼으로 은종이와 나 사이에 들어와 자리를 차지하는 것들이 급격히 늘어나기 시작했다.

이러다가 은종이가 떠나기 직전의 상태로까지 이격되는 것이 아닐까?
그렇게 되어야 하나?
그게 옳을까?
지나간 6년의 시간은 은종이와 나와의 일치상태에서 많은 변화를 가져왔다.

은종이 장례 이후 나는 통조림을 만들기 위해 겉껍질을 살짝 벗겨낸 쪼개진 복숭아 조각과도 같았다. 아주 작은 모래 알갱이 하나만 날아와도 내 살에 여지없이 박히고 말았다. 그때마다 쓰리고 아팠다. 도저히 바람을 맞이할 수 없을 것처럼 두려웠었다. 나는 아무 것도 시도할 수 없었다. 그럼에도 뭔가를 찾아서 하지 않으면 아니 되었다.

그러나 그렇게 하는 일들은 대개 현실과는 많이 동떨어진 것이었다. 한 걸음 앞으로 내딛는 발걸음에도 현실감이 현저히 모자랐다. 그럼에도 나는 오랜 습관을 빌어 아무렇지도 않은 듯 포장했다.

나는 은종이가 없는 것이 분명한 이 나라에서 이 나라 기율에 맞는 행동을 하려고 한다. 왜 해야 되는지는 잘 모른다. 그것은 아마도 은종이가 있는 나라를 향한 기대감 때문일 수도 있다. 세상 사람들이 뭐라고 하든 나는 은종이의 아빠로서 은종이가 있는 나라를 향한 발걸음을 계속 떼어놓는다.

당초에는 하나님이 예정하셨고, 하나님은 나를 먼저 보내시어 은종이를 내 허리에 두었다가, 제 엄마의 태중으로 보내시어, 열 달 만에 세상으로 나가 스물여섯 해를 살고, 강력한 메시지로 아빠에게로 되돌아왔다가, 다시 스멀스멀 멀어져 가는 은종이!

처음 아빠로부터 멀어질 때 은종이는 세상으로 나갔다.
그러나 지금 나로부터 멀어지면서 은종이가 가는 곳은 하늘나라다!

하나님! 그런다고 설마 제가 은종이를 잊지는 않겠지요?
하나님도 은종이의 아버지이고,
이 못난 종도 은종이의 아버지입니다!

하나님!
저의 참회가
한 권의 책으로 나온다는 것이
가능한 일인지 모르겠습니다마는,
행여 부지중에 짓는 죄처럼
이 책이 또 한 번 저의 죄가 될지도 모르겠습니다.

이 책에서 언급한 이들에게
이 책이 비난의 화살이 될까 저어됩니다!
만일 그렇다면 그건 저의 책임입니다!
용서를 구합니다! 용서하여 주실 줄 믿습니다.

그럼에도 사랑해 주시니,
그럼에도 사랑을 고백합니다!

침묵하지 않는
하나님!

> 너희가 온 마음으로 나를 구하면 나를 찾을 것이요 나를 만나리라
> (렘 29:13).

침묵하지 않는 하나님: 농아 자녀를 둔 아빠 목사의 참회록

God Is Not Silent: A Pastor Father's Confession for Deaf And Dumb Children

2017년 6월 29일 초판 발행

지 은 이	황의찬
편 집	정희연, 곽진수
디 자 인	윤민주
펴 낸 곳	사)기독교문서선교회
등 록	제16-25호(1980. 1. 18)
주 소	서울시 서초구 방배로 68
전 화	02) 586-8761-3(본사) 031) 942-8761(영업부)
팩 스	02) 523-0131(본사) 031) 942-8763(영업부)
홈페이지	www.clcbook.com
이 메 일	clckor@gmail.com
온 라 인	기업은행 073-000308-04-C20, 국민은행 043-01-0379-646
	예금주: 사)기독교문서선교회

ISBN 978-89-341-1674-5 (03230)

* 낙장·파본은 교환해 드립니다.

이 도서의 국립중앙도서관 출판시 도서목록(CIP)은 서지정보유통지원시스템 홈페이지(http://seoji.nl.go.kr)와 국가자료공동목록시스템(http://www.nl.go.kr/kolisnet)에서 이용하실 수 있습니다.
(CIP제어번호: CIP2017012997)